Déjame vivir mi duelo…

y sanar de adentro hacia afuera

Ligia M. Houben

Déjame vivir mi duelo… y sanar de adentro hacia afuera
© Ligia M. Houben
info@ligiahouben.com
ISBN: 978-0-9857589-3-6

Edición de textos:
  Magaly Pérez Campos
  magapeca@hotmail.com

Diseño y realización de cubierta:
  semnitz
  semnitz@gmail.com

Concepto, diseño y composición de interiores:
  Alfredo Sainz Blanco
  La Agencia de la Palabra
FLORIDA, EUA, 2022

Valoraciones

Tuve el privilegio de conocer a Ligia Houben en el año 2012 en una de las conferencias de la ADEC[1]. ¡Fue una de esas citas divinas que llegan para bendecir tu vida! Desde entonces hemos tenido muchas oportunidades de compartir nuestras experiencias como tanatólogos o educar a nuestra comunidad hispana en Estados Unidos sobre el tema del duelo.

Ligia es diáfana y genuina, y eso lo refleja en este nuevo libro en donde, una vez más, nos abre su corazón y comparte con nosotros sus vivencias personales de duelo para ayudarnos a comprender las nuestras. Además, su vasto conocimiento del tema le permite suministrarnos valiosa y útil información para quienes cada día sobrellevamos la ausencia física de nuestros seres queridos.

Déjame vivir mi duelo es un libro que cada doliente, consejero, estudiante, maestro y líder religioso necesita leer. ¡Adquirirlo será una inversión invaluable!

Mateo Gómez
Tanatólogo certificado. Consejero
de duelo de los cementerios Forest Lawn

---

1 Asociation for Death Education and Counseling, por sus siglas en inglés.

Déjame vivir mi duelo, de Ligia M. Houben, es una narrativa de amor basada en sus experiencias personales de pérdida. Como tanatóloga y consejera, nos presenta su vivencia personal en combinación con experiencias profesionales con sus clientes, creando así una guía de acompañamiento vital para cualquier persona que se encuentre experimentando un duelo y necesitando apoyo en su jornada de vida. Lo que hace este libro, muy valioso para los dolientes, es que va acompañado de pautas, preguntas y recomendaciones del autor, ayudando así al doliente a transformar su dolor en crecimiento personal y espiritual. Recomiendo altamente este libro no solo a aquellos que se encuentran viviendo una pérdida, sino también a aquellos consejeros que buscan más información e inspiración en el campo de la pérdida y el duelo. ¡Excelente trabajo, Ligia!

ANA P. BENDAÑA, tanatóloga
y enfermera registrada con especialidad
en cuidados paliativos y de hospicio

Tienes en tus manos un libro que te hará sentir acompañado en tu proceso de duelo de manera dulce, honesta y compasiva, como lo sabe hacer su autora. Ligia te conduce amorosamente a observar cara a cara tu dolor para aceptarlo y abrazarlo. Aquí comprenderás con claridad el proceso natural de una gran pérdida y obtendrás herramientas valiosas y reflexivas para afrontarla. Su historia trastocó mi corazón pues, al igual que ella, perdí a mi madre y reconfirmé que, cuando ellas se van, su legado florece entre nosotras.

NADIA VADO
Autora y conferencista

Querida Ligia:

Al leer tus escritos relacionados con la transformación profunda, he sentido una paz y una apertura interior sorprendentes. Podría decirse que tienes el don, la virtud y la sabiduría de poder transmitir lo que sientes. La forma de llegar, de aceptar, de vivir, la enseñas como si hubieses sido una acompañante durante ese proceso.

Tus facilidades para la docencia y tu dulzura de expresión han hecho de tu libro mi favorito. Se trata de una obra que debe ser conocida por muchos de los que trabajamos en salud, así como por todos los que cultivan la cultura de la vida y la pérdida de ayer, hoy y mañana.

Solo me queda desear que en tu camino se mantenga esa luz de éxitos y enseñanza.

Un doble abrazo a ti y, a tu mami en el Cielo, las gracias por haberte puesto en nuestro camino.

Dra. María Berenguel Cook, fundadora y
presidenta de la Sociedad Peruana de Cuidados
Paliativos. Expresidenta de la Asociación
Latinoamericana de Cuidados Paliativos

Como un lindo homenaje a la memoria de su madrecita, Ligia Houben nos regala en esta oportunidad las vivencias de su proceso de duelo, al abrir las ventanas de su corazón y compartir desde lo profundo de su ser, y de manera personal, su testimonio de duelo. Al mismo tiempo, entrelaza sus vastos conocimientos profesionales en la materia, como tanatóloga y especialista en temas de transición de vida, lo que convierte este libro también en una obra de apoyo para personas en duelo. Los testimonios de vida y las historias personales de duelo y transformación sellan esta entrega a los lectores con valiosos recursos y herramientas para enfrentar y transformar su dolor.

ORALÍ FLORES, miembro fundador de la asociación PUDE[2]. Facilitadora certificada en los 11 Principios de Transformación® de Ligia Houben y *coach* certificada ICC

Años atrás, perdí a mis padres en un período de poco más de un mes. Fue entonces cuando Ligia Houben, inesperadamente, apareció en mi vida.

Ligia llegó a mí recomendada por alguien que le había comentado sobre mi reciente pérdida. Ella me puso a escribir sin yo saber que me estaba guiando a transformar mi pérdida con sus 11 principios entretejidos en forma de preguntas que yo, a mi vez, desarrollé a pura lágrima. No solo exterioricé mi dolor por escrito, sino también con llanto… Abracé mi pena, viví mi duelo.

El abrazar el duelo, las penas, las pérdidas —sean las que sean— me ha enseñado a reconocer y a crecer.

Años después, Ligia, la profesional del tema, la que sabe hacernos vivir y enfrentar nuestro duelo, se encuentra haciendo frente a una inmensa pérdida y, claro, le toca no solo tener que transformarla sino ver cómo, más allá de eso —algo que perfeccionó tras la pérdida de su padre y de muchos años de estudio y trabajo como profesional—, crecer aún más a esta edad y aceptar que en realidad nunca estamos preparados para las pérdidas. Este libro ayudará al lector a

---

2 Personas Unidas en el Dolor y la Esperanza.

verlo y a comprenderlo, de la misma forma como ayudó a la misma Ligia con su sanación.

Yo veía el amor de Ligia por su madrecita y veía venir la pena que se le aproximaba. Su madre tenía ya cien añitos y eso a ella, así como a mí, que perdí a mi mami a los noventa y siete años, le dio más tiempo para amarla y disfrutarla. Aunque siempre nos dijeran: «No llores, piensa en los muchos años que la tuviste». Sí, muchos años para aprender a amarla más y mejor. El hilo conductor, el común denominador entre Ligia y yo es, y por siempre será, nuestras madrecitas.

Las preguntas, los relatos, los testimonios que leerán aquí les serán de ayuda para enfrentar, procesar, vivir, aceptar y ver que no nos encontramos solos ante esas penas tan grandes. Con el corazón en la mano, les recomiendo este libro que, entre otros elementos, también ayuda a identificar el duelo primario y el secundario, como bien explica aquí Ligia. Identificarán, de igual manera, otras pérdidas y duelos que ni siquiera estamos conscientes de que vivimos, así como la elaboración, la importancia y las diferentes etapas de los mismos. Este libro ayuda a reconocer, procesar y soltar el duelo.

Para finalizar, les digo que para mí existen las «señales» (ya leerán sobre esto también). En este caso, esta es una de esas señales indiscutibles del porqué Ligia me pide que le escribiera algo aquí… Gracias, Ligia, por el privilegio.

Les recomiendo sumergirse en este libro, el cual, a su vez, los hará sumergirse dentro de su propio yo.

MARILY A. REYES
Presidente y directora
ejecutiva de The Cove

Este libro está dedicado a la memoria de mi madre,
Alicia Gallegos de Martínez,
y a todas las personas que han sufrido la pérdida de un ser amado,
el cual seguirá por siempre viviendo en nuestros corazones,
pues el amor es eterno.

Doy gracias a Dios por la madre que me dio, pues es el amor que siento hacia ella lo que me inspiró a escribir este libro. El agradecimiento se extiende a mi familia, a la que tanto amo, y que ha sido testigo de mi sanación al vivir mi duelo.

Siento infinito agradecimiento por cada persona que, con su corazón en la mano, me brindó su propia historia de pérdida. El valor de su contribución es inconmensurable y toca las fibras de nuestro corazón.

Agradezco a mis editores, Alfredo Sainz Blanco y Magaly Pérez Campos, pues son seres humanos muy especiales para mí, poseedores de una sensibilidad extraordinaria. Es más, tenemos una historia que comparto contigo y que empezó con Alfredo Sainz Blanco: Alfredo fue el editor de mi libro *Transforma tu pérdida. Una antología de fortaleza y esperanza*. Luego, él y Magaly trabajaron juntos en las biografías de mis padres. Ahora, de nuevo, me acompañan en este sendero que culmina con la obra que tienes en tus manos. Les doy infinitas gracias por haber llevado a cabo mi sueño una vez más.

Finalmente, te agradezco a ti, querido lector, pues estás permitiendo que entre en tu corazón y te acompañe en estos momentos. El escribir un libro es un proceso en el cual desnudamos el alma y con el alma en la mano te doy las gracias.

Aviso importante

La información contenida en este libro se basa en mi experiencia personal y profesional. En ningún momento sustituye la ayuda de un especialista. Si sientes que tu duelo es más fuerte que tú, busca ayuda cuanto antes.

Las historias aquí compartidas son reales[1]. Con excepción de algunos casos, los nombres han sido cambiados para cuidar la confidencialidad de mis clientes.

Un regalo para el lector

Puedes acceder gratuitamente a tu *Cuaderno de acompañamiento* mediante el enlace que aparece a continuación:

ligiahouben.com/es/cuaderno-duelo

---

1 El material extraído de fuentes en inglés fue traducido por mí misma.

Índice

Prólogo

igia Houben ha sido mi experta a quien recurrir en las expresiones culturales del duelo. Durante muchos años, impartí junto con ella talleres que capacitaban a facilitadores de grupos de apoyo en duelo en comunidades religiosas. Más recientemente (antes de que el coronavirus cerrara los talleres presenciales), llevamos a cabo talleres de apoyo al duelo en las iglesias católicas del área de Miami. Compartimos la pasión por formar a las personas que sienten el llamado a consolar a los que están de luto. El conocimiento, la experiencia y la sabiduría de Ligia están ahora puestos por escrito como un regalo para ti en el libro que tienes en tus manos.

Cuando Ligia me pidió que escribiera un prólogo para su último libro, *Déjame vivir mi duelo...* me sentí honrado al aceptar. Aquí están mis comentarios para los lectores de este cofre del tesoro de la sabiduría, que inician su viaje a través de las páginas de este libro, así como su peregrinaje a través del duelo.

Tanatóloga experimentada, Ligia M. Houben examina su proceso personal tras la muerte de su madre, como ejemplo de pérdida vivida, comparte su propia historia con el lector —quien también ha perdido a un ser querido— y lo invita a caminar junto a ella a través del duelo. Si bien la muerte de su madre es la más reciente, la autora comparte su pérdida anterior, la de su padre, cuando ella tenía doce años, un fallecimiento que transformó su vida y la llevó al llamado espiritual de estudiar Tanatología y servir a quienes están atrapados en las garras del duelo. El lector sentirá su pasión y compasión mientras nos lleva a través de su historia personal y la utiliza como una herramienta de enseñanza para abordar los múltiples asuntos e inquietudes relacionados con el manejo de la pérdida. Mientras Ligia cuenta la historia de vivir con el duelo, sus emociones palpitan a través de las palabras. A medida que abre su corazón, el lector apreciará su genuina transparencia.

El tema principal del libro es que todos tienen derecho a estar de duelo y que este se manifiesta en cada persona de manera única. Usando el ejemplo de la muerte de su madre, describe las múltiples facetas del duelo. Ella experimentó lo que el experto Kenneth Doka llama *disenfranchised grief*, duelo no reconocido.

Al compartir auténticamente su historia personal, nos muestra lo importante que es darnos el espacio para lamentar la pérdida de un ser querido.

Aunque es una experta certificada en el campo de la consejería de duelo, admite que, después de la muerte de su madre, descubrió una nueva identidad, la de «la sanadora herida»[1].

Estas son algunas de las gemas en este cofre del tesoro del conocimiento sobre el proceso de duelo. El estímulo

---

1 Referencia: *The Wounded Healer* de Henri Nouwen.

desprejuiciado de Ligia invita al lector a vivir su dolor. Ella dice: «Recuerda que lo que ignoramos no deja de existir, está simplemente reprimido. Debemos enfrentarlo para vivirlo a plenitud».

El lector aprenderá:

- Las múltiples manifestaciones del duelo.
- Muchas herramientas y estrategias para procesarlo.
- Aclaración de malentendidos comunes sobre este tema.
- La diferencia entre «guardar el luto y vivir el duelo».
- Recomendaciones que comúnmente se pensaba que eran útiles pero no lo son.
- Cómo acompañar a los que están de duelo.
- Los principios de vivir con duelo.
- Los mitos que acompañan esta experiencia.
- Técnicas prácticas para afrontar la pérdida.
- Cómo transferir tu dolor creando un legado para honrar a quien perdiste.

La autora se basa en su experiencia profesional como consejera certificada para enseñar los principios de cómo vivir con duelo. Si yo fuera un profesor universitario que impartiera una clase sobre duelo y luto, incluiría este libro como lectura obligatoria. Se trata de una obra integral que analiza e ilumina las múltiples dimensiones de la experiencia del duelo. La autora ha documentado y respaldado sus puntos con referencias a una amplia variedad de personas influyentes en el área. Al final de cada sección, el lector encontrará sugerencias prácticas para procesar la pérdida, así como preguntas que invitan a la autorreflexión. Esta es una lectura obligada para cualquier persona que desee consolar a quienes han sufrido una pérdida y para quienes todavía están navegando por su propio viaje de duelo. Ella lo cubre todo: desde las primeras reacciones hasta la tarea final de reconstruir tu mundo después de una pérdida.

Por último, agradezco sinceramente la visión del mundo tan positiva y esperanzadora de Ligia. Es evidente que asocia el duelo con el amor eterno e invita al lector a un espacio libre de juicios donde hay libertad para expresar su dolor sin quedar atrapado en el duelo. Al abrir transparentemente su corazón al lector, Ligia ofrece este libro al mundo como una ofrenda de amor.

REV. DR. DALE ALAN YOUNG, autor de
Cómo tomar la temperatura espiritual y
Consolando a los que están de duelo

Prefacio

Querido lector: si tienes estas páginas en tus manos, es probable que hayas perdido a un ser amado. Si es así, deseo que sepas que te ofrezco este libro con todo cariño como una ayuda para esos momentos en los que puedas sentirte perdido, sin esperanza y confundido ante tanto dolor. Sé lo que duele perder a un ser querido que significó mucho para nosotros. Aquí comparto contigo lo que me ha ayudado en mi propio proceso al perder a mi amada madre, así como también lo que ha ayudado a miles de personas en su propio trabajo de duelo. De manera especial, deseo decirte que personas que —como tú y yo— han sufrido una pérdida nos abrieron su corazón y han compartido sus historias con nosotros. Mi alma se llena de emoción al presentártelas. Han sido clientes en mis asesorías y acompañamiento en el duelo. A lo largo de estas páginas te encontrarás con sus pensamientos y, al final, con todas sus historias en formato original.

Te ruego tener presente que no te impongo mis ideas, pues el duelo es algo personal y fluido. Comparto contigo lo que conozco a través del entrenamiento que he recibido, como tanatóloga, en el tema del duelo. Toma lo que te ayude y pon el resto de lado. A la vez, te acompaño contándote mi propia historia. De corazón, espero que tomes la mayoría de estas ideas y abras tu mente y tu alma al encontrar puntos de conexión. Estamos unidos en el dolor. Estamos unidos en el amor.

De mi corazón al tuyo,

LIGIA M. HOUBEN

Introducción

Nuestra sociedad nos enseña que el dolor
emocional debe evitarse, no abrazarse;
sin embargo, es solo avanzando hacia
nuestro duelo como podemos sanar.

ALAN D. WOLFELT

Vivimos en una sociedad en la que se espera que estemos bien, que seamos productivos, que seamos exitosos. Se repiten mensajes tales como: *mantén una mente positiva, aprende a ser feliz, sé agradecido.* Todo esto es maravilloso. Yo creo muchísimo en el valor de ser positivo y de acoger el agradecimiento y el gozo en el espíritu. Sin embargo, ¿qué pasa cuando perdemos a un ser amado y sentimos dolor en nuestro corazón? ¿Qué hacemos con el duelo? ¿Y con la muerte? ¿Hablamos de estos asuntos? Estos son dos temas que hemos preferido soslayar y hablar de otra cosa... hasta que nos suceden a nosotros; entonces, cobran valor.

La nefasta e inconcebible experiencia de la pandemia del covid-19 movió los cimientos de nuestro mundo asuntivo en el año 2020. Podrás preguntarte a qué me refiero con «mundo asuntivo». Se trata de nuestro mundo, tal como lo suponemos. Jeffrey Kaufman lo describe de una manera clara y precisa:

El concepto de mundo asuntivo se refiere a las suposiciones o creencias que fundamentan lo seguro u orientan a las personas, que dan un sentido de realidad, significado o propósito a la vida… O puede ser que una suposición sea un aspecto tan familiar del sentido de la propia realidad que sea difícil de concebir su alteración (2013, p. 1).

En cierta forma, el coronavirus ha traído el tema del duelo a nuestra conciencia. De esta suerte, han proliferado artículos y programas destinados a paliar los efectos de las pérdidas producidas por esta pandemia. Sin embargo, su propósito es más el de encontrar soluciones que el de encontrar un espacio para el duelo.

Recuerdo que cuando impartía los seminarios «Transformando el duelo y las pérdidas. Estrategias para ayudar a tus clientes en transiciones de vida», para profesionales de salud mental a través de la compañía estadounidense PESI[1], siempre enfatizaba en la necesidad de reconocer el duelo. Esos seminarios se basaban en mis 11 Principios de Transformación®, una metodología destinada a transformar el duelo en una oportunidad de crecimiento personal que introduje en mi libro de autoayuda: *Transforma tu pérdida. Una antología de fortaleza y esperanza.*

Los 11 Principios de Transformación® son los siguientes y constituyen un modelo de transformación del duelo[2]:

- Primer principio: Acepta tu pérdida
- Segundo principio: Vive el duelo
- Tercer principio: Desarrolla tu dimensión espiritual

---

1 Professional Education Systems Institute.
2 Al final del libro encontrarás más información sobre el programa de los 11 Principios de Transformación®.

- Cuarto principio: Expresa tus sentimientos
- Quinto principio: Comparte con otros
- Sexto principio: Cuida de tu persona
- Séptimo principio: Elabora rituales
- Octavo principio: Vive el presente
- Noveno principio: Modifica tus pensamientos
- Décimo principio: Reconstruye tu mundo
- Undécimo principio: Visualiza la vida que deseas.

Debido a que considero importante que conozcas en qué consisten los principios, los compartiré contigo de manera breve, para que tengas una idea de en qué consiste esta metodología y para que te sirva de referencia, pues a lo largo del libro reconocerás ciertos de estos elementos de sanación. Es un proceso evolutivo que tiene la intención de ayudarte a transformar tu pérdida y transformar tu vida.

La metodología de los 11 Principios de Transformación® puede describirse de forma sucinta de la siguiente manera:

Primer principio: *Acepta tu pérdida*. Este es el primer paso en nuestro sendero del duelo. Comprendo que no es fácil aceptar la realidad de lo que nos ha sucedido; sin embargo, lo contrario es la negación, la cual hace que nos quedemos estancados. Si nos quedamos en ese espacio, se nos hará muy difícil poder proseguir en nuestro sendero con paz en nuestro corazón.

Segundo principio: *Vive el duelo*. Este principio es básicamente el propósito de este libro: poder confrontar el dolor que embarga a nuestro corazón y validar las emociones que estás experimentando. En vez de ignorarlo, procesarlo. A medida que lo reconozcamos y lo hagamos nuestro, podremos liberarlo o, al menos, aminorarlo.

Tercer principio: *Desarrolla tu dimensión espiritual*. Como seres humanos, todos tenemos una parte espiritual que es la que nos ayuda a conectar con nuestra esencia a través de herramientas de las que te hablaré más adelante en este libro.

Cuarto principio: *Expresa tus sentimientos*. Considero muy importante el expresar cómo nos sentimos realmente, puesto que deseamos conectar con nuestro corazón. Todas las emociones tienen un lugar en nuestras vidas; lo que más importa es cómo manejarlas.

Quinto principio: *Comparte con otros*. Todos tenemos una historia y este principio nos invita a compartirla con otras personas. Somos seres sociales y es hermoso entablar conexiones significativas incluso a través del dolor. Se dice que la carga compartida se siente más liviana.

Sexto principio: *Cuida de tu persona*. El cuidar de nosotros mismos no es ser egoísta, es una responsabilidad. Es algo que está bajo nuestro control y puede marcar una gran diferencia al vivir una pérdida. Podemos cuidarnos de diferentes maneras y en todas las áreas de nuestra vida.

Séptimo principio: *Elabora rituales*. Si te gustan los rituales, en este libro también los integramos. El crear una acción con gran significado puede darle un sentido especial a lo que estamos conmemorando al sufrir una pérdida, pues nos ayuda a conectar con nuestro ser interno de una manera especial y única.

Octavo principio: *Vive el presente*. El momento actual es lo único que tenemos. Muchas veces nos quedamos estancados en el pasado o nos llenamos de miedo y preocupación ante el futuro, el cual es incierto. Lo único seguro es el hoy. Vivámoslo con el corazón.

Noveno principio: *Modifica tus pensamientos.* Nuestra mente es una herramienta poderosa si sabemos utilizarla a nuestro favor. Al confrontar una pérdida, puede marcar la diferencia en cómo vamos a vivirla y, eventualmente, transformarla.

Décimo principio: *Reconstruye tu mundo.* Después de sufrir una pérdida, nuestro mundo puede derrumbarse. Depende de nosotros quedarnos en las ruinas o ir construyendo poco a poco los cimientos para edificar una existencia con significado y propósito.

Undécimo principio: *Visualiza la vida que deseas.* Este es el último eslabón del proceso de transformación. Luego de haber reconstruido nuestro mundo e integrado la pérdida en él, tendremos la capacidad de visualizar cómo deseamos seguir viviendo.

Vive el duelo

Tenemos derecho a sentir y expresar
nuestro dolor. El duelo, tanto como
el amor, es parte de nuestra realidad.

ALAN D. WOLFELT

Como puedes ver, el segundo principio es, precisamente, «vive el duelo», puesto que lo considero un elemento esencial para la transformación de nuestra pérdida. En ningún momento sugiero que lo ignoremos; al contrario, insisto en la necesidad de validarlo y procesarlo. Sin embargo, por lo general, si estás de duelo, recibes con frecuencia el mensaje de que tienes que seguir adelante, de que no tendrías que sentir el dolor después de cierto tiempo, de que tienes que ser fuerte… ¿Cómo te hacen sentir esos mensajes en momentos en que lo indecible ha sucedido? Has perdido a un ser amado y tu corazón se ha roto en mil pedazos. Precisamente, es debido a lo que sufrimos al experimentar el duelo por lo que he escrito *Déjame vivir mi duelo y sanar de adentro hacia afuera*.

Este libro se basa en mi propia experiencia al perder a mi madre y nació de mi necesidad de que sepas que no estás solo. Deseo acompañarte en tu propio proceso, que puedas sentirte identificado al encontrar similitudes con experiencias que a mí me han sucedido. Lo he escrito desde el fondo de mi alma y deseo que te sientas como si estuviéramos juntos y yo te estuviera hablando. Muchas personas me han comentado que así se sintieron al leer *Transforma tu pérdida. Una antología de fortaleza y esperanza*. Así deseo que asumas este libro, pues es para ti, el doliente. Si enfrentas la pérdida de un ser querido y no te sientes comprendido por tus amigos, tu familia, la sociedad y ni siquiera por ti mismo, este libro te ayudará. Espero que encuentres en estas páginas comprensión, apoyo, ayuda y, a la vez, esperanza. Sí, es posible encontrar la esperanza en medio del dolor si abrimos nuestro corazón y nuestra mente, pues lo que nos motiva es el amor. Ten siempre presente que ese sentimiento no termina con la muerte, que el amor es eterno. Y que al perder a nuestro ser amado la relación no termina, se transforma.

En algunas partes del libro te invito a que reflexiones sobre ciertas preguntas para ayudarte a procesar tu propio duelo. Hazlo conmigo. Siente que estoy a tu lado entendiéndote, brindándote mi mano y abriéndote mi corazón. Al compartir mi experiencia contigo, quiero que tengas en mente que cada historia es única: mi duelo es único, tu duelo es único. Sin embargo, si algo nos une es la necesidad de sentirnos validados, apoyados, aceptados.

ESTAR DE DUELO ES NUESTRO DERECHO

Estar de duelo es un derecho. Tú lo tienes, al igual que yo. En mi caso, poco importa si mi mamá tenía cien años o si hubiera tenido ciento veinte. Era mi madre. Como dice Earl A. Grollman: «La peor pérdida es la que te ocurre a ti». No estoy comparando mi dolor con el de una madre que perdió a su hijo pequeño o con el de una esposa que perdió a su esposo de treinta y cinco años. No. No lo estoy comparando, pues cada pérdida es única y dolorosa. Solo estoy pidiendo que reconozcan la mía y que, a la vez, hagan lo mismo con la tuya. De la misma manera que tengo derecho a estar de duelo, *tú también tienes derecho a estarlo.*

Déjame vivir mi duelo está inspirado también en las historias de muchos de mis clientes, en los retos que han encontrado en su proceso de duelo y en la forma como los han manejado. Encontrarás, entretejidos en el texto, comentarios que algunos de mis clientes compartieron conmigo. Por razones de confidencialidad he utilizado otros nombres, pues solo en el caso de un par de historias las personas quisieron mantener su identidad.

Al embarcarnos juntos en este proceso, deseo también ayudarte a entender la diferencia entre reconocer el duelo, vivirlo y quedarnos estancados en ese espacio de dolor.

De nosotros depende quedarnos presos en la oscuridad o aprender a incorporar la pérdida a nuestra vida, al comprender que nuestro ser amado vivirá por siempre en nuestros corazones.

En este espacio comparto contigo mi historia, con el deseo de ayudarte con la tuya.

Compartiendo
mi corazón herido

Esto no se parece a nada que haya sentido
antes. Es diferente. Tu madre… ha fallecido.

RICHARD B. GILBERT

Mi consultora y *coach* madre murió hace pocos meses y estoy experimentando un duelo muy profundo. Eso no debería ser una sorpresa, ¿verdad? Lo que pasa es que muchas personas, sabiendo a lo que me dedico, esperaban que, con mi experiencia, el dolor no fuera tan intenso. Tenían ciertas expectativas acerca de cómo manejaría mi duelo, y una de ellas era que no lo viviría tan abiertamente.

Llegados a este punto, permíteme que te cuente cuál es mi profesión: soy especialista en duelo y tanatóloga. He escrito otros libros sobre cómo lidiar con las pérdidas. He impartido cursos sobre la muerte a nivel universitario y más de cien seminarios a profesionales de salud mental a lo largo de los Estados Unidos sobre cómo lidiar con el duelo y la pérdida. Soy consultora y *coach* en transiciones de vida y duelo. En fin, he dedicado mi vida a ayudar a otros a lidiar con el dolor y la muerte. En realidad, más que *manejarlo*, deseo con el alma que puedas *transformarlo*: de duelo a crecimiento personal y espiritual.

¿QUÉ ME INSPIRÓ A AYUDAR AL DOLIENTE?

La razón por la que decidí entrar en el mundo del doliente no fue producto de esas decisiones que tomamos cuando somos niños y la gente nos pregunta: «¿Qué quieres ser cuando crezcas?». En esos casos, lo más probable es que digamos que queremos ser psicólogos, arquitectos, profesores, pero... ¿tanatólogos?, ¿lidiar con la muerte? La verdad es que no. Se nos escapa de la realidad, aunque este tema lo cubriré en otro capítulo. Decía que ser especialistas en duelo no es una opción que nos venga a la mente cuando nos preguntan qué queremos ser de mayores. Recuerdo que, cuando era niña, mi padre me preguntaba: «¿Qué quieres ser cuando crezcas?» y yo le decía: «Quiero ser administradora de empresas». Lo decía porque mi padre era empresario y yo quería ser como él, aunque la vida tenía otros planes para mí: me lanzó una bola curva muy temprano.

A continuación, comparto contigo el acontecimiento que cambió mi vida en 180 grados al contar con solo doce años. Lo escribí en forma de ensayo cuando estaba en la universidad, mientras tomaba, precisamente, un curso sobre tanatología.

LA HISTORIA DE LA MUERTE DE MI PAPÁ

El evento de la muerte de mi padre sucedió demasiado rápido. La madre superiora de mi colegio me dio la mala noticia: «La gente buena siempre deja este mundo antes... Tienes que ser fuerte... tu padre está muerto». ¿Fuerte? ¿Cuál es el significado de esa palabra para una niña de doce años que piensa que su padre es su mundo? ¿Fuerte cuando, de repente, te das cuenta de que tu mundo ha sido destrozado?

En los primeros instantes, mi mente no captó el verdadero significado de esas terribles palabras. «¿Qué quiere decir con que está muerto? —pregunté—. Hablé con él ayer». Fue entonces cuando la realidad me abrazó con sus sombras oscuras: yo era una huérfana. Dentro de mi corazón de niña comenzó a surgir una variedad de sentimientos: ira, miedo, desesperación. Solo tenía un deseo impetuoso de preguntarle a Dios por qué me había quitado a mi padre. En la agonía de mi desesperación incluso dudé de mi fe. Gritando como un animal herido, me dejé caer al suelo exigiendo a mi padre que volviera. El dolor había comenzado a asentarse. Al final, después de resistirme durante cierto tiempo a la idea de volver a casa, acepté ir con la madre superiora.

Mi casa era un caos, como me había imaginado. La gente estaba en cada esquina. Comentarios de pesar tales como: «Pobrecita, tan chiquita y sin padre» eran dardos apuntados a mi corazón. Recuerdo que, fuera de mí, les grité a todos y les dije que eran unos hipócritas, que no tenían idea del dolor que estaba pasando y que salieran de mi casa de inmediato. Mi hermana mayor intentó calmarme, pero fue inútil. Yo estaba enojada y desesperada. En el velorio, de llorar pasaba a reír histéricamente.

Al día siguiente de la muerte de mi padre, lo trasladaron desde Miami —lugar donde falleció— a Nicaragua y se llevó a cabo el velorio de cuerpo presente en nuestra casa de habitación. Lo colocaron en el centro de la sala de estar para darle el último adiós. Me quedé asombrada al ver su cuerpo inerte y sentir su cara pálida y fría. Su alma ya no estaba allí. En ese momento, una pregunta vino a mi mente: ¿qué somos nosotros, un cuerpo físico o un alma inmaterial? No entendía el hecho de que pudiera sentir la presencia de mi padre a pesar de que su cuerpo no tuviera vida. Fue en ese momento cuando comenzó mi entumecimiento.

Viví las semanas siguientes como en un sueño. Yo era como un robot, sin sentido de nada. Dondequiera que miraba veía tristeza y desolación. Mi madre cuidaba de su madre enferma, mi abuelita, quien al mes también falleció. Mis hermanas no paraban de llorar. La gente estaba lidiando con la situación a su manera. De repente solo fuimos yo y mi pérdida, yo y mis propios sentimientos de soledad y desesperación. No sabía qué hacer con ellos. Me ayudó muchísimo mi amiga de la niñez Lucrecia Díaz, quien, siendo mi vecina, me acompañó durante todo ese primer año en el cual guardé luto. Al enfrentar ese duelo, sentí dentro de mí que ya no era más la niña consentida; crecí de una sola vez. Necesitaba continuar con mi vida y aprender a manejar la situación que me vi obligada a enfrentar, pero los sueños con mi padre llamándome seguían llegando y me atormentaban. Me despertaba agitada en medio de la noche, queriendo ver a mi padre a mi lado. Pero claro, eran solo sueños.

Pasó el tiempo y tuve que aprender a vivir sin la presencia de mi padre, sin su cálido abrazo. Descubrí que, cuanto más emocional eres, más vulnerable te vuelves. Pero ya no importaba. No podía luchar contra mi naturaleza. Mis sentimientos querían salir de nuevo; quería mostrarlos, reír y llorar, para volver a ser parte del mundo. A lo largo de nuestras vidas nos encontramos con muchas luchas, y las emocionales son especialmente difíciles de manejar, pero es importante tener esperanza y fe. Me di cuenta de que, a pesar de que nunca sería capaz de abrazar a mi padre de nuevo, él siempre estaría a mi lado, guiándome. La fuerza de su amor sigue siendo tan fresca como hace veintiséis años. Los recuerdos de él que guardo en mi corazón siempre serán parte de mi vida.

La muerte de mi padre fue una pérdida muy profunda y fue la que me inspiró a ayudar a otros a procesar su propio duelo. Ahora me encuentro enfrentando la pérdida de mi madre centenaria, proceso que compartiré contigo en la próxima sección. Al enfrentar esta realidad me pregunto: ¿quién soy? ¿Soy la profesional?, ¿o soy la hija? Bueno, en realidad soy las dos. En este libro, en estas páginas, donde hablaré contigo sobre mi duelo y sobre lo que me ha ayudado a mí, te ofreceré ideas que te ayudarán a procesar tu propio duelo.

Mi mayor intención es enfatizar la necesidad de validar nuestro duelo para que podamos procesarlo y transformarlo. Solo entonces podremos acoger la vida de nuevo y darnos la oportunidad de encontrar significado y propósito.

Toma solo un instante

La vida cambia rápido, la vida cambia en un instante», dice la escritora estadounidense Joan Didion en *El año del pensamiento mágico* (2005), el libro que escribió después de que su esposo falleciera de un ataque al corazón. Ese sentimiento de experimentar un cambio instantáneo al perder a nuestro ser amado lo reitera la periodista venezolana Albor Rodríguez en su libro *Duelo. Cómo me cambió la vida en un instante* (2015, p. 45), donde comparte la trágica pérdida de su pequeño y único hijo, Juan Sebastián, quien se ahogó a la edad de un año y cuatro meses.

Podemos pensar que estas palabras se aplican cuando tenemos una muerte súbita, cuando tenemos una pérdida repentina y la vida nos cambia en un instante. Sin embargo, ellas se aplican incluso cuando nos enfrentamos a la pérdida inminente de un ser amado, cuando estamos presenciando la muerte prolongada de alguien muy querido por nosotros, de alguien a quien amamos con todo nuestro corazón y que es parte de nuestra existencia, de nuestra rutina diaria. Cuando esa persona muere, incluso si su fallecimiento se esperaba, la vida cambia de inmediato, tal como señala Edward Myers acerca de lo sucedido al morir su madre después de haber estado enferma durante catorce meses: «Sentí como si hubiera despertado a la vida de otra persona, no a la mía. El lugar y las caras eran familiares, pero todo lo demás había cambiado literalmente de la noche a la mañana» (1986, p. VII).

EL DÍA EN QUE ME APAGARON LA LUZ

El día en que me apagaron la luz fue el 7 de junio de 2020. Mi mamá, Alicia Gallegos de Martínez, *mi madrecita amada*, como yo la llamaba, falleció. Ese día, mi mundo se derrumbó.

¿Cómo es posible que de un momento a otro mi mundo pueda cambiar de esta forma?

¿Cómo es posible que de un momento a otro todo lo demás deje de tener sentido?

¿Cómo es posible que lo que era importante haya dejado de serlo, pues la fuente de mi alegría, mi fuente de significado, el centro de mi vida dejó de existir?

Eso fue lo que yo sentí el 7 de junio de 2020 a las 2 y 50 de la tarde. Una sensación de vacío me embargó de la cabeza a los pies y me convertí en una autómata; me transformé en alguien que, de pronto, solo podía pensar en que su madre había fallecido. A pesar de haberlo aceptado en el momento en el que sucedió, el dolor era inmenso. En realidad, hasta el día de hoy nunca he preguntado por qué. Mi parte intelectual había comprendido que mi mamá estaba muy delicada, que luchaba lo más que podía, puesto que amaba la vida; sin embargo, a solo dos meses de cumplir ciento un años, su cuerpo estaba demasiado frágil y se entregó. Ya había vivido lo que le tocaba vivir. Su cuerpecito pedía descanso y ese día ella descansó. Descansó en las manos de Dios. Descansó en el sueño eterno. En lo que ella tanto creía y en lo que yo también creo. Sin embargo, al entrar ella en ese sueño eterno, la oscuridad en mi vida se hizo presente y simplemente entré en un viaje del cual he hablado mucho, enseñado mucho, ayudado a otros a navegar: el recorrido del duelo.

No soy extraña a ese viaje pues, como te comenté con anterioridad, lo experimenté temprano en mi vida, a los doce años, al perder súbitamente a mi padre. Ahora, en esta etapa de mi vida, al perder a mi madre contando yo con sesenta, el proceso fue diferente. Ella fue madre y padre durante cuarenta y ocho años; fue mi compañera, mi amiga, mi confidente, mi fuente de alegría, mi inspiración, mi ejemplo de vida... todo eso fue mi madre y más. La perdí y mi mundo asuntivo cambió. ¡Y cómo cambia ese mundo cuando hay una pérdida, cuando perdemos a un ser amado! Eso fue lo que sentí yo esa tarde de domingo.

Conociendo el fuerte apego que tenía con mi madre, mi familia estaba muy pendiente de mí, incluyendo a mis dos hermanas. Estaban preocupadas de que pudiera caer en un hueco doloroso y muy profundo. Compartí con ellas cómo me sentía y que iba procesando mi duelo poco a poco y viviendo mi dolor con intensidad. Les recordé que ese era mi campo, mi especialidad, y que iba procesando mi duelo con el corazón en la mano.

PROCESANDO TU DUELO

¿Qué tipo de pérdida estás experimentando?

_____

_____

¿Cómo cambió tu mundo al experimentar esta pérdida?

_____

_____

¿Cómo respondió tu familia/seres cercanos ante tu reacción?

_____

_____

¿Estamos «realmente» preparados?

Incluso cuando la muerte o la pérdida se
espera, todavía viene como una sorpresa.

MEGAN DEVINE

Durante varios años enseñé en la universidad cursos sobre la muerte y el morir. Soy tanatóloga y pertenezco a la ADEC (una asociación sobre la educación en materia de muerte) e imparto seminarios sobre la muerte. Sin embargo, nada puede prepararnos en realidad sobre cómo nos sentiremos al perder a un ser amado; eso sucede después del hecho.

A pesar de tener conciencia de que la muerte de mi madre se acercaba, no vislumbré el tremendo *shock* que sentiría dentro de mí cuando eso sucediera. Ver su cuerpo sin vida fue algo surrealista para mí. Sobre esa sensación en específico discutimos en el programa «Transformando tu duelo», presentado en *Conversando con Tito Lagos-Basset*, donde fui parte de un panel de comentaristas sobre las pérdidas que hubiéramos experimentado y sobre cómo estábamos procesando el duelo al estar de luto. El psicólogo clínico Rodolfo Muñoz señalaba precisamente que nada nos prepara: eso es una falacia, puesto que una cosa es nuestro entendimiento, nuestra cognición, lo que sabemos de la realidad. Y otra cosa es lo que sentimos cuando eso sucede.

Mi madre murió después de estar ocho meses bajo cuidado de hospicio. Las últimas dos semanas de su vida fueron bastante delicadas debido a su frágil situación; por lo tanto, el hecho de que falleciera no fue una sorpresa. Sin embargo, de nada sirve saber que va a suceder. Siempre es doloroso perder a un ser amado.

CUANDO TENEMOS QUE HACER COSAS QUE NO DESEAMOS

Recuerdo tener que tomar decisiones, hacer las cosas que se supone que debemos hacer después de que alguien fallece, hacerme cargo de la logística. A pesar de que mi madre tenía sus arreglos funerarios listos, existían decisiones de última hora que se tenían que tomar. Recuerdo tener los papeles de la funeraria disponibles para hacer la llamada en el momento en que mi madre falleciera. Temía ese momento porque sabía lo doloroso que sería. Sin embargo, quería tener las cosas planeadas de antemano para poder estar a cargo. El día que mi madre murió, el hacer esa llamada a la funeraria fue extremadamente doloroso y difícil, ya que sabía que sería el comienzo de un proceso del que no quería formar parte. Me dijeron que vendrían a recoger su cuerpo en un par de horas. Me quedé a su lado queriendo hacer eternos esos últimos momentos. Cuando los empleados de la funeraria llegaron a mi casa y un miembro de la familia vino a la habitación para decirme que ya estaban allí, yo no lo podía creer: «¿Qué? ¿Se la van a llevar tan rápido?».

Pedí unos minutos más para estar con ella. Les dije: «Un poco más, déjenme estar un poco más con ella», pues sabía que llevársela significaría el final. Deseaba abrazarla un poco más, sentir el calor de su cuerpo, que aún estaba tibio. Quería hacer más largo ese momento, alargarlo solo para sentirla cerca de mí. Pensaba: «Tal vez si la sujeto con fuerza no podrán llevársela». Estaba en un espacio surreal. Entre la realidad y el sentimiento. Al entrar los de la funeraria, me pidieron que saliera de la habitación mientras trasladaban a mi madre a la camilla. Cuando los vi salir llevando su cuerpo, el mío se congeló. Si las palabras pueden describir el dolor que sentí, fue como si alguien hubiera venido con un cuchillo y me hubiera abierto el corazón en dos pedazos. El dolor era muy profundo, mezclado con la incredulidad de que se la estuvieran llevando de mi lado, de que esa sería la última vez que la tendría en mi casa. En el momento en que la sacaron por la puerta los acompañé, junto con algunos miembros de la familia. Fui hasta la camioneta de la casa funeraria, que estaba aparcada junto a mi auto.

Cuando vi el cuerpo de mi mamá entre ambos vehículos, pensé: «¡Esto es tan contrastante!», puesto que mi auto simbolizaba la diversión, al recordar las infinitas veces que mi mamá se subía en él para salir conmigo a pasear y, como ella misma decía, «pasar alegre». Le encantaba salir a disfrutar la vida. Desde el momento en que nos montábamos, ella solía mirar los árboles y decir: «¡Qué lindos son esos árboles!» o mirar el cielo y decir: «¡Qué lindo día!». Entonces, mi auto representaba tiempos alegres. Ahora, la camioneta aparcada justo al lado me producía una profunda tristeza, ya que en ella se la llevarían para siempre. No más paseos felices. Esa camioneta simbolizaba la salida final.

En el momento en que se la llevaron, yo estaba fuera de mí. Sentí que mi mundo se detenía allí y empecé a caminar sola por la cuadra ubicada enfrente de mi casa. Por alguna razón, cuando siento un gran dolor, tiendo a caminar. Creo que en ese momento habría podido hacer el Camino de Santiago de Compostela y no parar. Lo que quería era andar y andar. Hice lo mismo cuando perdí a mi padre. Se ha dicho que tenemos un patrón para el duelo. Creo que ese es el mío: necesitaba caminar. Un familiar se ofreció a hacerlo conmigo, pero me negué. Me di cuenta de que, mientras lloraba tan intensamente, no quería gente a mi alrededor, no quería que me abrazaran. Deseaba estar con mi dolor y me dieron el espacio. No quería que nadie tratara de consolarme. Necesitaba estar presente con mi duelo y quedarme quieta.

PROCESANDO TU DUELO

¿Te ha pasado alguna vez que deseas estar con tu dolor e intentan removerte de ese espacio? ¿Cómo has actuado?

_____

_____

¿Qué te ayudó?

_____

_____

Después de caminar volví a casa, donde mi familia me estaba esperando. En el momento en que entré, sentí la casa, incluso con tanta gente en ella, muy vacía. La sentí enorme y desolada. Mi madre ya no estaba allí para llenar todos y cada uno de los espacios con su presencia. Tenía ganas de adormecerme y llorar. Abracé a mi hermana mayor, Alicia, y nos quedamos quietas. Lloré tanto que mis ojos parecían dos surtidores. Hablé con mi hermana Marielena, que estaba en Kansas y no podía viajar por la pandemia del covid-19. A pesar de la distancia, las tres hermanas estábamos unidas por el dolor de haber perdido a nuestra madre. Hablé con mi hija, Diana, que vive en Finlandia; hablamos y lloramos juntas. También me comuniqué con mi mejor amiga, Lucrecia Díaz, a quien mencioné antes, en la historia de mi papá. Ella me acompañó entonces y estuvo presente, de igual manera, en la muerte de mi mamá. Lucrecia vive en Nicaragua y, aun así, me acompañó de manera constante durante todo el proceso.

Otras personas llamaron, pero yo solo quería estar sola. Esa noche desarrollé el mayor dolor de cabeza que he sufrido nunca. No soy propensa a los dolores de cabeza, pero este fue muy intenso. Lo más probable es que fuera por todo lo que había llorado. No podía comer. Sentí que si comía podía vomitar. No me importaba comer o no; solo quería ir a la cama, pensar y rezar. En medio de ese fuerte dolor de cabeza, de pronto pensé: «Mamá, tuviste dos fuertes dolores de cabeza justo antes de morir; esto es como estar conectada contigo». Dentro de mi gran dolor, aquello era como una manera de identificación, casi como un pensamiento mágico, que significa creer que algo que sucedió pudo haber sido causado por algo con lo que no estaba relacionado.

En la *Enciclopedia Británica* encontramos esta definición:

Pensamiento mágico: la creencia de que las ideas, pensamientos, acciones, palabras o el uso de símbolos pueden influir en el curso de los acontecimientos en el mundo material. El pensamiento mágico asume un vínculo causal entre la experiencia interna y personal de uno y el mundo físico externo.

A esto es a lo que se refiere Didion (2005), a la constante sucesión de este tipo de pensamientos que ella experimentó al perder súbitamente a su esposo. El título del libro, *El año del pensamiento mágico*, me llamó la atención, porque ¿qué quiere decir la autora con pensamiento mágico? Esa forma de pensar, como dice el experto en duelo David Kessler en su libro *Finding Meaning. The Sixth Stage of Grief* (2019), es algo muy común en el duelo. Didion, al pensar en la primera noche sin su esposo, se da cuenta de por qué deseaba estar sola la primera noche: «Necesitaba estar sola para que él pudiera volver» (p. 33). Ese fue el principio, para ella, del año del pensamiento mágico y estaba consciente de ese tipo de pensamientos, pues se preguntaba si estaba pensando como los niños, que pueden cambiar la narrativa. ¿Nos sucede entonces que imaginamos que regresarán en algún momento? ¿Podría ser que, debido a nuestro pensamiento mágico, pensáramos que podríamos borrar lo que pasó? Albor Rodríguez (2015), comenta sobre lo que le sucedía a Didion de la siguiente manera: «[Eran] episodios en los que, arrastrada por una "fuente supersticiosa", su mente perturbada daba por hecho que su esposo continuaba con vida... Según la ciencia [los pensamientos mágicos] encierran deseos y cumplen un papel positivo de estabilidad para la psiquis, como si se tratara de un mecanismo de defensa» (p. 21). Rodríguez se identifica con este tipo de pensamientos al narrar la pérdida de su hijito, Juan Sebastián, de una manera franca y abierta. Comparte su dolor tan desgarrador y a la vez nos asombra con la resiliencia que demuestra al seguir hacia adelante debido al apoyo de sus padres, tal como lo dice en la dedicatoria: «A mis padres quienes, con su amor y su preocupación, me han mantenido en el lado de la vida».

En realidad, nuestra mente trabaja de forma que no comprendemos al enfrentar un duelo muy profundo. Esa primera noche, al igual que Didion, yo quise estar sola. Poco a poco se me fue pasando el dolor de cabeza y me quedé llorando en silencio esperando que el sueño me venciera.

PROCESANDO TU DUELO

¿Has experimentado pensamiento mágico al perder a tu ser amado?

_____

_____

¿En qué consistió ese pensamiento?

_____

_____

¿Llegaste a soltarlo o sigues experimentándolo?

_____

_____

COMPARTIENDO LA PÉRDIDA DE MI MADRE EN FACEBOOK

Antes de irme a la cama, alguien me había preguntado si iba a anunciar por Facebook el deceso de mi madre, debido a que mi relación con mi mamá había sido muy pública en esta red social. Me encantaba compartir fotos de ella y de las cosas que solíamos hacer. Sin embargo, en ese momento no tenía ganas de publicar nada. Aproximadamente una hora más tarde, después de intentar dormir, de pronto abrí los ojos y sentí el deseo de contarlo. Esta es la publicación que compartí:

Con gran dolor en mi alma y gran amor en mi corazón, les comparto que mi madrecita amada, Alicia Gallegos de Martínez, se nos fue al Cielo esta tarde.

Dios nos dio la gran dicha de disfrutarla durante 100 años y casi 10 meses. Nuestra familia siente un vacío enorme al ya no tenerla más con nosotros físicamente. Sin embargo, su espíritu luchador, su alegría por la vida y su fe hacia Dios y la Virgen vivirán siempre entre nosotros.

La gente estuvo muy presente y me sentí en realidad muy acompañada, pues leí cada uno de los casi quinientos comentarios que me dejaron. Me sentía reconfortada a través de sus palabras tan llenas de cariño y apoyo.

La mañana siguiente

No hay forma de llenar el vacío dejado por la persona que amamos. Si nuestro ser amado era el centro de nuestro universo, ahora ese centro está eliminado.

CHRISTINE A. ADAMS

La sensación con la que me desperté la mañana siguiente era indescriptible. Experimenté un efecto de vacío interno y zozobra. Al abrir los ojos, me pregunté: «¿Qué pasó?». Yo siempre me despierto con alegría y, desde que mi mamá vivía en mi casa, me despertaba con la ilusión de ir a verla, de darle los buenos días, de meterme en la cama con ella, de rezar con ella. De pronto, una sensación de desasosiego me sacudió esa mañana y fue el primero de muchos días en los cuales desperté con la impresión de que algo no estaba bien, pues no me sentía completa. Y fue entonces cuando la realidad se convirtió en pesadilla. Mi mundo había cambiado en un instante. El mundo que yo conocía, y del cual mi mamá era el centro, había cambiado en un segundo. Por alguna razón, me acordé del libro de Mircea Eliade, *Lo sagrado y lo profano*, que había leído cuando cursé la maestría en estudios religiosos. Esa era la sensación que tenía: la de haber salido de un mundo sagrado y encontrarme en uno profano. ¿Cómo iba yo a encontrar sentido en ese mundo profano sin esa persona que era mi razón de ser, mi porqué al despertar? Así me encontraba esos primeros días en los cuales caminaba en una nebulosa. Me costaba ver la luz, pues me sentía en medio de tinieblas.

PREPARAR LOS ÚLTIMOS RITOS

Ese día, 8 de junio de 2020, supe que tenía cosas pendientes, pero mi mente estaba abrumada y me pregunté: «¿Qué tengo que hacer?». Sabía que tenía que ir a la funeraria con los papeles de mi mamá, los cuales ya tenía listos, puesto que ella había escogido sus servicios desde muchos años atrás. Ella era muy práctica y organizada; incluso quiso elegir su ataúd. Sus arreglos funerarios los dejó listos. Le gustaba tener control sobre lo que le pasaría. Y cuando eligió ser sepultada en el cementerio de Miami, en lugar de ser enviada a Nicaragua a ser enterrada en el mausoleo familiar, le pregunté qué la hacía querer quedarse en Miami, a lo que ella respondió: «Quiero quedarme aquí para que puedas ir a visitarme y rezar por mí».

No podía localizar el contrato que había tenido en mis manos durante los últimos días, al fallecer mi mamá, sin percatarme de que lo tenía justo sobre la cómoda. Era como si mi mente estuviera en otra cosa y me fuera imposible concentrarme. ¿Te ha pasado a ti que te cuesta concentrarte? Esto es algo natural que sucede con el duelo; no te preocupes si te ocurre. Luego exploraremos este tema.

OTRAS ACCIONES POR REALIZAR

Durante los primeros días después de la muerte de mi madre, estuve sumamente ocupada, llamando al Seguro Social, llamando a Medicare (programa de salud), llamando a la farmacia donde tenía sus prescripciones para cancelar la cuenta, llamando al servicio de hospicio para que recogieran el tanque de oxígeno y el nebulizador... Iba y venía preguntándome: «¿Qué cosas quedan por hacer ahora?». Lo que me ayudó a organizarme fue elaborar una lista de tareas pendientes por hacer e ir eliminándolas conforme las iba llevando a cabo. Ese proceso puede ser intenso desde el punto de vista mental y emocional. Por ejemplo, algo que me impactó mucho —y que sé que a mis clientes también les sucede— fue recoger su certificado de defunción. Ese día fue extremadamente doloroso.

PROCESANDO TU DUELO

¿De qué cosas tuviste que ocuparte que deseabas no tener que haber hecho?

_____

_____

¿Cuál fue la llamada más difícil?

_____

_____

¿Estuvo alguien contigo?

_____

_____

¿CÓMO SERÍA EL FUNERAL?

Yo había imaginado siempre el funeral de mi madre como algo muy grande, puesto que conozco el gran valor que posee como ritual. Siempre deseé hacer una misa abierta al público, lo mismo que con el velorio, pero no fue posible, pues sucedió en tiempos de la pandemia del coronavirus. En la sección de covid-19, reflexiono sobre el valor de este ritual tan simbólico que es el funeral.

Mi esposo me acompañó a la funeraria y ultimamos los detalles de los arreglos que mi mamá había preparado muchos años atrás. Finalicé los últimos detalles. Debido a la pandemia, había que coordinar la iglesia, el velorio y el funeral; tenía que estar todo sincronizado y decidir cómo sería el velatorio debido a los tiempos que estábamos viviendo. Entonces me di cuenta de cuánto habían cambiado estos rituales: antes y después del coronavirus. Antes uno no pensaba en cuánta gente acudiría o no.

Quería tener un velorio y también una misa cuando fuera posible celebrarla, pero no había demasiados espacios disponibles. Era lunes. Finalmente se decidió celebrar el velorio el jueves por la noche y la misa el viernes. También pedí las flores, la corona que iba encima del ataúd. Recuerdo haber visto el catálogo y haber pensado: «No estoy escogiendo un ramo de flores para su cumpleaños, son las flores para su velorio». Sin embargo, también quería pedir algo especial de mí para ella, por lo que ordené un corazón enorme hecho de rosas rojas. Ese corazón simbolizaba mi amor eterno por ella. La muerte no pondría fin a ese amor tan inmenso entre nosotras, puesto que la muerte no es lo que define una relación, sino el amor.

Lo mismo que con mi padre, mi madre estaría en mi corazón para siempre, pues el amor no muere; el amor es eterno.

Cuando me estaba preparando para ir al velorio, me sentí como en una nebulosa de nuevo; en realidad, estaba viviendo en un espacio suspendido. Me hallaba muy presente con mi duelo, llorando y, por momentos, en silencio. Recuerdo que, cuando estaba en el auto con mi esposo camino a la funeraria, no podía decir ni una sola palabra. Estaba en un espacio que sentía surrealista. Vestía toda de negro, porque con mi ropa quería mostrar al mundo cómo me sentía por dentro.

Al entrar en el salón donde se encontraba el féretro, sentí como que me transportaba a otra dimensión. Noté las bellas flores enviadas por personas que me acompañaban en la distancia y me acerqué para ver a mi madre por última vez. Cuando la vi dentro del ataúd, pensé que parecía una muñequita, toda de rosado. Entonces, practiqué un ritual sagrado entre ella y yo. Le puse en la chaquetita el corazón de imán que nos unió siempre. Era un símbolo de que estaríamos por siempre juntas. Se lo di cuando empecé a viajar para impartir seminarios. Yo tengo un corazón de imán y le di uno a ella para que lo tuviera puesto siempre. Nunca dejó de usarlo hasta su último día. Al llevar a cabo ese ritual, cumplí con lo que le prometí: que siempre estaríamos juntas donde fuera que nos encontrásemos.

Me hallaba al lado de ella, ¡pero sentía todo tan diferente! Veía a mi mamá y era como si no fuera ella; lucía distinta a como se veía en el momento de fallecer, y pienso que eso de alguna manera me ayudó. Me ayudó a mantener la compostura durante el velorio, pues imaginaba que iba a estar inconsolable y, sin embargo, sucedió lo contrario. Siendo como soy, una persona que se expresa mucho a través de las lágrimas, me encontraba en un espacio como de irrealidad. Me hicieron falta mis hermanas, ya que no se encontraban conmigo. Una por razones de salud y la otra porque, al vivir fuera de Miami, debido a la pandemia le fue imposible viajar. Esa situación lo hizo todo diferente, pues, por una parte, la gente que estaba en Miami no podía acudir por temor al contagio y, por la otra, había restricciones en la funeraria.

Solamente abrázame

La poca gente que me acompañó en el velorio y funeral vino con máscara y mantuvimos la distancia social lo mejor posible. Debido a eso, me vi privada de los abrazos, de esos abrazos que tanto deseaba. Tan solo una amiga muy querida que se acababa de hacer la prueba del covid-19 se me acercó y me dijo: «Estoy bien, quiero darte un abrazo». Fue un bello sentimiento compartido. Con el resto de las personas, sin embargo, fue distante, como era de esperarse, de modo que extrañé los abrazos.

Recordé que siempre había pensado que, al morir mi madre, iba a desear tener un letrero sobre mi pecho que dijera: «Solo abrázame». Esa idea surgió debido a que muchos de mis clientes habían compartido conmigo comentarios de los que la gente hace después de perder a un ser querido, al estilo de: «Está en un lugar mejor» o «A ella no le gustaría verte así» que, en lugar de ayudarlos, los hacían sentir más tristes o incluso enojados. Debido a que este tema es de gran significación, he reservado un capítulo específico para elaborar sobre lo que ayuda y no ayuda en tiempos de duelo.

Basada en esos comentarios de mis clientes, yo comentaba de una manera jocosa a mi familia y amigos cercanos la idea de que, si mi mamá fallecía antes que yo, en el funeral me colgaría un cartel en el pecho que dijera: «Solamente abrázame». Sin embargo, la ironía fue precisamente que no pude recibir ni un solo abrazo. Me preguntaba: «¿Esto está sucediendo en realidad?». Desde el fondo de mi corazón pedía, en silencio: «Quiero que me abracen, quiero que me abracen...».

Eso me mostró que en la vida no tenemos control sobre nada. Creemos que tenemos un control absoluto y no es así. En realidad, ¿qué significan los abrazos? Significan apoyo, significan presencia, significan cariño.

Si estás enfrentando una pérdida y no recibiste el abrazo que habías anhelado durante tanto tiempo, quiero decirte que, aunque no estemos cerca físicamente, te envío uno con todas mis fuerzas. Solo siente mis brazos a tu alrededor y escucha mis palabras: te acompaño, de mi corazón al tuyo. Eso es todo lo que puedo decir. Si necesitas ese abrazo, solo cierra los ojos y recíbelo en tu corazón.

El último adiós

Al día siguiente tuvimos la misa de cuerpo presente en la iglesia Epiphany en South Miami, un templo muy especial para mí, pues mi mamá y yo acostumbrábamos asistir a misa allí todos los domingos. La ceremonia fue bella y a la vez muy sentida. A pesar de no haber logrado ofrecer el oficio religioso público que tanto anhelaba para honrar a mi madre, me sentí dichosa de haber podido celebrárselo y de tener a ese bello grupo de personas, familiares e íntimos amigos, a mi lado.

Al terminar la ceremonia, le dije al padre Alex Rivera, quien era el guía espiritual de mi madre y celebró la misa, que quería decir unas palabras.

Con mucha emoción en mi corazón, me dirigí a las personas que me acompañaron en ese momento con las siguientes palabras:

Queridos amigos, querida familia:

Como dijo el padre —como ella le decía: «padrecito», siempre se lo dijo—, mi mamá amó a este padre tan especial —¡yo lo quiero tanto, padre Alex!—. Cada vez que veníamos a misa los domingos era algo muy especial para ella y, como dijo el padre Alex, mi mamá vivió una vida como un testimonio de fe, un testimonio de amor. Eso es lo que nos queda, eso es lo que me queda a mí profundamente.

Es una ocasión en la que siento —y estoy hablando por mí— un gran dolor, porque no la tendré físicamente. Ella fue mi compañera, fue tanto para mí… y es duro, porque nos duele, me duele la ausencia…

La partida física me duele en el alma. Sin embargo, le doy muchas gracias a Dios por habernos dado una madre tan bella, por habernos regalado durante cien años una alegría de mujer.

Cada día, cuando yo… —ella vivía conmigo, vivió durante dos años y medio con Mario y conmigo— cuando iba a abrirle las cortinitas cada mañana, ella volteaba a ver así: «¡Qué sol tan radiante!». Así se despertaba ella.

¡Era una alegría de mujer! Para todo era: «¡Qué alegre!». Si le dabas de comer decía: «¡Qué rico!». Una mujer que vivió alegre. Ahora que estaba viendo en el *collage* todas las fotos y veo todas sus expresiones, ¡todas son alegres! Esa fue y seguirá siendo ella. Mi mamá seguirá viviendo en mi corazón como mi padre vive en mi corazón. Mi mamá también va a seguir viviendo y siempre vamos a honrarla, como lo hablaba con mi sobrinita Alicia, su primera nieta, a quien ella amó tanto. ¡Fue tan bella con ella! Como decía mi mamá, con los brazos así, en alto: «¡Arriba corazones!». Con eso nos quedamos, con ese lema de vida de ella.

Mi mamá siguió el legado de mi padre durante tantos años y ahora ella nos deja este legado, este ejemplo de fe, este ejemplo de amor, este ejemplo de estar ahí para todos.

Así que yo lo dejo también como un ejemplo de entereza: ¡Arriba corazones!

Luego salimos rumbo al cementerio en la limosina detrás del carro fúnebre. Me parecía mentira ir detrás de mi mamá de esa forma. Fue una experiencia totalmente irreal. Sin embargo, al llegar al cementerio fui capaz de elaborar un ritual de despedida. Fue el último adiós a mi madrecita amada. No me preguntes de dónde saqué las fuerzas. Solo puedo pensar que mi inmenso amor por ella y mi fe fueron lo que lo hizo posible.

Los primeros tiempos estaba en otra dimensión

La tristeza nos pone lentos y, al hacerlo,
parece enlentecer el mundo. A veces,
las personas en duelo incluso dicen que
vivir con la tristeza de la pérdida es como
como vivir en cámara lenta.

GEORGE A. BONANNO

L os primeros días me sentía como en una nebulosa. Me parecía que todo se había detenido a mi alrededor y caminaba con lentitud en un espacio sin forma. Llegué a perder noción de las fechas o de si había comido. Lo único que deseaba era estar sola. Aun siendo una persona tan sociable y sabiendo lo que ayuda la compañía, esos primeros días prefería estar sola o con mi familia inmediata. Es común desear estar solo cuando estamos ante un duelo muy profundo. A veces el teléfono me agobiaba y quería evitar estar repitiendo siempre la misma historia. Era un sentimiento encontrado pues, a la vez que agradecía el apoyo, deseaba que me permitieran estar en mi soledad, aunque fuera por unas pocas horas. A veces no quería que me llamara una persona más, no quería tener que responder; cuando podía, respondía. A veces se me acumulaban tantos textos o mensajes de voz que me era imposible mantener el ritmo; sin embargo, dentro de mi alma agradecí cada gesto de apoyo, de acompañamiento, de cariño.

Escribía mucho, dictaba mucho en mi celular (esto me ayudó enormemente para descargar); eso sí, me gustaba hablar con mis hermanas y con mi amiga de la infancia Lucrecia. Eso era algo constante, pues lloraba y hablaba y volvía a llorar. Fue catártico, fue necesario para mi alma.

Me sentía irritable e impaciente

Me encontré de pronto con que estaba impaciente e irritable. Soy una persona calmada y tranquila, pero, de pronto, noté que perdía la paciencia con facilidad o que me irritaban cosas como lavar los platos… Algo tan rutinario y, sin embargo, me enojaba tener que hacerlo. Cuando estamos de duelo experimentamos muchas emociones, no solamente tristeza, como te comentaré más adelante, así que no te exijas demasiado ni te sorprendas ante tus reacciones.

Tiempo en silencio

En tiempos de duelo, solemos decir que el silencio es nuestro compañero y, en efecto, es así. Nos ayuda a adentrarnos en nuestros pensamientos y a sentir nuestras emociones. Muchas veces lo acogemos; otras veces nos asusta. Cuando mi mamá murió, tuvo lugar un gran silencio en mi casa. Esa casa que durante los últimos dos años y medio había estado llena de tantas personas: familia, amigos, allegados que acudían o que iban a visitar a mi mamá. También había extraños: sus cuidadores, gente de hospicio cuando estuvo bajo cuidados paliativos; enfermeras, médicos… Lo que sucedía era que la dinámica de mi casa estaba girando alrededor de mi madre también; y de pronto las risas, los ruidos, el televisor, la gente cocinando, la gente limpiando… todo eso se detuvo. Mis entradas y salidas, mi carrera; ir a la farmacia de Walgreens, ir al supermercado Publix, ir al supermercado de Winn Dixie, y de nuevo volver a Walgreens. Todo por ella y solo por ella. Ir a trabajar, volver del trabajo, regresar de nuevo, venir a la casa, almorzar tarde para comer con ella, luego volver; todos esos momentos intensos… tener el teléfono a mi lado y explicar a mis clientes: «Mi mamá se ha vuelto más frágil, así que estoy pendiente por si algo le pasa». Tuve la bendición de trabajar a una distancia de cinco minutos de casa en automóvil. Eso me permitía saber que, si se presentaba una emergencia, simplemente me subiría al auto y llegaría rapidísimo, como lo hice un par de veces durante los últimos tiempos. Esa era mi vida. La vida que había construido alrededor de mi madre. Fueron muchas noches sin dormir, solo escuchando, esperando, prestando atención a si estaría bien o no. Saltando a su cama si estaba inquieta, pues solo se calmaba con mi presencia a su lado, al abrazarla. Me tocaba el alma ayudarla a sentirse segura. Todos esos momentos me dieron sentido, me dieron propósito, me dieron alegría.

PROCESANDO TU DUELO

¿Has notado que te encuentras impaciente o irritable?

_____

_____

**¿Qué cosas logran hacer que reacciones
de manera inesperada?**

_____

_____

¿Cómo manejas esas situaciones?

_____

_____

NECESIDAD EMOCIONAL
DE MANTENER CONEXIÓN CON MI MADRE

El primer mes, era casi obsesivo ver los *chats*, ver videos, escuchar sus mensajes grabados en donde recitaba su insigne poesía «Garrick» o cantaba llena de alegría canciones de antaño. Era como si me alimentara de ella, como si fuera el agua que necesitaba tomar en el desierto para calmar mi sed. Estaba absorbiendo lo más que podía hasta la última gota, la última gota de su recuerdo, de su esencia, de su mirada. Volvía a ver las fotos, volvía a leer los textos de la señora que me ayudaba con ella y del enfermero; quería recrear la historia de cada *chat*. Dado que mi mamá tuvo varias personas que la cuidaron —ángeles en su vida y en la mía—, entonces recreaba la historia desde diferentes perspectivas, queriendo absorber lo más posible sus últimos meses de vida, las últimas palabras, los últimos gestos en su rostro, las últimas vivencias, las últimas gracias… todo eso lo recreaba, lo recreaba y lo volvía a recrear.

Algo que también me ayudaba a procesar el duelo era hablar de mi madre. Cuando me preguntaban por ella o me contaban algo del pasado, yo lo escuchaba feliz, pues sentía ese gran deseo de hablar constantemente de ella. Era una necesidad interna. Lo único que quería era recordar y revivir en mi mente los momentos que tuve junto a mi madre. Era, en realidad, como desear mantener la conexión de cualquier forma, algo que a muchos de mis clientes también les sucede. Parece ser algo muy natural en el duelo. En una sección más adelante, elaboraré sobre el tema de la conexión. Algunas personas, con buena intención, te dicen que dejes de hablar sobre tu ser amado pues debes «dejarlo descansar». Sin embargo, el hablar nos ayuda a procesar el duelo y a compartir la historia.

Es más, cada vez que la contamos, esta puede ir cambiando, pues le vas agregando detalles o dejas ir otros. Recuerdo un entrenamiento sobre trauma que tomé muchos años atrás. El proceso era precisamente guardar el espacio para que la persona que había sufrido el trauma contara la historia una y otra vez. Era sorprendente cómo esto ayudaba para sanar y para ver las cosas que se dejaban de lado o las que se magnificaban en cada recuento.

PROCESANDO TU DUELO

¿Cómo reaccionaste los primeros días después de perder a tu ser amado?

_____

_____

¿Qué te ayudó en los primeros tiempos?

_____

_____

¿Has sentido la necesidad emocional de mantener conexión con tu ser amado?

_____

_____

¿Te gusta hablar de tu ser querido?

_____

_____

¿Te gusta ver fotos o prefieres no hacerlo?

_____

¿Qué recuerdos te evoca?

_____

_____

El lugar de Netflix y YouTube en mi duelo

Es interesante pues, recién muerta mi mamá, yo solo quería ver películas, series o documentales sobre la muerte, sobre el duelo, sobre la vida después de la muerte.

Ten en cuenta que, siendo ese mi campo, siempre he sentido fascinación por estos temas; sin embargo, esto era diferente. Era prácticamente una necesidad de saber lo que se hablaba de qué pasaba al morir, de qué pasaba después, de cómo se siente uno al perder al ser amado.

Acogiendo la paz
en mi corazón

La paz no es algo que debas esperar en el futuro.
Más bien, es una profundización del presente
y, a menos que la busques en el presente, nunca
la encontrarás.

THOMAS MERTON

Durante los meses siguientes, aunque seguía viendo los *chats*, esa necesidad imperiosa poco a poco se fue aminorando, y con el tiempo fueron creándose más momentos de paz a pesar de experimentar también momentos de dolor intenso, de esos que te llegan a la médula de los huesos, al fondo del corazón.

Recuerdo que, en mis oraciones de esos primeros tiempos, cuando el peso de la ausencia me aplastaba, lo que le pedía a Dios era: «Dios mío, te lo pido con el alma, dame paz al pensar en mi mamá».

Entre llanto y sonrisas al recordar lindos momentos, he ido procesando y experimentando mi duelo de una manera muy conectada conmigo misma. Lo continúo viviendo, pues el proceso es así: queda de forma latente, casi imperceptible a veces. Lo he integrado a mi vida cotidiana, pues he tenido que aprender a vivir sin su presencia física; sin embargo, mi madre sigue viviendo en mi corazón.

ENCONTRANDO SIGNIFICADO. LAS REUNIONES POR ZOOM

Mencioné antes que mi mamá murió el 7 de junio de 2020. El 7 de mayo, un mes antes, recibí un correo electrónico de la persona encargada de proyectos de educación de la Alliance for Aging, INC[1], en Miami, Florida —que es la ciudad en donde resido—, proponiéndome reuniones por Zoom para apoyar a la comunidad. La intención era ayudar a las personas a sobrellevar lo que estaba representando la pandemia del coronavirus que recién había comenzado dos meses atrás. Con gran entusiasmo respondí afirmativamente y planeamos esa linda iniciativa, que sería gratuita para la comunidad. Un mes después, mi madre murió y me encontré con ese compromiso, dudando de mi posibilidad de llevarlo a cabo de forma inmediata.

Reflexioné profundamente sobre esa oportunidad, pues así la consideré, que me permitiría ayudar y a la vez conectar con otros. En efecto, fue una bendición, puesto que ponía el alma en la preparación de cada una de esas presentaciones y me movía de mi espacio de dolor. Al planificar los diferentes tópicos para ayudar a otros, me ayudé a mí misma. Creo mucho en ese principio de acuerdo con el cual al ayudar a otros te ayudas a ti mismo, pues te sales de tu propia película.

PROCESANDO TU DUELO

¿Te ha sucedido que en medio de tu duelo has tenido la oportunidad de ayudar a otros?

_____

_____

---

1 Alianza Pro Vejez, Miami.

DEFINIENDO LA PÉRDIDA

La mayoría de las veces, cuando las personas me preguntan a qué me dedico y les respondo que ayudo a los demás a transformar sus pérdidas, piensan que me refiero solamente a la muerte de un ser querido. Y no es así. Sufrimos una pérdida cuando alguien muy importante para nosotros no está más a nuestro lado, ya sea por muerte, divorcio o lejanía. También existen otros tipos, tales como pérdida de salud, accidentes y los nuevos tipos de pérdida debidos al covid-19 que nos ha tocado vivir. En el libro que te mencioné: *Transforma tu pérdida. Una antología de fortaleza y esperanza*, elaboro acerca del concepto de pérdida e incluyo otras diferentes al fallecimiento de un ser amado, tales como el divorcio o la pérdida de un trabajo. En el contexto de *Déjame vivir mi duelo y sanar de adentro hacia afuera*, me he enfocado en la muerte de un ser querido, pues está inspirado en mi historia. Sin embargo, muchos de los comentarios y sugerencias aquí presentados para procesar el duelo también se pueden aplicar a otros tipos de pérdidas.

Dejemos de comparar

Al enfrentar una pérdida, por alguna razón muchas personas tienden a establecer comparaciones sobre cómo se sienten al respecto. Incluso la gente muchas veces, con la intención de ayudar, puede decir: «Mira cómo está fulanita, que perdió a su papá, qué bien lo está manejando». O alguien puede pensar en un grupo de apoyo: «Lo que él está pasando no se puede comparar con lo que yo siento». En realidad, no podemos saber cómo se siente la otra persona, pues la pérdida es personal y está relacionada con lo que representa para cada uno de nosotros. ¿Qué pasa cuando pierdes el significado en tu vida? ¿Qué tipo de pérdida es esa? ¿Son todas las pérdidas iguales?

Variables al experimentar la muerte de tu ser querido

Las diferencias en la expresión, la duración y la intensidad de los sentimientos de duelo que el doliente experimenta tienen relación directa con algunas variables tales como el tipo de muerte, el nivel de apego, la personalidad del doliente y su historial de pérdidas. Como se indica en el artículo «El inventario de historias de pérdidas (IHP): Presentación y utilidad clínica», de Chaurand, Feixes y Neimeyer:

> Pero hay siempre grandes diferencias individuales en función de cuándo sucedió la pérdida, cómo sucedió (de forma violenta *vs.* natural, repentina *vs.* anticipada), las maneras de afrontar este tipo de situaciones por parte de la propia persona (segura *vs.* insegura), etc. Estos son factores relevantes para determinar el nivel de la sintomatología depresiva o del

duelo, siendo estas dos formas de sufrimiento diferentes la una de la otra (2011, p. 4).

Entre las variables que en mayor medida determinan nuestro duelo se encuentra el tipo de muerte, especialmente si sentimos que, de alguna forma, este es sancionado por la sociedad, como en el caso del suicidio.

CAMBIO Y APEGO

Cuando sufrimos una pérdida, hay dos palabras que se le relacionan de manera muy estrecha; estas son «cambio» y «apego». Cuando enfrentamos la muerte de un ser querido, siempre existe un cambio. A veces la gente te dice: «Quiero ser el mismo que era antes»; sin embargo, eso no es posible. Cuando ha habido una pérdida, siempre sobreviene un cambio.

Por otro lado, podemos pensar con tristeza que nunca más seremos los mismos, como me lo manifestaba Patricia luego de experimentar la muerte de su esposo: «Ya nunca más seré la que era antes». Le expliqué que siempre se suscita una transformación y compartí con ella que yo no soy la misma después de la pérdida de mi madre, porque ha habido un cambio; sin embargo, eso no significa que no pueda lograr que ese cambio sea positivo. Depende mucho de nosotros si nos permitimos evolucionar inspirados por la pérdida de nuestro ser amado. En mi caso, un cambio que se ha dado de manera lógica es que, al no tener a mi madre como recipiente de tanto amor, lo estoy brindando aún más a las otras personas. El caudal que tenemos de amor es inmenso y, si estamos acostumbrados a expresarlo, simplemente brota.

Eso siento en mi corazón, pues algo que también intento es seguir manteniendo la unión de la familia como cuando estaba mi mamá, que era la matriarca. Una sobrina me decía que estoy continuando con la familia de la manera como solía hacer mi madre, así que hay un cambio allí, un cambio que abrazo con todo mi corazón.

¿Cómo será tu cambio?

La gente no «supera» el duelo. En cambio,
aprendemos a integrarlo en lo que somos. Nos
cambia y se convierte en parte de nosotros...
Sin embargo, nuestras vidas pueden volver a
ser plenas y enriquecidas.

DR. ALAN WOLFELT

Querido doliente: tú y yo enfrentamos un reto en este particular. La gente quiere que seamos los mismos que antes de perder a nuestro ser querido y, como lo dijimos, eso no es posible. Después de perder a un ser amado se ha operado una transformación dentro de nosotros. Con esto, recuerda que no quiero decir que sea un cambio negativo, sino solo un cambio. En realidad, depende de nosotros cómo será, si vamos a convertirnos en mejores personas debido a esa pérdida o si nos volveremos seres amargados, enojados y sin deseos de encontrar alguna manera de honrar a nuestro ser amado. Dependiendo de cómo manejemos la pérdida que estamos viviendo, el cambio que se suscitará en nosotros podrá revestir mucho significado. Es más, podemos convertirnos en una mejor versión de nosotros mismos. Así que eso es lo que debemos tener en cuenta: que puede ser un cambio positivo. Cómo manejar esa pérdida, que incluso puedes llegar a transformar en algo más grande que tú, es algo que exploraremos en la última sección del libro. Por el momento, nos enfocaremos en abrir el corazón para validar tus sentimientos y procesar el duelo con el propósito de que sanes de adentro hacia afuera.

APEGO

La otra palabra es «apego». Cuanto más cercanos éramos a nuestro ser querido, mayor será la sensación de pérdida cuando ya no esté con nosotros.

Esto nos ayuda a entender cómo lidiar con las cosas, cómo tratar con lo que nos sucede. Es posible que lo veas en tu familia: cómo diferentes personas manejan la pérdida. Algunas pueden experimentar más dolor que otras; la razón se debe a la unión que sentían con el fallecido. Comprendamos esto para entendernos y entender a otros. En ese sentido, cambiar no tiene que ser algo negativo; dependiendo de ti, puede ser un cambio significativo. Ten presente que, al perder a tu ser amado, este siempre estará en tu corazón, puesto que la relación no termina porque el amor es eterno. Perdí a mi padre de niña y él vive en mi corazón. Sé que esto también sucederá con mi madre, pues lo que cambia, lo que se transforma es el tipo de relación, pero el vínculo amoroso permanece para siempre[1].

Adicionalmente, deseo enfatizar el efecto que el apego tiene en nosotros al sufrir una pérdida y compartir contigo este texto del psiquiatra y psicólogo John Bowlby, quien fue pionero en la teoría del apego y el estudio del desarrollo infantil:

Lo que por conveniencia estoy llamando «teoría del apego» es una forma de conceptualizar la propensión de

---

1 Tomado de un video de mi canal de YouTube.

los seres humanos a establecer fuertes lazos afectivos con otros particulares y de explicar las muchas formas de angustia emocional y trastorno de la personalidad, incluidos la ansiedad, la ira, la depresión y el desapego emocional a los que dan lugar la separación y la pérdida involuntarias (2005, p. 40).

PROCESANDO TU DUELO

¿Qué cambio se ha suscitado en ti al perder a tu ser amado?

_____

_____

¿Ha sido negativo o te has sorprendido con lo que has aprendido de ti mismo?

_____

_____

¿Cómo puedes abrir el corazón para que este cambio te ayude a honrar a tu ser querido?

_____

_____

TU HISTORIA DE PÉRDIDAS

Un ejercicio que llevo a cabo con la mayoría de mis clientes es su historia de pérdidas. Descubrí este increíble instrumento cuando cursaba el diplomado sobre pérdidas y sanación en la universidad de St. Thomas, en Miami, Florida. Recuerdo que la profesora, al indicarnos que lleváramos a cabo el ejercicio, nos mencionó que debíamos incluir todo tipo de pérdidas y se me vino a la memoria cuando, a los ocho años, perdí a mi conejita. En ese momento, todo el duelo que nunca había llegado a procesar se volcó de manera inesperada y pude soltar, en medio del llanto, el gran dolor que había guardado en mi alma durante muchos años. Ni siquiera estaba consciente de que aún cargaba el dolor por esa pérdida, puesto que nunca había tenido la oportunidad de procesarlo. Por lo tanto, hacer ese ejercicio fue muy catártico y sanador. Sucede a veces que, al enfrentar una nueva pérdida, duelos del pasado que nunca fueron procesados salen a la luz. Tengamos presente que, a lo largo de nuestra vida, enfrentamos distintos tipos de pérdidas y muchas veces las guardamos en lo más recóndito de nuestro ser. Te sugiero que realices este ejercicio, pues puede que te ocurra algo parecido a lo que a mí me sucedió: que una pérdida que hayas tenido reprimida en tu alma salga a la superficie y puedas entonces procesarla para poder soltarla. Por tener el potencial de ser muy catártico, te sugiero que separes un par de horas y las dediques a este ejercicio. Apaga el teléfono celular, ten al lado una caja de pañuelos y, con tu corazón abierto, conecta con tu ser interior.

Ten presente que, si otras pérdidas salen a relucir, tienen el potencial de intensificar el duelo de la pérdida presente. A eso lo llamaríamos «sobrecarga de luto (o duelo)». Esto me recuerda a Carla, quien había perdido a su mamá y estaba muy molesta pues, en medio de su duelo, recordaba a su exnovio Carlos, quien la había dejado un par de años atrás justo antes de casarse. Ella aprendió a suprimir el dolor en ese entonces y utilizó la máscara de la indiferencia. Debido a que no llegó a procesarlo, al estar experimentando años después un profundo duelo por su madre, esa pérdida no procesada se hizo presente.

Otra historia que he compartido en seminarios y con mis clientes por lo mucho que me impresionó, ya que me demostró cómo nos afectan las pérdidas suprimidas a un nivel inconsciente, tuvo lugar en una ocasión en la que estaba impartiendo un taller sobre el duelo y llegó una señora que había perdido a su esposo recientemente. Ella buscaba ayuda pues, a pesar de tener un gran dolor en su corazón, no le era posible llorar. Fue cuando expliqué la historia de pérdidas y sugerí que pensaran en la primera que hubieran experimentado, cuando empezó a llorar desconsolada. Guardamos silencio y la acompañamos hasta que poco a poco se fue calmando. Entonces le pregunté si quería compartir con nosotros qué le había ocasionado tanto dolor. Nos dijo que, al pedirles que pensaran en la primera pérdida que recordaran, se le vino a la memoria cuando, con tan solo cuatro años, perdió a la muñequita con la que dormía. Desolada, fue a decírselo a su madre, quien le contestó que fuese al armario a tomar otra muñeca, pues tenía varias, a lo que ella respondió: «No, mamá, es que esta es especial; yo duermo con ella», a lo que la madre le argumentó: «Por eso no se llora, es solo una muñeca». La madre probablemente quiso aminorarle el dolor; sin embargo, a ella se le quedó grabado ese mensaje, y de esa manera se comportó toda su vida. Al hacer el ejercicio de las pérdidas, tuvo la oportunidad de visitar ese incidente y darle rienda suelta a todo ese cúmulo de lágrimas reprimidas.

Este ejercicio es muy valioso, pues también nos ayuda a conocer nuestros patrones, ya que todos poseemos patrones internos, tal como nos dice el reverendo Richard

B. Gilbert en su libro *Encuentra tu camino después de la muerte de uno de tus padres*. El reverendo Gilbert, como me gusta llamarlo, es muy querido por muchos y altamente reconocido como autor y educador en la Association for Death Education and Counceling[2], a la cual pertenezco. Esta organización también es conocida como la Asociación de Tanatología.

Cómo elaborar una historia de pérdidas

Puedes hacer el ejercicio de la siguiente manera: dibuja una línea de tiempo y empieza a elaborar tu historia con la pérdida más reciente (en este caso la muerte de tu ser amado), y luego remóntate a la primera que recuerdes. Ten en cuenta que una pérdida es cualquier transición de vida que te haya causado dolor. Identifícala de esta manera: el tipo de pérdida, la edad que tenías, cómo reaccionaste ante ella y cómo respondieron a tu reacción las personas allegadas a ti.

El hacer una historia de pérdidas es tan valioso que los psicólogos Chaurand, Guillem y Neimeyer (2011) crearon el «inventario de historia de pérdidas» (IHP), en el cual, además de preguntarse por el tipo de pérdida y cómo sucedió, se pregunta si el doliente considera que los síntomas que presenta en la actualidad se han originado por alguna pérdida del pasado[3].

---

2 ADEC, por sus siglas en inglés.

3 Si te interesa, puedes encontrarlo en este enlace: https://www.research-gate.net/publication/220015722_El_Inventario_de_historia_de_pérdidas_IHP_Presentacion_y_utilidad_clinica

Pérdida primaria y pérdidas secundarias

Quisiera hablarte del concepto de pérdidas primarias y secundarias, pues es de esperarse que, al ocurrir una pérdida primaria, sucedan otras que son colaterales. La pérdida de un ser amado es la pérdida primaria, la que origina las secundarias, que también necesitan ser reconocidas y elaboradas. Debido a que estamos sufriendo esta pérdida, podemos igualmente estar confrontando otras que se producen a partir de la primera y que son las secundarias. Ejemplos de esto son: pérdida de estatus, de la vida que esperabas tener en un futuro, de la realización de planes juntos; pérdida financiera, de seguridad, de tu compañero; pérdida de apoyo, de propósito o significado (si eras el cuidador de tu ser amado). Al reflexionar sobre tu pérdida principal, elabora las secundarias para poder también procesarlas.

La pérdida de identidad

Un tipo de pérdida secundaria que puedes estar experimentando es la de identidad. Al ser la cuidadora de mi mamá, eso me pasó a mí al comienzo de mi proceso. A pesar de que tenía una señora que la cuidaba y me ayudaba al acompañarla, yo era la persona encargada de su bienestar físico, emocional y espiritual. Me encargué de todo cuanto la rodeaba. Fueron esos otros roles que se han ido y que le dieron sentido a mi vida los que fueron construyendo mi propia identidad como hija, como su cuidadora, como alguien que tomaba decisiones por ella y para ella, los que me proporcionaban una razón muy especial y significativa para despertarme todos los días.

Por lo tanto, al morir mi mamá, me pregunté: ¿quién soy yo ahora? Al reflexionar sobre esa pregunta, llegué a darme cuenta de que tenía otros roles muy importantes en mi vida que también llenaban mi alma y fue ahí donde me enfoqué. Luego de procesar profundamente la pérdida de identidad, conecté con mi esencia, con esa persona que ama ayudar y que tiene una misión en la vida que llevar a cabo: la de seguir ayudando al doliente en sus momentos más oscuros y guiarlo a encontrar su luz propia a través de su pérdida. Lo que más llena mi corazón es que la luz de mi madre ilumina mi sendero y me inspira a seguir con mi misión de una forma —si se puede concebir— aún más profunda, más espiritual, más del alma. Por otro lado, está la posibilidad de continuar con los lazos invisibles que se presentan debido al apego. En caso de viudas y viudos, el mantener el apego hacia el cónyuge fallecido ha demostrado ayudarlos a conservar un sentido de identidad:

> Parece probable que, por el hecho de que muchas viudas y viudos están dispuestos a que sus sentimientos de apego al cónyuge muerto persistan, su sentido de identidad se preserve y se vuelvan capaces de reorganizar sus vidas a lo largo de líneas que encuentran significativas (Bowlby, 1982, p. 98).

Puedo dar fe de lo contenido en esta cita, pues fue lo que le sucedió a mi mamá cuando murió mi papá. Ella tenía cincuenta y dos años y creo que ese apego que siempre sintió hacia él fue lo que la ayudó a mantener su identidad como su esposa, así como a adquirir una identidad nueva de cara al futuro, al convertirse en empresaria siguiendo sus pasos. Pienso que eso que ella repetía con mucho ahínco: «Sigo con el legado de tu papito» fue lo que la inspiró a desarrollar esta nueva identidad para honrar su memoria.

Un ejercicio que he hecho sobre la pérdida de identidad con casi todos mis clientes y recomiendo altamente es escribir en un papel: «¿Quién soy yo?», porque a veces, después de una pérdida, debido a los cambios que se suscitan, y sobre todo si hemos desempeñado roles que se vuelven inexistentes, podemos tener una sensación de pérdida de identidad. Esto nos puede hacer sentir una gran confusión que nos puede llevar a no reconocer quiénes somos.

Al hacer ese ejercicio de «¿Quién soy yo?», le puedes agregar: «¿Quién era antes de mi pérdida? ¿Quién soy ahora?». Al respecto, nos puede suceder algo interesante, tal como nos indica Welshons: «Honramos la pérdida cuando reconocemos su capacidad para remover las capas de lo que creemos que somos. Entonces podemos experimentar quiénes somos realmente» (2000, p. 195).

PROCESANDO TU DUELO

¿Quién era antes de perder a mi ser amado?

¿Quién soy yo ahora?

¿Me he sorprendido al descubrir quién soy?

Pérdidas múltiples

Cuando sufrimos diferentes tipos de pérdidas a la vez, las llamamos «pérdidas múltiples». Ellas pueden causar en nosotros lo que llamamos «sobrecarga de duelo» (*bereavemenet overload*) —término que introdujo el psicólogo y gerontólogo Robert Kastenbaum (1969)—, que ocurre cuando la carga que producen las pérdidas que tienen lugar sucesiva o simultáneamente implican demasiado para el doliente, pues representan el reto de poder procesar una antes de que suceda la otra.

Estas pérdidas pueden darse como resultado de la primaria, como mencionamos anteriormente.

PROCESANDO TU DUELO

La pérdida primaria que estoy experimentando es:

_____

_____

Las pérdidas secundarias que se han
suscitado debido a la primaria son:

_____

_____

¿Cómo han afectado las pérdidas
secundarias mi proceso de duelo?

_____

_____

Aceptando la pérdida

Yo diría que la aceptación es la clave de
un duelo sano, aceptación de lo que pasó
y aceptación de lo que se siente.

MARÍA, MADRE EN DUELO

E n el caso de la muerte de un ser querido, podemos
continuar esperando por la persona, llamándola o
simplemente negándonos ante la posibilidad de su
fallecimiento.

La aceptación puede ser un reto cuando perdemos a un
ser amado, pues nos hace falta su presencia física. Esto lo
entiendo de corazón. Sin embargo, al no aceptar la realidad
de lo que nos ha pasado nos quedamos en negación. ¿Esto
nos ayuda? ¿Deseas quedarte en ese espacio? Con respecto al
sistema de los 11 Principios de Transformación®, debes haber
notado que el primero de ellos es «Acepta tu pérdida». Esto
es quizá lo más difícil de lograr y lo más necesario, ya que
constituye el primer paso. A pesar de no ser fácil, fue lo que
hice al morir mi madre. Acepté con dolor en el corazón que
ella había partido al lado del Señor.

Ten presente, por favor, que la aceptación consiste en
no resistirte ante la realidad que te toca vivir. Implica no
quedarte en negación, ya que el resistirnos ante lo que nos
ha sucedido puede hacernos más daño, pues nos estanca.

Recuerda el dicho: «Lo que resistes, persiste». Adicionalmente, comprendemos que la aceptación en sí puede ser un proceso, de acuerdo con el tipo de pérdida que has sufrido. Esto lo exploré con John, un psicólogo al que conocí durante las presentaciones que llevé a cabo para PESI. John, con sus setenta y cinco años, tenía vasta experiencia en lo relativo al tema del duelo y reconocía lo importante que era el aceptar la pérdida en sí. Sin embargo, también sabía que, dependiendo del tipo de pérdida, este principio de aceptación podía ser un proceso. John encontró tanto valor en el modelo de los 11 Principios de Transformación® que asistió en tres diferentes ocasiones al seminario, cada vez que lo presentaba en el estado en el cual él residía.

Lo que te sugiero con toda mi alma es que te des la oportunidad de ir procesándola poco a poco, ya que aceptar no significa asumir la actitud de: «Esto me pasó y sigo adelante como si nada». Al contrario, implica abrir la puerta para darle cabida al proceso del duelo. Precisamente por eso nombré a mi segundo principio: «Vive el duelo». Sobre él hablaremos extensamente en la próxima sección del libro. Siempre he dicho a mis clientes: «Vivan su duelo, no lo nieguen, no lo ignoren». Y si lo he dicho una y otra vez, ¿cómo no voy a hacerlo yo misma? Estoy viviendo mi duelo.

La principal queja que he escuchado a lo largo de tantos años ayudando a mis clientes en este proceso es que no los dejan vivir su duelo. Yo tampoco me siento libre de llorar como quiero. Y dado que estoy experimentando el mismo reto, quería aprovechar esta oportunidad para abrir mi corazón y para ayudarte a abrir el tuyo. También deseo tocar el alma de todas esas personas que no permiten que otros expresen su duelo abiertamente porque no saben qué decir, no quieren oír hablar de ello o les recuerda sus propias pérdidas. Algo de lo que me he dado cuenta es de cuánto le incomoda a la gente vernos llorar. Eso me recuerda lo que nos dice el psicólogo Hugo Castelblanco, quien, al perder a su hijo, señaló:

«El dolor molesta, las lágrimas molestan. Cuando vemos a una persona llorando nos sentimos tentados a decirle: "No llores, que eso te hace daño", pero la verdad es que ¡es a nosotros a quienes nos está molestando!» (2021, p. 6).

Más adelante encontrarás el capítulo dedicado al que acompaña, pues deseo ayudarte a brindar la mejor ayuda a otros en tiempos de duelo.

Mi madre: mi sentido y mi propósito

Después de escribir estas páginas —lo cual fue en agosto de 2020—, no volví a retomar este libro, pues tenía el propósito de terminarlo en marzo de 2021. No fue por falta de deseos, sino porque mi alma pedía a gritos escribirle un libro a mi madre, empaparme de su historia, absorber cada foto, recrear cada anécdota, y decidí poner este libro en pausa y dedicarme de corazón a la biografía de mi mamá. Así nació *¡Arriba corazones! Celebrando la vida de mi madre centenaria*, el cual salió publicado justamente para su aniversario, como me lo había propuesto, ya que sabía que recibiría ese primer aniversario de forma diferente.

Quise dedicarme de lleno a ese proyecto, presintiendo que sería un elemento esencial en mi proceso de sanación. Ello le dio sentido a mi vida pues, siendo mi mamá el centro de mi existencia —al yo ser su cuidadora—, mi madre era también mi propósito. Al no estar más conmigo, la sensación de vacío era tremenda, casi imposible de soportar. Por ello decidí entregarme a encontrar significado y llenar mi alma de ilusión, puesto que cada vez que encendía la computadora y abría el documento «Libro de mi mamá» mi corazón brincaba de júbilo.

Un período de transición

Sé por qué tratamos de mantener vivos a los
muertos: tratamos de mantenerlos vivos para
mantenerlos con nosotros.

JOAN DIDION

C reo que eso fue lo que me incitó a escribir tan prontamente el libro sobre mi madre. El ir viendo cada
fotografía, el escribir cada anécdota fue como mantenerla viva, como tenerla conmigo. Es más, después de que
salió publicado, llegué a comprender que el escribirlo había
servido como una transición, ya que, después de haber tenido
su presencia física cada día, la separación no había sido tan
abrupta, sino paulatina. Al ver cada fotografía y reconstruir
cada anécdota era como si siguiera manteniendo su presencia al entretejer su historia. Y ese fue y es mi propósito:
que, a través de ese libro, su recuerdo, sus enseñanzas, su
alegría de vivir, su amor hacia los demás y su fe hacia Dios
y la Virgen no mueran. Así ella continuará viviendo entre
todos nosotros.

En medio de tanto dolor, esa fue la mejor decisión que
pude haber tomado. De hecho, escribir un libro sobre nuestro ser amado es algo que les he sugerido a muchos de mis
clientes, pues siento que es catártico y a la vez sublime. En
una próxima sección, más adelante, elaboraremos sobre el

tema de cómo el hecho de encontrar significado en nuestra pérdida nos ayuda en el proceso de sanación.

Habiendo perdido a mi madre, deseo compartir contigo los retos que se me han presentado en este proceso, así como lo que me ha ayudado, lo que me ha impactado, lo que no me ha ayudado. Quiero compartirlo contigo para que, a través de mi experiencia, me sea posible ayudarte a vivir tu propio proceso.

Pérdidas sin precedentes
por la pandemia del coronavirus

Al haber escrito este libro entre el año 2020-2021, no podía dejar de mencionar la terrible pandemia del coronavirus o covid-19. Esto que sucedió a nivel global ha acarreado múltiples pérdidas, lo que puede agregar aún más dolor a la desaparición física de un ser amado, sobre todo en estos momentos en los cuales no tenemos la misma libertad para distraernos por tantas restricciones. Muchas personas evitan ir al cine, de tiendas, y se quedan solos en su casa. Además de eso, no quieren estar molestando a la familia o a sus amistades. Aún más: casi no existen grupos de apoyo presenciales; la mayoría son virtuales y mucha gente siente que no es lo mismo. Todos esos son desafíos que se presentan en la actualidad y que impiden que la gente pueda estar con otros, disfrutar tiempo juntos, abrazarse, sentirse reconfortados por sus afectos cercanos ante la pérdida. En lo particular, me ha hecho falta darles un abrazo a mis clientes que están también de duelo, pues es una manera silenciosa de demostrar que se está presente, que se los acompaña en lo que están sintiendo.

Adicionalmente, también hemos perdido la noción del mundo que conocemos, de lo que nos es habitual. Hemos perdido nuestro estilo de vida y se ha descubierto el miedo a un futuro incierto. Con la pandemia, el acompañamiento es casi inexistente. Familiares que mueren solos en un hospital, hijos que no pueden visitar a sus padres en los asilos de ancianos, abuelos que no pueden ver a sus nietos debido al distanciamiento físico... Todo esto también ha traído consigo sensaciones en las que debemos tener cuidado de no caer: el aislamiento, el miedo o la ansiedad. Pensamientos tales como: «¿Y qué pasa si me contagio del covid-19?», todo esto puede agregar capas a nuestro proceso de duelo pues, con el distanciamiento, puede tener lugar la falta de ese apoyo que tanto nos ayuda a elaborarlo.

Todas las circunstancias mencionadas han aumentado esa sensación de pérdida que podemos tener dentro de nosotros. Eso es un ejemplo clásico de pérdidas secundarias y, si no se les presta atención, pueden complicar el proceso natural del duelo.

La pandemia del coronavirus, conocido también como covid-19, como hemos dicho, ha representado múltiples pérdidas, pues no solo falleció un ser querido, sino que hemos experimentado otras pérdidas que en ocasiones no podemos elaborar en primera instancia. Hemos perdido el mundo asuntivo, el mundo que conocíamos, muchas costumbres, la compañía de familiares y amistades, la posibilidad de acompañar a nuestro ser amado en el hospital o estar a su lado a la hora de su muerte, grupos de apoyo, tradiciones y rituales que confieren mucho significado, como el del funeral.

Existen otro tipo de rituales que también pueden ser de gran significado y que, de pronto, no pudiste llevar a cabo, como me sucedió a mí. Durante mucho tiempo había pensado que, después de morir mi madre, viajaría a la India como parte de mi proceso de duelo. Soñaba con aislarme en un *ashram* y pasar un tiempo meditando y conectada de manera intensa con mi ser interior. Imaginaba que tendría que ser una experiencia altamente espiritual y de gran valor. Sin embargo, debido al covid-19, no me fue posible hacerlo, lo cual me dio mucho sentimiento. Si me toca, la oportunidad se me dará a su debido tiempo.

Lo que ha sido un gran reto con el tema de la pandemia es que no le vemos final aún. Estamos ya en 2022 y se siguen desarrollando nuevas variantes. Esto sigue influyendo en la forma como manejamos el duelo puesto que, aunque ya no existe el confinamiento que tuvo lugar al comienzo, muchas personas —por temor al contagio— no consiguen acompañar al doliente asistiendo al funeral, visitándolo o expresando el pésame por medio de un abrazo.

PROCESANDO TU DUELO

¿Sufriste alguna pérdida debido al covid-19?

_____

_____

¿Qué emociones experimentaste?

_____

_____

¿Cómo manejaste los cambios originados por la pandemia?

_____

_____

¿Cómo te afectó en tu propio proceso el estar viviendo la pandemia del covid-19?

_____

_____

«Muerte»: la palabra
que no queremos decir

Los humanos no sabemos qué hacer con la muerte.

ROSA MONTERO

Hasta que golpea a alguien con quien tenemos una relación cercana y vital, tendemos a pensar en la muerte como algo que les sucede a otras personas.

RICK TAYLOR

Morir impregna la vida y, sin embargo, gran parte de la respuesta pública a la muerte permanece polarizada entre el sensacionalismo y el silencio.

IONA HEATH

La doctora Iona Heath, en su libro *Asuntos de muerte*[1] enfatiza que la muerte tiene un vínculo indisoluble con la vida, ya que es parte integral de esta. Entonces nos preguntamos cómo es posible que exista tanta negación respecto a ella en nuestra sociedad occidental.

Recuerdo cuando tomé mi primera clase sobre la muerte. Estaba estudiando Psicología en la Universidad de Miami y, al tomar una asignatura electiva sobre religiones del mundo, decidí sacar otra licenciatura en Estudios Religiosos, pues ofrecían un curso que me cautivó: *La muerte y el morir*. Sentí una gran fascinación y no me sorprende, pues se convirtió en una catarsis para mí. Cada día que asistía a clases era una oportunidad de procesar el duelo que llevaba en mi corazón por la pérdida de mi padre, algo de lo cual nunca me había percatado a nivel consciente.

---

1 *Matters of Death*, 2007.

Para demostrar cómo se representa esta negación de la muerte, deseo compartir contigo la sinopsis de «El caballo en la mesa del comedor», de Richard A. Kalish, texto que sirve de prólogo al libro *Death and Dying, Life and Living*[2] (2018).

El prólogo nos habla de una persona que fue a una cena en donde todos la estaban pasando bien, hasta que los invitaron a pasar al comedor, lugar donde se encontraba un caballo sobre la mesa. Nadie hacía alusión a ello y fingían que no lo veían. Es precisamente esa la actitud que prevalece en nuestra sociedad y que interfiere con nuestra capacidad de compartir con los demás cómo nos sentimos en realidad al haber perdido a nuestro ser querido. Se trata de un gran reto que enfrentamos los dolientes.

MUERTE LARGA O MUERTE SÚBITA

¿Cuál duele más? Esta pregunta me la han hecho repetidas veces al presentar los seminarios o entrevistas, y siempre respondía que solo había experimentado la muerte súbita de mi padre. Ahora, que he experimentado ambas, puedo reflexionar sobre cada una.

Con la muerte súbita sientes que de pronto arrancaron a esa persona de tu vida y tu existencia cambia abruptamente. Recuerdo que, al morir mi papá, me quedó la sensación de no haber podido despedirme, de no haber podido decirle una vez más cuánto lo quería, de abrazarlo de nuevo. No pude procesar su partida poco a poco.

El haber experimentado con mi madre el otro tipo de pérdida —una muerte larga y extendida— fue también muy

---

2 *Muerte y muriendo, vida y viviendo.*

doloroso. Este tipo de duelo se vive muy lentamente. Yo sentía como que me iban pellizcando y que lo hacían cada vez más fuerte. Era ver cómo mi mamá iba declinando, los cambios que se iban suscitando… Esto, de por sí, es ya una pérdida y entramos en un proceso de duelo. Este tipo de duelo podemos experimentarlo al tener a un familiar diagnosticado con una enfermedad terminal. Nos duele ver el cambio que va teniendo lugar. ¿Qué sucede si es nuestro propio diagnóstico? ¿Procesamos el duelo o lo ignoramos?

PROCESANDO TU DUELO

¿Has experimentado un duelo persistente?

_____

_____

¿Cómo murió tu ser querido?

_____

_____

¿Qué tipo de pérdida fue? ¿Qué sucedió?

_____

_____

¿Cuál era tu papel? ¿Cómo lo procesaste?

_____

_____

¿Tuviste oportunidad de compartirlo con otros?

_____

_____

¿Sientes que ese tipo de duelo es igual o diferente al que ahora experimentas?

_____

_____

El duelo: nuestro nuevo acompañante al cual no le damos la bienvenida

El duelo no es algo por lo que pasas.
Es algo que se convierte en parte de ti.
El duelo es para siempre.

ELEANOR HALEY

¿Qué es el duelo? Es la respuesta natural y única a una pérdida. Es única porque somos individuos únicos. Estamos respondiendo a la pérdida que experimentamos y que ha roto nuestros corazones en mil pedazos; lo tenemos totalmente astillado por dentro y debemos reconstruirlo. Enfrentar una pérdida es como montarnos en una montaña rusa y emprender ese viaje de subidas y bajadas, a veces bruscas, otras más lentas. A veces el viaje es más largo de lo anticipado y es necesario estar conscientes de los sentimientos que podemos experimentar; no nos cerremos a ellos.

La mayoría de las personas evitan lo más posible vivir el duelo, lo ignoran, lo reprimen o no le prestan atención. Sin embargo, si no abrimos nuestro corazón y lo acogemos, no será posible procesarlo ni soltar esa parte de él que nos mantiene estancados pues, al perder a nuestro ser amado, una parte del duelo queda latente en nuestro corazón, en un espacio conocido tan solo por nosotros, y aprendemos a vivir con esa «forma» de duelo que no interfiere en nuestro diario vivir.

Cuanto más mantenemos sin procesar el duelo en nuestras vidas, más pesada se nos hace la carga y a veces se vuelve imposible seguir. ¿Y qué ocurre si no somos capaces siquiera de dar un paso? Pues el duelo nos puede llevar a ese lugar oscuro dentro de nosotros, nos puede desnudar el alma y lograr que no sepamos ni quiénes somos, ni adónde vamos, ni de dónde venimos.

Cuando estás de duelo, estás como en automático; no sabes si quieres avanzar o quedarte estático, pues el duelo es así; te puede despojar de cualquier intención de seguir adelante. El dolor te detiene abruptamente, de frente; vienes caminando y de pronto te encuentras con un muro. ¿Y cómo puedes evitar el muro? Quieres pasar por el lado derecho, no puedes; quieres pasar por el lado izquierdo, no puedes, porque el duelo no te deja pasar; lo tienes enfrente. Y tampoco puedes escapar de él; está ahí y tienes que tocarlo, tienes que sentirlo, tienes que asumirlo porque es tuyo. Haz lo posible por mantenerte presente, como nos lo dice Beatriz, quien perdió a su esposo: «Lo que más me ha ayudado es la oración y estar en mi dolor»[3]. En efecto, lo importante es aprender a vivir el momento y estar presente en tu duelo. Lo primero que podemos hacer al experimentarlo es aceptarlo sin tratar de aparentar algo diferente; padecemos ese dolor tan grande pues sentimos un amor muy profundo por nuestro ser querido. Ese dolor que sentimos proviene del deseo de estar con esa persona que no está más a nuestro lado, de olerla, de sentir sus brazos rodeándonos y diciéndonos que todo estará bien. A lo mejor nada iba a estar bien, pero solo con que esa persona

---

3 Ver su historia completa en el apéndice de este libro.

nos lo dijera sentíamos que así sería. ¿Y qué pasa ahora cuando existe ese vacío, cuando vamos a sitios a los que fuimos con nuestro ser querido y que se convierten en detonantes para un gran dolor a veces inesperado?

Ese vacío existe en realidad, hasta tal punto que de pronto nos preguntamos cómo es que sentimos ese hueco dentro del estómago si lo tenemos en el corazón. ¿Cómo podemos estar completos en esos momentos? Puesto que el duelo es real, la falta de deseo de seguir hacia adelante también lo es.

El duelo intenso toma todo lo que tenemos adentro y lo rompe en mil pedazos. Siendo este mi campo, yo sé que es natural que estas preguntas se susciten; yo sé todo eso intelectualmente. Ese conocimiento me ha ayudado a entender las cosas que voy pensando y que voy sintiendo.

Al ser tan unida a mi madre, a veces me preguntaba: «¿Cómo voy a vivir sin ella?». Ese es el tipo de preguntas que uno se hace, que yo me hice, sobre todo al principio. Y no se trata de que no fuera a poder vivir, pues sabía que iba a poder hacerlo; lo que no sabía era cómo sería mi vida sin ser mi madre el eje de ella, ya que —como nos dice el reconocido consejero y educador en duelo Alan D. Wolfelt, PhD (2016)—, cuando experimentamos una pérdida de gran significado, sentimos el duelo cada día. Sin embargo, Wolfelt también enfatiza que, a pesar de ser un desafío, lo que nos ayudará a sanar un día a la vez es estar presentes en nuestro duelo al conectar con nuestros pensamientos y emociones. Esto es algo que hice desde el comienzo de mi proceso y te digo con el alma: es lo que determina la forma como iremos atravesando este camino.

Existen momentos en nuestro proceso de duelo en los cuales nos caeremos al piso. Eso es comprensible, es humano.

De nosotros depende quedarnos allí o levantarnos de nuevo. Depende de tu elección, depende de cómo desees definirte en este proceso. A lo largo del libro, iré compartiendo contigo diferentes herramientas y estrategias con el fin de darte la mano en esos momentos en los cuales se hace difícil levantarse una vez más, pues podemos descubrir, en el camino, que el proceso de duelo nunca termina, es eterno. Lo que sucede es que con el tiempo se va aminorando; sin embargo, está ahí, forma parte de nuestro ser. Por otro lado, otras cosas siempre permanecen en nuestras vidas, como el gran amor que sentimos por nuestro ser querido, los recuerdos que viven en nuestra memoria y el legado que deja en nuestros corazones. Lo que más deseo es que sientas que te estoy acompañando, pues comprendo tu dolor. A veces no es fácil dar un paso hacia adelante. No obstante, si nos lo proponemos, es posible.

PROCESANDO TU DUELO

¿Has sentido a veces como que tienes un hueco dentro del corazón o el estómago?

¿Cómo ves representado tu duelo? En este espacio descríbelo o dibújalo.

¿Estás viviendo tu duelo a conciencia o lo intentas ignorar?

DESAFÍOS CON MI DUELO

> Cuando estamos sufriendo una pérdida significativa, sentimos nuestro dolor todos los días… pero si estamos haciendo el duelo activamente, cada día en el dolor también puede traer una pequeña medida de sanación.
>
> ALLAN D. WOLFELT

Al enfrentar la muerte de mi madre, me di cuenta de que el desafío era grande, ya que mucha gente, en los primeros tiempos, esperaba que superara el duelo con rapidez —al perder a nuestro ser amado, no lo superamos, aprendemos a vivir con la pérdida, puesto que el amor es eterno—. Al escuchar los clichés que me repetían ciertas personas con las mejores intenciones, decía para mis adentros: «¿Qué te hace pensar que si soy especialista en duelo no voy a lamentar la pérdida de mi madre? ¿Y mis emociones?». Ese es uno de los mayores retos que los dolientes tenemos: que no se nos da el espacio de lamentar la pérdida de nuestro ser querido, puesto que la gente espera que sigamos adelante, la gente espera que estemos bien. ¿Quiénes son esas personas para medirnos con sus varas? Son gente con buena voluntad que lo que desea es liberarnos de la carga, lo sé. Lo que más desean esas personas es poder componer lo que se ha echado a perder, cuando en realidad no hay nada que arreglar, sino que reconocer. La gente espera que no estemos tristes por mucho tiempo, que volvamos a ser quienes éramos antes de la pérdida —después de una pérdida, no seremos los mismos; de esto hablé en la sección «Cambio y apego»—. ¿Cómo hacerles saber que lo que deseamos es que nos den el espacio necesario para vivir nuestro dolor? El duelo no es un rompecabezas por resolver. Es una vivencia para ser compartida y comprendida; por lo tanto, no deseamos escuchar: «¡Qué suerte que tuvo una larga vida; ahora está descansando!»; no queremos escuchar esas cosas. Como me dice la mayoría de mis clientes: «¡No quiero que me digan eso!».

Freud y la importancia de la elaboración del duelo

El psicoanalista Sigmund Freud fue en realidad la primera persona en referirse a lo que implica el proceso de duelo. En su ensayo «Duelo y melancolía» (1917), Freud enfatiza la importancia del trabajo de duelo para poder llevar una vida con mayor sentido, ya que cuando perdemos a un ser amado anhelamos constantemente su presencia.

Esta tarea no es fácil para algunos, debido a que implica decisión y responsabilidad. Tratamos por todos los medios de no enfrentar el dolor, ya sea no dándole importancia, ignorándolo o simplemente minimizándolo. Al hacer trabajo de duelo conectamos de forma directa con nuestras emociones. Puede ser que al principio evitemos sentir ese dolor; sin embargo, al hacerlo liberamos emociones atrapadas y abrimos el corazón para ir acogiendo otras emociones tales como la paz, la esperanza y el amor.

LAS CINCO ETAPAS DEL DUELO DE ELISABETH KÜBLER-ROSS

Entre los diferentes modelos teóricos que han surgido para la elaboración del duelo, considero que el de las cinco etapas del duelo de Elisabeth Kübler-Ross ha sido el más influyente en nuestra sociedad, puesto que ha sido aplicado en diferentes contextos. Kübler-Ross, pionera en tanatología, introdujo su modelo en el libro seminal *On Death and Dying*, publicado en 1969. Estas etapas son: negación, rabia, negociación, depresión y aceptación. A pesar de no ser concebido como un modelo lineal, o sea, no esperando que las etapas se sucedieran una detrás de la otra —algo que en su momento aclaró Kübler-Ross—, el doliente espera que estas se susciten de esa manera y esto ha creado mucha confusión. He tenido clientes que me expresaban lo preocupados que estaban porque no habían experimentado ya fuera la rabia o la negociación.

Este modelo de las cinco etapas ha sido malinterpretado, como nos lo comenta David Kessler, quien escribió con Kübler-Ross *On Grief and Grieving*[4]. Kessler enfatiza que en el duelo no existe una respuesta típica y, por tanto, no todos experimentamos las etapas o las vivimos en un orden determinado. En lo que nos ha ayudado este modelo ha sido en reconocer las diferentes emociones que podemos sentir, las cuales nos sirven como marco de referencia.

---

4 *Sobre el duelo y su proceso*, 2005.

Sobre la base de mi experiencia, te diría que la etapa que parece ser la respuesta inmediata ante la pérdida es la *negación*, pues nos duele aceptar, en primera instancia, que algo tan doloroso como perder a nuestro ser amado haya sucedido y muchas veces tan solo expresamos: «¡No puedo creerlo!». Sin embargo, el duelo no es pasivo, es activo; no es como lo que muchos piensan y esperan: experimentar las cinco etapas del duelo de Elisabeth Kübler-Ross como el resto del mundo. Cada trayectoria de duelo es única. Ella luego escribió extensamente que nunca esperó que dichas etapas fueran lineales ni que siempre sucedieran. Al señalarte que esta trayectoria es única, comparto contigo esta reflexión de Esther[5]: «Somos seres auténticos, únicos y genuinos, y necesitamos atravesar la noche oscura de nuestra propia alma para, más tarde, ya transformados, regresar a una nueva vida, con sentimientos nuevos, de una experiencia única en su género. Para poder seguir el camino de nuestra propia existencia».

El hecho de que nuestro proceso sea único lo comparte también María de los Ángeles[6]: «Lo que yo le sugeriría a alguien que esté pasando por un duelo es que maneje su dolor en las maneras que le resulten más cómodas y más llenas de significado. Todo el mundo es diferente, así que cada persona expresa su dolor de distinta manera… No existen líneas de tiempo en lo que al duelo se refiere».

Mío[7] nos indica lo necesario que es vivir el duelo: «A alguien que está de duelo le sugeriría que reconociera la pérdida y

---

5 Ver su historia completa en el apéndice de este libro.
6 Ver su historia completa en el apéndice de este libro.
7 Ver su historia completa en el apéndice de este libro.

se permitiese pasar por el camino del duelo. No puedes detener ni evitar el proceso; hay que vivirlo, hay que sentir las emociones y el dolor que conlleva; expresar tu dolor y encontrar apoyo en familiares y amigos».

Igualmente, JWM[8] señala lo siguiente: «Sugiero que se permita llorar, pensar, recordar y que nadie quiera dirigir el duelo. El duelo es único en cada persona y cada cual lo vive a su modo».

¿EL DUELO ES COMO LO IMAGINAMOS?

> El duelo como lo imaginamos
> y el duelo tal como es.
>
> JOAN DIDION

¿Cómo imaginamos nuestro duelo? El haber llegado al final de este poderoso libro, *El año del pensamiento mágico*, y leer que el duelo no es como lo imaginamos me llevó a una entrada que había hecho en mi diario el 3 de octubre de 2017, en un avión, en mi viaje de Miami a Nicaragua. En ese escrito comentaba sobre cómo me percataba de que mi mamá se estaba volviendo más frágil —en ese entonces contaba con noventa y ocho años— y me preguntaba cómo sería mi vida sin ella. Escribí cómo me imaginaba mi duelo, cómo sería mi proceso al no tenerla más a mi lado. No sabía qué pensar, pues uno no sabe cómo será hasta que al final sucede. Lo que sí creía era que no trabajaría más en el campo de la tanatología. Nunca esperé que, después de que mi madre falleciera, podría volver a ayudar a personas en duelo. Había pensado

---

8   Ver su historia completa en el apéndice de este libro.

incluso en que podría cambiar de carrera... y no, simplemente sucedió lo contrario. Al ayudar a los demás estoy entrando en un lugar aún más profundo, más del alma. Nunca esperé encontrar tanto sentido en mi propio duelo al ayudar a los que también lo están. Nunca esperé que pudiera hacerlo tan pronto, pues nunca pensé que podría ayudar a otros viviendo un duelo así de crudo.

Así que: sí, *el duelo no es como lo imaginamos, sino como es*. Porque no sabemos qué va a suceder. No lo sabemos hasta que toca a nuestra puerta y, sobre todo, no sabemos lo que la otra persona está sintiendo. Es un desacierto cuando decimos: «Sé cómo te sientes» —aunque lo hagamos con el alma—, porque en verdad no lo sabemos. J. Shep Jeffreys, en su libro *Cuando las lágrimas no son suficientes*[9], define la realidad del duelo: «Es lo que hacemos los humanos» (2011, p. xiv).

Lo inesperado del duelo

> En nuestra propia herida podemos convertirnos
> en fuente de vida para los demás.
> Henri J. M. Nouwen

Al anticipar la muerte de un ser amado, podemos anticipar también cómo reaccionaremos ante ella. Sin embargo, la realidad es que no sabemos con antelación cómo manejaremos nuestro duelo y a veces nos cuesta entender lo que pasó, como nos comenta Alfredo[10]: «Lo más difícil de mi dolor ha sido tratar de entender el porqué».

---

9 *Helping Grieving People* (2011).
10 Ver su historia completa en el apéndice de este libro.

EL DUELO ES IMPREDECIBLE

Recuerdo —como ya mencioné— que antes de que mi mamá muriera, al ser tan apegada a ella, pensaba que probablemente dejaría de ayudar a los dolientes y me dedicaría de forma exclusiva al *coaching* de vida. Sin embargo, me di cuenta de que no podemos predecir cómo reaccionaremos ante la pérdida de un ser querido. Para mi sorpresa, lo que sentí en mi alma fue el deseo de ayudar a los deudos de manera aún más intensa que antes. Ese deseo se potenció, puesto que el dolor que sentía en mi alma era tan grande —aun teniendo las herramientas para manejar mi duelo— que quise estar ahí para ayudar a mis clientes en esos momentos de gran dolor. Esto me recuerda una conversación muy profunda que tuve con mi gran amigo y colega —ya fallecido—, el experto en duelo e internacionalmente reconocido Howard Winokeur, quien, al saber que mi madre había fallecido, me llamó para ofrecerme su ayuda a distancia. Al compartir con él mi gran deseo de ayudar al doliente, inspirada por mi propia historia, me dijo: «Tú eres el sanador herido», título del famoso libro del teólogo y sacerdote católico Henri J. M. Nouwen. Intrigada con su comentario, busqué en Amazon el libro y, al leerlo, esa frase me impactó muchísimo, pues me identifiqué con ella por completo: «Nada se puede escribir sobre el ministerio sin una comprensión más profunda de las formas en que el ministro puede hacer que sus propias heridas estén disponibles como una fuente de sanación» (1979, p. xvi). Tenía razón mi querido amigo y te repito el propósito de este libro: que, al compartir contigo mi corazón herido, pueda ayudarte a sanar tus propias heridas.

En 1951, Carl Jung, psicoanalista alemán, empleó el término «sanador herido». Creía que la enfermedad del alma podía ser la mejor herramienta posible para un sanador. Es más, el término «sanador herido» fue creado por él, quien pensaba que el terapista podía ayudar a sus pacientes por medio del conocimiento que adquiría a través de sus propias heridas. Considero que eso es lo que me ha sucedido a mí: que, a través de mi duelo tan profundo, siento que puedo empatizar todavía más con el dolor agudo que sienten otros al perder a un ser amado. Es casi como palpar el dolor ajeno y sentir un gran deseo de acariciarlo con la mano y aliviarlo.

PROCESANDO TU DUELO

**¿Estás manejando tu duelo de la forma
en que pensabas que lo harías?**

_____

_____

**Escribe en tu diario cómo te lo imaginaste
y cómo lo estás haciendo.**

_____

_____

LA TRAYECTORIA DEL DUELO

> La intensidad del duelo depende del
> significado de esa pérdida para el individuo.
>
> ROBERT KASTENBAUM

TU DUELO ES PROPORCIONAL A TU CAPACIDAD DE AMAR

El dolor que sientes en tu corazón se debe a tu gran capacidad de amar. Mientras más amas a tu ser querido, mayor es la sensación de pérdida. A la vez te recuerdo que, inspirados por ese gran amor, dentro de nosotros poseemos la capacidad de transformar ese gran dolor, ese sufrimiento, en la posibilidad de honrar su vida y su memoria.

TRABAJAR EL DUELO. ¿EN QUÉ CONSISTE?

> El duelo no es un problema por resolver.
> Es una experiencia que hay que llevar.
>
> MEGAN DEVINE

Cuando sufrimos una pérdida, tenemos dos opciones: ignorarla o confrontarla. Al ignorarla, mucha gente piensa que la pena va a desaparecer por sí sola. Lo que sucede con eso es que lo ponemos *debajo de la alfombra* y continuamos. ¿Crees que eso de verdad ayuda? Lo que ocurre es que, al reprimir el duelo, este puede manifestarse de diferentes maneras, incluyendo la somática —en nuestro cuerpo, con dolencias físicas—. Por otro lado, a confrontarla es a lo que nos referimos con hacer trabajo de duelo. Es simplemente ver el dolor frente a frente, prestarle la atención que se merece y hacer cuanto esté bajo nuestro control para procesarlo. Lo llamamos «trabajo», pues requiere esfuerzo y compromiso.

Si le prestas atención a cómo se siente tu duelo, puede que te sientas drenado a nivel físico, emocional y espiritual. Esto se debe a que requiere mucha energía de nuestra parte, y de nosotros depende cómo la utilicemos.

Al hacer el trabajo de duelo, como nos indica Harold Ivan Smith (2004) —tanatólogo y especialista en la materia—, empezamos buscando una respuesta a las preguntas que nos hacemos sobre cómo continuaremos sin la persona amada o lo que haremos con la vida que tenemos por delante. Es importante que comprendamos que existen diferentes formas para hacer este trabajo: podemos formar parte de un grupo de apoyo, ya sea presencial o virtual; buscar ayuda profesional; compartir con alguien de confianza que sepa escuchar cómo nos sentimos; escribir en nuestro diario; hacer meditaciones centrándonos y reflexionando, o podemos orar, conectando con nuestro ser supremo.

Un momento a la vez

Cuando nos sentimos tristes, puede parecer que nuestra tristeza durará para siempre; en realidad, por definición, todas las emociones son efímeras, es decir, son reacciones a corto plazo… que generalmente duran solo unos segundos y, como máximo, unas pocas horas.

GEORGE A. BONANNO

Al pasar por un duelo o reto de cualquier tipo, la gente suele decir: «Un día a la vez». En el caso de la muerte de un ser querido, yo enfatizo la frase: «Un momento a la vez», pues el duelo es así. Experimentamos un cúmulo de emociones que se van manifestando de acuerdo con lo que estamos pensando, con los detonadores, con las conversaciones, con los rituales, con los momentos en los que estamos acompañados, con los momentos en los que estamos solos, con los recuerdos, con las vivencias, con las expectativas, con las preguntas sin respuestas. A veces he escuchado a clientes preocuparse por cómo se sentirán durante largo tiempo, o porque ya nunca más podrán experimentar alegría. Si nos entretenemos en ese tipo de pensamientos, nos sentiremos desesperanzados y, al final, nos sentiremos aún peor. Por lo tanto, recuerda que vivimos el duelo momento a momento. Por eso, cuando te sientas mejor puedes decir: *En este momento puedo manejarlo. En este momento estoy bien. En este momento estoy en paz. En este momento estoy funcionando plenamente.*

Con mi duelo, los primeros días sentí que estaba funcionando a mitad de camino. Muy afligida y funcionando a media marcha. Sabía que el viaje sería largo; lo sabía y lo acogí como una experiencia de vida.

¿CÓMO ESTÁS?

> Cuando otros me pregunten cómo estoy, no diré «bien» a menos que esté realmente bien. En cambio, aprenderé a compartir mi realidad interior para estar viviendo y comunicando mi verdad.
>
> ALAN D. WOLFELT

Una de las preguntas más difíciles de responder nos la suele hacer la gente: «¿Cómo estás?».

De esta forma comparte Alex su experiencia[11]:

Me preguntaron tanto cómo me sentía después de la muerte de mi hijo que se convirtió en una molestia para mí, pero sabía que la gente solo preguntaba por preocupación. Fue entonces cuando se me ocurrió la respuesta, que tenía todo el sentido del mundo. Cuando la gente me preguntaba cómo estaba, decía: «Estoy teniendo días buenos y malos momentos». Me di cuenta de que decir que estaba teniendo días buenos y días malos habría sido injusto para conmigo mismo, porque todos los días traen algo bueno. Entonces, al decir: «Estoy teniendo días buenos y malos momentos», sacaba a la luz la verdad de todos los días.

---

11 Ver su historia completa en el apéndice de este libro.

En realidad, esa pregunta no le gusta a ninguna persona en duelo. Recuerdo una vez que un cliente muy querido que había perdido a su hija llegó a la oficina y noté que estaba muy molesto. Le pregunté qué había pasado y me dijo que un amigo le acababa de preguntar: «¿Cómo estás?», a lo que querría haberle respondido: «¿Cómo crees que me siento si mi hija acaba de fallecer?».

Si has perdido a un ser querido, no te sientes bien, ¡y está bien no sentirse bien! ¡Es tu derecho!

La trayectoria del duelo tiene sus valles y sus colinas; tiene su oscuridad y su luz. Lo que puedo compartir contigo es cuál ha sido mi viaje y cómo he vivido este proceso. Al principio, las primeras semanas, cuando la gente me preguntaba «¿cómo estás?», yo decía «estoy», porque tal vez en ese momento estaba experimentando un dolor terrible, sabiendo que el duelo se vive momento a momento. Un paso a la vez. La forma en que me gusta preguntar a mis clientes es: «¿Cómo estás ahora?». Eso fue lo que viví en mi proceso. Las primeras semanas fueron muy difíciles. Incluso cuando despertaba y mi familia me preguntaba: «¿Cómo estás esta mañana?», puede que haya respondido: «Me desperté», sin saber cómo me sentía. Era como estar en una situación irreal, como cuando te sientes adormecido e incapaz de sentir. Otras veces el dolor estaba tan presente y era tan intenso que no podía dejar de llorar. Y no quería dejar de hacerlo, quería que mi dolor se expresara de la mejor manera posible. Con cada lágrima que derramaba, expresaba parte de mi duelo. Cuando empecé mi proceso, viví intensamente cada etapa. Bajé hasta la profundidad de los valles, toqué el suelo y luego subí las pequeñas colinas, llenas de recuerdos, llenas de amor. Ese era mi sendero y nadie podía caminarlo, solo yo.

Lo mismo te sucede a ti; nadie puede caminarlo en tu lugar; aunque deseen, nadie puede hacerlo. No le tengas miedo, déjate llevar. Tú también eres capaz de caerte y levantarte. Recuerda mis palabras en tus oídos: «Tú puedes. Yo pude y tú también puedes hacerlo».

Pasamos por nuestro propio e inimaginable dolor y empezamos a dar los primeros pasos, trepando la montaña, poco a poco, resbalando a veces, y tirando de nosotros mismos de nuevo, que fue lo que me sucedió durante el primer año después de la muerte de mi madre: fue el período de caerme y levantarme. Esa es mi naturaleza. Eso es lo que soy, eso es lo que era mi madre, eso era mi padre. Mis padres son mis modelos a seguir sobre cómo restaurarme después de tan enorme dolor. Mi mamá me enseñó resiliencia. Ella fue estoica al perder a su esposo —mi padre— y a su madre —mi abuelita— en un espacio de un mes y un día, como ella misma lo decía. Ese fue mi ejemplo y estoy segura de que tuvo un gran impacto en mí. Aprendemos y crecemos a través del ejemplo. Como el dolor del duelo es algo inimaginable, la vida que puede salir de ese duelo es algo que tampoco podemos imaginar, sino que podemos construir. Un paso a la vez.

PROCESANDO TU DUELO

¿Cómo has respondido cuando te han preguntado cómo estás?

_____

_____

¿Cómo te habría gustado responder?

_____

_____

TIPOS DE DUELO. DUELO NO RECONOCIDO

> La flexibilidad psicológica nos permite aceptar
> nuestro dolor y vivir la vida como deseamos,
> con nuestro dolor cuando hay dolor.
>
> STEVEN C. HAYES

De acuerdo con el reconocido tanatólogo y educador Kenneth Doka (2002), el del duelo no reconocido es un tipo de dolor que no es validado por la sociedad, pues al doliente no se le permite el derecho a estar de duelo. El deudo experimenta una mayor sensación de pérdida puesto que no es validado. Esto se puede suscitar cuando, socialmente, la pérdida no se reconoce, como es el caso de la pérdida de la patria, el retiro, el dolor debido a los hijos que parten a la universidad... En el contexto de este libro, referido al duelo producto de la muerte de un ser querido, esto se aplica cuando, por ejemplo, el duelo hacia un padre anciano no se valida, puesto que «tuvo una larga vida». Eso fue lo que yo experimenté con la muerte de mi madre, puesto que, al ser una centenaria, muchas personas me decían: «En vez de estar triste, deberías sentirte dichosa por haberla tenido contigo tanto tiempo». En efecto, me siento muy dichosa por haberla tenido tanto tiempo junto a mí; sin embargo: ¿y la ausencia? ¿Y el no tener más esa presencia que fue una constante durante sesenta años?

Doka hace énfasis en el duelo no reconocido en los ancianos, puesto que «… son vistos como menos valiosos por la sociedad… La sociedad presume que las personas han vivido vidas plenas y que, por lo tanto, sus muertes son menos significativas» (2002, p. 151). Adicionalmente, Alan D. Wolfelt (PhD) lo considera un mito que prevalece en la sociedad y describe así el mensaje que recibimos de los demás: «Todos mueren, y es esperable que las personas que han vivido una vida larga y plena mueran. Eres un adulto; sabes estas cosas. No deberías estar tan molesto por la muerte de tu padre».

Es tan presente esta falta de validación que el autor Edward Myers escribió un libro llamado *When Parents Die. A Guide for Adults*[12] después de perder a su madre. Debido al gran dolor que experimentó siendo un adulto, se dio cuenta de la necesidad de abordar el tema de cuando perdemos a nuestros padres en esa etapa de nuestra vida. Myers percibió que la sociedad no valida este tipo de duelo y por esa razón llamó al primer capítulo: «Duelo descuidado». Nos hace notar cómo otros tipos de pérdidas dolorosas en extremo, tales como la de un hijo, de un esposo, de un padre siendo niño, o muertes trágicas como el suicidio tienen un lugar muy prominente y es de esperarse un duelo agudo. Sin embargo, esto no sucede con padres ancianos, tal como él nos dice:

---

12 *Cuando los padres mueren. Una guía para adultos.*

Pero la muerte natural de un padre mayor es otro asunto. Una madre o un padre ancianos han vivido una larga vida. Después de la enfermedad y el sufrimiento, la muerte puede ser no solo aceptable sino bienvenida… Además, los hijos e hijas adultos tienen las ventajas de la experiencia y la madurez para ayudarlos a lidiar con la muerte de sus padres (1986, p. 1).

Sin embargo, sí es dolorosa, puesto que —como el autor menciona— existe otro tipo de vulnerabilidad, tal como lo demuestran las palabras dichas por una mujer después de perder a sus padres:

Mis padres murieron con diez meses [de diferencia] el uno del otro y la pérdida fue realmente devastadora para mí. A pesar de [tener] un esposo que me apoyaba y dos hijos grandes, me sentí huérfana y verdaderamente aislada. Había perdido el único amor incondicional de mi vida (1986, p. 2).

Al hablar de un duelo no reconocido por un ser querido, no deseo limitarme al fallecimiento de un padre o una madre ancianos. Deseo incluir también pérdidas por aborto, pérdidas naturales, muerte de amistades, colegas o parejas. Entre los tipos de muerte que nos tocan el corazón, pues tienen un estigma social y pueden también ser duelos no reconocidos —o, como los llamamos en inglés: *disenfranchised grief*— se hallan la muerte por sobredosis de drogas y el suicidio[13].

---

13 Véase https://www.funeralbasics.org/navigating-emotions-suicide-over-dose-loss/#:~:text=Both%20suicide%20and%20overdose%20deaths,of%20 grief%20called%20disenfranchised%20grief.&text=They%20feel%20that%20 they%20enabled,the%20circumstances%20of%20their%20death.

Luly[14], una de mis clientes, comparte con nosotros cómo se sintió después de perder a su hijo por sobredosis:

> El mayor desafío que encuentro es que siento que la mayoría de las personas no asocian una muerte por sobredosis con una muerte por enfermedad. Hay mucho estigma social sobre la persona que era: «… después de todo, era un drogadicto». Los «amigos» e incluso la «familia» cercana no llaman, no envían mensajes de texto ni escriben, solo preguntan cómo estás. Me resulta difícil hablar con la mayoría de la gente porque encuentro que perder a un hijo te deja sin palabras.

Algo que a veces sentimos que tenemos que hacer es hacerle saber a la gente que nuestro ser amado tenía cualidades y que la forma como murió no lo definía. Esto fue lo que sintió Chip[15], uno de mis clientes, al perder a su hija Katie:

> Cuando comparto con otros mi duelo, es extraño y te diré por qué. Cada vez que le contaba a alguien sobre la sobredosis de Katie, especialmente a aquellos que no la conocían, tenía que aclarar el hecho de que ella fue a una escuela privada, que fue a la Facultad de Derecho de la Universidad de Miami y que dio clases de CrossFit. No podía tan solo decir que ella había sufrido una sobredosis sin mencionar las cosas buenas. Ella era un enigma.

---

14 Ver su historia completa en el apéndice de este libro.
15 Ver su historia completa en el apéndice de este libro.

DUELO PRESENTE Y TAMBIÉN ANTICIPADO

Siempre hablamos de duelo anticipado cuando vamos a sufrir la pérdida y nos imaginamos cómo será nuestra vida sin nuestro ser querido. Sin embargo, qué pasa cuando tenemos a nuestro ser amado con alguna enfermedad terminal, con alguna enfermedad degenerativa; cuando se nos ponen ancianos, cuando vemos los cambios de la edad, cuando vemos que se nos van apagando… Ese es un duelo presente. Entonces podemos sufrir de dos tipos de duelo:

El duelo presente se experimenta al presenciar los cambios que vemos en esa persona y también los cambios en nuestra relación con ella, pues tal vez si salíamos juntas a comer, al cine, si podíamos ir a la playa, ya no podemos hacerlo. En mi caso, eso me sucedió con mi mamá. Cuando ella decidió quedarse en cama, después de lograr su meta de cumplir cien años, se fue poniendo cada vez más frágil y llegó a necesitar cuidados de hospicio. Mi mamá, mi compañera, ya no era más mi compañera. Mi madre fue cambiando: ya no era la mamá que yo reconocía, la mamá activa. Tuve que aprender a disfrutar con ella de los momentos que podía, de los momentos en los cuales estaba despierta, de los momentos en los que rezábamos, de sus gracias cuando las hacía... Tuve que comenzar a vivir de esos ratos, en vez de tener la relación plena, completa, como la tenía antes. Eso, definitivamente, nos puede generar una sensación de duelo, puesto que también pensaba: «¿Y qué va a pasar cuando ya ella no esté aquí?». Mi amor hacia ella era tan grande que era capaz de imaginarme lo que me dolería el no tenerla más a mi lado. Sin embargo, ¿qué era lo que a mí me ayudaba?, ¿qué era lo que hacía en esos momentos para cambiar la perspectiva? Agradecía a Dios por tenerla, agradecía a Dios poder disfrutarla de la forma que fuera. En lugar de enfocarme en lo triste que resultaba que ya no pudiera salir, en los cambios que se habían suscitado o en lo doloroso que sería cuando ya no la tuviera conmigo, me centraba mucho en agradecer y disfrutar de los momentos que aún tenía con ella.

Si estás con tu ser amado y él o ella está pasando por alguna condición física, en vez de permitir que te consuma el sufrimiento al pensar en lo que te dolerá cuando ya no esté a tu lado, aprovecha y enfócate en el momento presente, pues es lo que tienes con ellos. A veces nuestra mente nos juega trucos y nos crea muchos escenarios en el futuro. Sin embargo, el futuro es incierto. Lo sabrás cuando te toque vivirlo. Lo único que posees es el ahora; por eso, aprovecha a tu ser querido al máximo, apoyándote siempre en el amor. Esos recuerdos son lo que te quedará después, puesto que lo que sí depende de nosotros es cómo vivir los momentos que tenemos con nuestros seres amados. Adicionalmente, es importante procesar el duelo que sientes, darte cuenta de que la tristeza que te embarga es duelo y elaborarlo escribiendo sobre ello. Si necesitas ir a un grupo de apoyo, hazlo, pues muchas veces se requiere ayuda para vivir esa transición. Es preciso poder expresar la manera como uno se está sintiendo ante ese tipo de pérdida, que es a la vez presente y anticipada.

PROCESANDO TU DUELO
¿Estás experimentando una pérdida anticipada?

_____

_____

¿Qué tipo de pensamientos se te vienen a la mente?

_____

_____

¿Estás enfocándote en un futuro incierto?

_____

_____

¿Qué puedes hacer para enfocarte en el tiempo presente?

_____

_____

¿QUÉ SIGNIFICA EL DUELO CONGELADO?

Al experimentar una pérdida, lo natural es estar de duelo. Cuando esto no sucede en el momento sino tiempo más tarde —meses e incluso años—, se ha convertido en un duelo congelado. Cuando lo ponemos de lado, lo ponemos debajo de la alfombra y no entramos en ese espacio. Puede suceder porque, al ser tan fuerte el dolor, lo congelamos como mecanismo de defensa. Lo dejamos para más tarde y utilizamos toda nuestra energía en otras actividades. También se puede dar cuando debemos hacernos cargo de gestiones importantes, tales como asistir a los tribunales, en caso de una muerte trágica. Toda la energía se concentra en el proceso legal y el duelo se deja para después. También la persona puede decretar que la pérdida no le duele o que es fuerte. La realidad es que lo está ignorando.

He tenido clientes que han perdido seres queridos meses atrás, incluso años antes de que lleguen a verme. Lo que hacemos en esa instancia es revivir la pérdida y hacer que la persona conecte de nuevo con los pensamientos y emociones ligados a esa muerte.

DUELO RECURRENTE

> El duelo recurrente no es duelo constante.
> PAUL C. ROSENBLATT

A lo mejor te sorprende escuchar este término. ¿A qué nos referimos con eso de duelo recurrente? ¿Cómo se presenta? El psicólogo Paul C. Rosenblatt, sobre la base de sus extensos estudios sobre duelo, llegó a la conclusión de que nosotros no llegamos a poner un punto final. En otras palabras, no tenemos un momento en el cual decimos: «Aquí terminé con mi duelo». En efecto, lo que hacemos es que aprendemos a vivir con él, ya que es algo que forma parte de nosotros. Por añadidura, Rosenblatt afirma que, de acuerdo con la evidencia basada en sus estudios de investigación: «Fuertes sentimientos de duelo por pérdidas importantes se repetirán durante toda la vida (1996, p. 45)». Es más, él nos manifiesta lo necesario que es saber que esto va a ocurrirnos, pues si no estamos conscientes de que puede suceder, al sentirlo nos puede causar aún mayor dolor. Esta es la razón por la cual he incluido esta perspectiva, para que estemos preparados y sepamos que es parte natural del proceso de duelo. Tanto es así que deseo compartir contigo una experiencia que tuve después de haber muerto mi papá.

Habían transcurrido cinco años desde la muerte de mi padre y, en su quinto aniversario, sentí que me hacía falta especialmente. Lo quería ver. Lo quería abrazar. Tomé su foto, que tenía en un marco de madera, y abrazándola contra mi pecho caminé por toda la casa en un arranque de desconsuelo. ¡Habían pasado cinco años! ¿Y quién podía decirme que había pasado «suficiente» tiempo? Para el dolor no existe el tiempo. Yo había logrado vivir el dolor intenso y poco a poco había ido aprendiendo a vivir sin tener a mi papá a mi lado. Sin embargo, ese aniversario me produjo, por alguna razón, un tsunami de duelo. Lo comparto contigo ya que es probable que te haya pasado que, a pesar de haber transcurrido cierto tiempo, en algún momento especial, ya sea un aniversario, un cumpleaños o ciertas celebraciones familiares como las Navidades, el dolor se vuelve a hacer profundo y sientes como si la herida se abriera de nuevo. No te cierres ante los sentimientos y el dolor. Recuerda que el proceso de duelo es así, como una montaña rusa: uno sube y baja, pero conforme va pasando el tiempo las bajadas son menos pronunciadas, hasta que llega un momento en el que solo se suscitan de vez en cuando, aunque muy raramente dejan de existir por completo; pueden quedar latentes dentro de nosotros y, por momentos, ser casi imperceptibles.

A VECES PODEMOS SENTIR QUE NO ESTAMOS AVANZANDO EN NUESTRO PROCESO DE SANACIÓN

> La sanación no es forzar al sol a brillar, sino dejar ir lo que bloquea la luz.
> STEPHEN Y ONDREA LEVINE

Debido a estos momentos de dolor recurrente, puedes sentir que no estás elaborando tu duelo ni avanzando en tu proceso de sanación. Deseo recordarte que este es un camino que no se puede recorrer con apremios. En esos momentos, te sugiero que hagas revisión de los meses o, incluso, años anteriores y podrás recordar alguna anécdota que puede que hayas olvidado que te demostrará cómo has avanzado en tu sendero.

Recuerdo a Alina, quien perdió a su hijita. Cuando experimentaba el duelo recurrente, consideraba que no estaba procesándolo, pues se sorprendía de sentir la ausencia de manera tan intensa.

Luego de recordarle cómo es el proceso del duelo, que no es lineal, le mencioné algo que había sucedido meses atrás. Ella evitaba entrar al cuarto de la bebé, pues hacerlo le era muy difícil y me preguntó si debía hacerlo. Le dije en ese momento que entrara en su yo interior y siguiera lo que le dictara su corazón. En la cita siguiente lo primero que me dijo fue: «Estuve sentada en la mecedora que está en el cuarto de mi bebé... Lloré mucho; sin embargo, me hizo bien haberlo hecho». Al recordarle esta anécdota, ella misma se dio cuenta de cómo poco a poco iba caminando su sendero del duelo, que el experimentar momentos recurrentes de dolor no implicaba ni retroceso ni estancamiento en su proceso. Poco a poco iba removiendo lo que estaba bloqueando la luz de la sanación.

¿Es este duelo complicado?
Cuando el duelo es prolongado

> El tema central en el duelo prolongado es su considerable impacto en el funcionamiento diario.
>
> Kristensen *et al*

Todas estas emociones que experimentamos, los pensamientos que nos asaltan y los detonadores que nos disparan son parte de un duelo natural y la mayoría de la población puede elaborarlo sin necesidad siquiera de buscar ayuda profesional. Por otro lado, lo que llamamos duelo complicado o patológico es el que se suscita cuando la persona no funciona a plenitud, le es imposible superar el duelo agudo y puede desarrollar problemas psicológicos y físicos (Paya, 2010). De acuerdo con Kristensen *et al* (2021), el duelo prolongado es el duelo complicado más común, uno de cuyos síntomas es la dificultad de aceptar la muerte, de continuar sin el ser amado, el estar constantemente rumiando los detalles alrededor de la muerte, incluso culpando a otros y a nosotros mismos. A pesar de ser natural el sufrir intensamente la pérdida de nuestro ser querido, lo que hace al duelo prolongado algo complicado, según estos autores, es la incapacidad de funcionar diariamente.

HOMBRES Y MUJERES, ¿EXPRESAN EL DUELO DE LA MISMA FORMA?

Esta es una pregunta que he escuchado tanto que quise incluirla al hablar del duelo, ya que nos ayudará a explorarlo. De acuerdo con Kenneth J. Doka y Terry L. Martin (2010), podemos encontrar los siguientes estilos al procesar el duelo: instrumental, intuitivo y una mezcla de ambos, lo cual se da de forma continua. Te voy a describir cómo se ha conocido cada uno de estos estilos, advirtiéndote que no se aplica en exclusiva a cada género, hombre o mujer; en otras palabras: no queremos establecer estereotipos. A veces sucede al revés, otras veces es una combinación de ambos.

El duelo instrumental se les ha atribuido a los hombres y lo expresan actuando. En este sentido, demuestran el duelo llevando algo a cabo. El duelo intuitivo se ha ligado más a las mujeres y se enfoca en expresar los sentimientos, ya sea llorando o hablando. La mezcla de ambos puede darse como una continuación de un estilo al otro.

¿Cómo sientes que eres? Te puedo decir que, como doliente, tengo una combinación de instrumental e intuitiva, pues no solamente he expresado mi duelo a través de las lágrimas y hablando sobre mi mamá, sino también elaborando cosas —como escribir libros, hacer videos— que me han ayudado a expresarlo. En mi experiencia al trabajar con parejas que han perdido a un hijo, he notado que a veces es la madre la que se ocupa de los arreglos de la funeraria y el padre se encuentra sumido en el llanto o le es imposible realizar ninguna acción. Por el otro lado, también podemos ver ejemplos del estilo instrumental en el hombre. Recuerdo que en el entrenamiento que llevaba a cabo con el reverendo Dr. Dale Young, él contaba una anécdota referida por otro pastor, quien también trabajaba el duelo. Este le contó que una vez preparó un campamento de fin de semana para padres que se encontraban de duelo. Los primeros dos días, viernes y sábado, nadie habló de su dolor. Cuando llegó el domingo, justo cuando partirían, se le ocurrió al pastor algo creativo para ayudar a esos padres a procesar la pérdida de sus hijos. Les propuso construir una pérgola. Empezaron a construirla y, súbitamente, uno de los padres escribió un nombre en un poste de madera. Otro padre se le acercó y le preguntó de quién era ese nombre. El padre le respondió: «Es mi hijo que murió». Luego de eso, el padre que le había hecho la pregunta fue al poste y escribió el nombre de su hijo. Y así, de manera sucesiva, cada padre fue escribiendo el nombre del suyo y, a la vez, fueron compartiendo y procesando su duelo. Te cuento esta historia pues puede ayudarte a comprender lo que significa ser instrumental. De nuevo, puede pasarles también a mujeres; por lo tanto, nunca asumamos cómo actuaremos, pues eso no lo sabremos hasta que nos toque vivirlo.

> La angustia no termina con la primera ola de
> conmoción y dolor. Después de darse cuenta
> de que un ser querido está muerto, a menudo
> viene la comprensión de que se supone que
> la vida debe continuar.
>
> Robert Kastenbaum

El tsunami del duelo sobreviene al experimentar un dolor agudo y muchas veces ocurrede forma inesperada. Lo llamamos también olas o punzadas de duelo, sabiamente descritas por el psiquiatra alemán Erich Lindemann, pionero en el estudio sobre esta materia: «angustia somática en forma de olas que duran de veinte minutos a una hora; una sensación de opresión en la garganta, asfixia con dificultad para respirar, necesidad de suspirar, una sensación de vacío en el abdomen, falta de potencia muscular y una angustia subjetiva intensa descrita como tensión o dolor mental»[16].

Al experimentar todas estas sensaciones, podemos preguntarnos cómo es posible sentir tanto dolor y ver que la vida continúa sin nuestro ser querido, tal como nos indica Kastenbaum. A veces las sientes venir literalmente como un tsunami que te revuelca y te arrastra hasta la orilla; te hace sentir que tu corazón se ha roto en mil pedazos.

¿Qué hacer en ese momento? Súbete en la ola. Llora, sácatelo y ten presente que esa ola pasará, como nos dice Rodríguez en relación con un momento de sumo dolor un día después del aniversario de su hijo, cuando pensaba que no iba a poder

---

16 Citado en Kastenbaum (2011, p. 343).

seguir viviendo: «La ola me sumergió por un instante. Luego saqué la cabeza del agua y respiré profundamente (p. 141)». Permite que pase, respira hondo y piensa en algo lindo de tu ser amado. Algo que he hecho cuando me han venido estas olas de pronto ha sido ver videos de mi mamá donde está diciendo cosas divertidas o recitando. Esos videos me traen una sonrisa al rostro. De esa manera he logrado cambiar la emoción. Tú también puedes hacerlo si te das la oportunidad.

Prestemos atención al hecho de que para la aparición de las olas de duelo no hay límite de tiempo y de que se suscitan cuando hay un disparador: una canción, un saludo, una persona, una tarjeta, un video, una fecha... siempre habrá algún detonador. Con el tiempo, la intensidad del duelo comenzará a aminorar; sin embargo, no te asustes si de pronto otra ola muy fuerte vuelve a aparecer. Es natural.

Algo que me ha ayudado en enorme medida cuando comienza a formarse el tsunami es hacer algo físicamente. Se ha dicho que a medida que cambiamos nuestro estado físico, cambiamos nuestro estado emocional. Me gusta hacer ejercicio. Unas semanas después de la muerte de mi madre, decidí comprar una máquina elíptica para usar en casa. Me ayudó a liberar toda esa energía tan pesada. El levantar pesas me gusta especialmente, ya que pienso que al fortalecer mi cuerpo fortalezco mi mente. Otra cosa que me ayudaba mucho, en especial durante los primeros meses, era escribir en mi diario y transferir mis emociones al papel. También, cuando vuelve la punzada del duelo, agarro una estampita con una oración y me siento con la foto de mi madre, enciendo una vela y le dedico un momento a nuestro ritual diario. O tan solo me digo: «*Déjame cerrar los ojos y dejar que las lágrimas corran... Déjame ir a la iglesia y quedarme quieta, sentir el duelo, reconocerlo...».*

Ese sentimiento, ese dolor vendrá de nuevo, probablemente de forma menos frecuente, menos fuerte, menos cruda, pero siempre vendrá, siempre estará ahí, aunque sea leve... Siempre estará porque con el duelo aprendemos a vivir sin nuestro ser querido; sin embargo, ese duelo latente, interno, estará con nosotros hasta que cerremos los ojos. Recuerdo cómo mi mamá, con cien años, aún anhelaba a su madre, porque cuando amamos tanto, el amor y el anhelo no desaparecen, lo que aprendemos a hacer es tomar todo ese sentimiento de pérdida y convertirlo en algo que dé sentido a nuestras vidas. De una forma similar lo describe Brené Brown al compartir cómo un amigo comparó el duelo con surfear: «... a veces te sientes estable y eres capaz de montar las olas, y otras veces el oleaje se estrella sobre ti, empujándote tan lejos bajo el agua que estás seguro de que te ahogarás» (2015, p. 147).

Yo me siento, ante esa inmensidad, como ante un océano enorme. Veo venir esa gran ola que a veces me arrastra y me lleva y otras veces me quedo como sentada en la orilla, ahí, viendo el mar.

Navego esas aguas con el corazón en la mano. Estoy plenamente metida en el duelo para procesarlo a plenitud y soltarlo, pues quiero ser feliz de nuevo. Esa soy yo. Esa era mi mami. Su frase favorita la llevo como estandarte: «¡Arriba corazones!». Tanto es así que la mandé a colocar en la placa del cementerio. Ese es su mensaje eterno.

Los detonadores

El proceso no sucede en línea recta; tenemos altos y bajos y muchas veces las bajadas se deben a los disparadores, que provocan sensaciones que se creían superadas. Un detonador que ha estado presente en mi proceso ocurre cuando mi iPhone genera por sorpresa videos con fotos de mi mamá. ¿Te ha sucedido a ti? Si te ha pasado, es natural que te toque el corazón. A mí me produce emociones encontradas. Por un lado, me llena de ternura y alegría verla y recordar esos momentos felices con ella y, por el otro lado, me produce sentimiento, pues percibo la falta que me hace.

Sé proactivo ante los esperados detonadores

Existen situaciones en las cuales podemos imaginarnos que se disparará algún detonador. Una de estas situaciones es una fecha especial, tal como un aniversario, un cumpleaños, el Día de las Madres o la Navidad —algo que comentaremos más adelante—. Debido a que conozco cómo nos pueden hacer sentir esos disparadores, quise prepararme para el primer cumpleaños de mi mamá, que fue el 8 de agosto del año 2020, dos meses después de su fallecimiento. La forma como me preparé fue creando un video recopilatorio con fotos de su vida, desde que era jovencita hasta los cien años. Se convirtió en un proyecto y empecé a hacerlo desde julio. Fue algo hermosísimo, porque lo hice para honrarla el 8 de agosto, para darle ese regalo. Lo publiqué en YouTube y lo compartí con mi familia, amistades y en las redes sociales. Eso me dio mucho significado y me ayudó a lidiar con ese detonador. Adicionalmente, quise preparar algo especial para el día de su cumpleaños. Vinieron mi hermana Alicia y su hija Alicita e hicimos un ritual muy especial para honrarla, que compartiré contigo más adelante. Puedo asegurarte que el hecho de haberme preparado haciendo el video y celebrándole el ritual marcaron una gran diferencia en mi estado de ánimo el día del primer cumpleaños después de su fallecimiento.

Por lo tanto, te sugiero que te prepares para esos momentos inesperados e intensos que suceden y ante los cuales puedes sentir que se te rompe el corazón. Puede que hayas tenido dos o tres días sintiéndote bien y de pronto todos esos pensamientos, todos aquellos «quisiera», todos aquellos «¿por qué?», todos aquellos «me hace falta» invaden tu mente y, a medida que se van multiplicando, provocan de nuevo las emociones de congoja y empiezas a anhelar a tu ser querido.

PROCESANDO TU DUELO
¿Has experimentado detonadores?

_____

¿Cuándo han sucedido?

_____

¿Cómo los has manejado?

_____

¿Te has preparado de antemano ante una fecha especial?

_____

```
┌─────────────────────────────────────────┐
│              ¿Cómo lo hiciste?            │
│  ─────────────────────────────────────   │
│  ─────────────────────────────────────   │
└─────────────────────────────────────────┘
```

¿TE SIENTES COMO EN UN PÉNDULO?

¿Alguna vez has sentido, en tu proceso, como que vas de un extremo al otro?, ¿que de pronto estás ensimismado en tu duelo y en todo lo que tiene que ver con tu ser amado y, en otro momento, te ves llevando tu vida en el nuevo mundo que enfrentas sin esa persona y percibes que puedes llevar a cabo esas actividades y funcionar totalmente? Puede que te parezca que estás como en un péndulo. Pues bien, esto es algo que nos ocurre con frecuencia al estar de duelo. Es más, existe una teoría llamada «modelo de proceso dual» para manejar el duelo (Stroebe y Schut), la cual indica que al perder a nuestro ser amado experimentamos la vida como una oscilación entre dos procesos: el de la orientación a la pérdida y el de la orientación a la restauración.

Cuando estamos orientados a la pérdida —dicen los autores—, estamos enfocados en experimentar la desaparición de nuestro ser querido «incluyendo el proceso de confrontarla, intentando aceptar el hecho de la pérdida, recordando a nuestro ser amado y visitando el lugar donde está enterrado para estar más cerca de él o de ella» (2016, p. 99). Al oscilar hacia la orientación a la restauración, nos enfocamos en lo que tenemos que hacer en nuestra vida como resultado de la pérdida: esto incluye la reorientación en un mundo que ha cambiado de muchas maneras debido a esa muerte. Muchos aspectos de nuestra vida diaria pueden necesitar ser retomados y planificados de nuevo (p. 99).

Es interesante, pues Bonanno (2019) llama al péndulo «oscilación» y enfatiza que: en vez de quedarnos tristes durante largos períodos, nuestra experiencia de la emoción viene y va. Oscila. Con el tiempo, el ciclo se ensancha y poco a poco volvemos a un estado de equilibrio (pp. 287-288). Bonanno refiere cómo, al estar de duelo, es posible pasar de la tristeza a la sonrisa o a la risa de una manera intermitente, lo cual puede confundir al doliente. Esa es una pregunta que me han hecho muchos de mis clientes, que se preocupan y se extrañan de poder sonreír pese a experimentar un duelo profundo. Lo que sucede es que la forma de tolerar el duelo es oscilante e implica precisamente movernos del enfoque en el dolor al enfoque en el mundo presente.

Sobrecarga

¿Alguna vez te has sentido sobrecargado por tu duelo? ¿Te has sentido drenado y como con la sensación de que no puedes con todo lo que se espera de ti?

Cuando esto sucede, puede darse lo que llamamos «sobrecarga», una sensación que puede causar que uno se sienta abrumado e incapaz de lidiar con tanto duelo a la vez. Está tan presente en el duelo que los psicólogos Stroebe y Schut (2016) lo agregaron a su modelo del proceso dual —orientación a la pérdida y orientación a la restauración—, puesto que se dieron cuenta de que era el *eslabón perdido* en este modelo. Por lo tanto, aparte de la necesidad de oscilar entre ambos procesos para manejar el duelo, el reconocer la sobrecarga que se puede producir en nosotros como dolientes es fundamental, pues lo que deseamos es observar lo que más ayuda para manejarla. En primer lugar, lo que deseamos hacer es hablar sobre lo que sentimos, tener —como ellos mismos la llaman— apertura; decir cómo estamos y pedir ayuda cuando sea necesario. La vida en sí misma genera causas de estrés y, cuando estamos de duelo, esos estresores se pueden magnificar, ya que tenemos una capacidad limitada para lidiar con eventos o situaciones. Algo que también nos puede ayudar es desarrollar herramientas que nos hagan sentir empoderados, aplicar *mindfulness* —conciencia plena— y aprender a decir que no. Esto me recuerda una frase que nos indica que a veces, cuando les decimos sí a otros, nos estamos diciendo no a nosotros mismos, lo que nos puede causar ansiedad y sensación de sobrecarga.

Sé consciente de lo que puedes soportar y toma medidas sobre cómo vas manejando tu proceso, pues los investigadores han reconocido lo necesario que es hacer una pausa, un *break* en ambos procesos para evitar sobrecargas: «Uno no puede estar manejando el duelo todo el tiempo, es agotador hacerlo la mayor parte de las veces. Se necesita tiempo libre, donde realizar actividades no relacionadas con el duelo o en el que la persona simplemente se relaje y se recupere» (Stroebe y Schut, 2016, p. 99). Estas nociones tales como tomar un *break* e incluso acoger breves momentos de alegría y gozo son los que nos ayudan a poder manejar el duelo y a ver la posibilidad de seguir hacia adelante (Bonanno, 2019, p. 63).

PROCESANDO TU DUELO

¿Me siento sobrecargado en mi proceso de duelo?

_____

_____

¿Siento que me es imposible lidiar con tantas cosas a la vez?

_____

_____

¿Cómo me comporto cuando me noto sobrecargado?

_____

_____

¿A veces siento que quiero tomar un _break_? ¿Cuándo?

_____

_____

¿Qué considero que me podría ayudar en esos momentos?

_____

_____

NOTA:

PLAN DE ACCIÓN

Escribe tres cosas que podrías hacer en esas ocasiones en las que te sientes sobrecargado:

1. _____

2. _____

3. _____

> El dolor debe ser presenciado. Todos queremos
> que nuestra vida, nuestra muerte y nuestro duelo
> sean presenciados.
>
> David Kessler

Si experimentas una pérdida importante en tu vida, es posible que te sientas incomprendido y desorientado. Estos sentimientos pueden causar la sensación de estar atascado. Aun así, puedes ayudarte a tomar las medidas necesarias para estar activo con tu dolor. Date permiso para experimentar, compartir y vivir tu duelo. En el documental *Speaking Grief* se explora el duelo con gran sensibilidad, pues se crea conciencia sobre nuestra lucha por evitarlo, incluso a sabiendas de que en algún momento lo vamos a vivir. La recomendación que nos hacen es que necesitamos mejorar en el duelo (*we need to get better at grief*).

El duelo que evitamos compartir lo guardamos por dentro y lo llevamos como una mochila pesada; lo evitamos, lo ignoramos, lo suprimimos, lo ahogamos, hasta que ocurre un desencadenante y entonces todo ese dolor que ha sido suprimido sale a la superficie. Ya era hora de que permitiéramos que el dolor se expresara, se presenciara y se entendiera. Kessler (2019) enfatiza que todos los dolientes, con independencia de cómo expresemos el duelo, tenemos la necesidad de que este sea presenciado (p. 29). No solo que otros sean testigos de nuestro duelo, como indica Megan Devine en su libro *It's Ok That Your Are Not OK* (2017), sino presenciarlo nosotros mismos, sobre todo cuando ese dolor es muy profundo. Un concepto similar es el que nos recomienda Sameet M. Kumar en su libro *Grieving Mindfully* (2005) y que trata precisamente de ser conscientes de nuestro duelo a plenitud.

Aplicar plena conciencia al duelo (*Mindfulness*)

> El duelo consciente es el proceso de usar tu vulnerabilidad emocional no para sufrir una mayor angustia o para intensificar tu dolor, sino para redirigir este dolor hacia tu crecimiento como ser humano.
>
> Sameet M. Kumar

Una de las técnicas que más nos ayudan a ser testigos de nuestro propio duelo es aplicar plena conciencia al mismo. Podemos conectar con él, entrar en ese espacio de dolor y quedarnos quietos. Palparlo y prestarle atención. Recuerda que lo que ignoramos no deja de existir, tan solo está reprimido. Por lo tanto, en vez de desconocerlo, en vez de minimizarlo, debemos enfrentarlo para vivirlo a plenitud, pues es igual que el miedo: al confrontarlo, pierde poder. Mientras evitemos ver de frente el duelo, este seguirá sintiéndose como una sombra pesada sobre nosotros, que nos derriba y nos hace perder las fuerzas. Puede que nos adormezcamos al principio. Algunas personas no lo expresan y lo llevan muchos años por dentro, internalizándolo sin darse cuenta. Muchas veces, si no se le presta la atención necesaria, puede manifestarse de forma física, en nuestras relaciones personales o en nuestra productividad.

Representación y expresión del duelo a través del arte

Al experimentar la muerte de un ser querido, el vacío que sentimos en el alma cuando no está esa persona es tan grande que es imposible describirlo. A veces solo podemos, como los niños, dibujarlo o pintarlo. Muchas otras utilizamos el arte para expresar nuestros sentimientos imposibles de nombrar. Recuerdo que, recién muerta mi madre, alguien compartió conmigo la imagen de la escultura *Melancolie* del escultor rumano Albert György. En ella podemos ver a un hombre sentado en una banca con postura de abatimiento y con un gran hueco en su torso. György había perdido a su esposa y deseó representar su duelo de esta forma. Es muy poderosa, pues inspira mucho sentimiento, ya que ese hueco puede ser sentido muy profundamente y sientes también que nada lo puede llenar. Al ver esa imagen, me identifiqué por completo con la proyección del dolor en esa manifestación artística. No he sido la única, puesto que miles de personas lo han contactado para que les haga réplicas de la escultura[17].

Esto nos da la pauta de la cantidad de personas que desean, de alguna forma, ver su duelo representado y contemplado. Al morir mi mamá, el dolor que sentía era tan profundo que era como si alguien me hubiera arrancado el centro del cuerpo y lo hubiera dejado vacío, justo como la escultura de György. En días recientes, tuve una experiencia con una cliente que, al describir cómo se sentía físicamente, me recordó esa imagen y le pregunté si la conocía. Sonriendo con tristeza me dijo que sí, que una amiga, la cual había perdido un hijo, se la había enviado. Eso me hizo pensar que los dolientes tenemos una forma única de comunicarnos. Que, a pesar de ser diferente y único, el duelo que sentimos es como un adhesivo que nos une al padecer la ausencia de nuestro ser amado.

---

17 https://totallybuffalo.com/a-sculpture-that-creates-intense-emotion/

La poesía como una forma de expresión en el duelo

¿Sabes qué resurgió en mí con el duelo de mi madre? El escribir poesías, pues es algo que hacía de jovencita. Al morir mi mamá, todo ese dolor, todo ese caudal de palabras que llevaba en mi alma necesitaba estar en el papel. De esa forma retomé la poesía, como una forma de expresión de mi duelo.

En esta ocasión, comparto una contigo, que es la que —diría yo— representa de la forma más palpable cómo me sentía en esos días al iniciar mi jornada.

Gracias, mamá

¿El mundo se mueve más rápido o soy yo quien se mueve más lento?

De repente, los espacios son más grandes. De repente, los pasos que doy han perdido su prisa; solo están de puntillas en el piso. Como si, al ponerme de puntillas, no sintiera el piso debajo.

No sentiré la frialdad de esta realidad, que es como una capa, como una manta; como una capa de frialdad sobre mí.

Esa frialdad es la frialdad de la muerte.

La sensación de que todo se ha detenido.

¿Cómo es que la gente sigue caminando si todo se detuvo?

¿Qué me importa comer?

¿Qué me importa beber?

La mayor fuente de mi alegría, la mayor fuente de mi propósito, mi pequeña muñequita, como yo la llamaba, no está aquí para abrazarme; para extender sus pequeños brazos y abrazarme contra su pecho; para hacer que su frente se mueva hacia la mía;

para tocar nuestras narices en ese movimiento único e íntimo de amor y entrega total a lo que significa el amor.

La falta de calidez de ese cuerpo junto al cual tantas noches me acurruqué.

La cara que acaricié con adoración. Amor verdadero. Los ojos que besé día tras día. Su cuerpo, tan pequeño y, al mismo tiempo, tan fuerte. Voluntad fuerte, corazón cálido. Amor ilimitado, sin límite.

Una capacidad de amar más allá de las palabras. Una vida llena de alegría; aprecio por todo; gracias por todo; «¡qué lindo!» para todo; «¡qué alegría!» para todo.

Esta fue la belleza de esta mujer que vivió cien años y marcó la diferencia en cada uno de nosotros.

Esta mujer a la que solía llamar «mamá»; esta mujer a la que solía llamar «mi madrecita amada».

Esta mujer a la que solía llamar «mi muñequita». El vacío… el vacío va más allá de las palabras… nada puede llenar el vacío, nada ni nadie. Ese era su lugar. Le pertenecía solo a ella.

Nuestro amor fue más profundo que lo profundo; más fuerte que lo fuerte; más cerca que lo cercano; un entendimiento con solo mirarnos la una a la otra; un entendimiento con solo vernos… y eso fue todo.

Gracias, mamá, por mostrarme lo que significa el amor.

Gracias, mamá, por mostrarme lo que significa la fortaleza.

Gracias por mostrarme qué es la fe.

En el libro que escribí sobre mi madre celebrando su vida las incluí todas; sin embargo, en esta ocasión, comparto solo esta contigo. Quiero que sepas que al escribirla lo hice con el corazón en la mano.

En mi proceso ha habido momentos muy oscuros en los cuales he sentido que el dolor no podía caber en mi alma, pues era inmenso. Una vez me quedé observándolo profundamente y pensé: «Si me quedo ahí, estoy acogiendo una sensación de derrota y esa no soy yo, pues el amor de mi madre lo llevo dentro de mí, y su frase insigne "Arriba corazones" ha sido mi mantra, mi inspiración».

DEEPAK CHOPRA Y EL DUELO

Deseo compartir contigo tres consejos de Deepak Chopra, el reconocido líder espiritual y experto en medicina alternativa, quien nos brinda un corto video para lidiar con la muerte de un ser amado[18].

El primer consejo que nos da es: *Bring them into your awareness, and talk to them, trae a tus difuntos a tu conciencia y habla con ellos*. Chopra nos dice cómo les habla a sus padres cada día y es algo que, en efecto, hago con mi mami, no solo cuando voy al cementerio. Muchas veces lo hago para contarle algo lindo que me pasó o incluso para recordar algo divertido. Es algo que la mayoría de mis clientes hacen y que no solo —como Chopra mismo señala— lo sugerimos como parte del proceso de duelo, puesto que, aunque nuestro ser amado no está a nuestro lado en el plano físico, sigue existiendo en nuestros pensamientos, en nuestro corazón, dado que la relación no termina, se transforma. Puedes hacerlo hablando en voz alta, redactando una carta o escribiendo notitas y poniéndolas en una cajita como te menciono en la sección de rituales.

---

18 https://youtu.be/LBFufOhggvM

El segundo consejo es: *Embrace grief,* acoge o abraza el *duelo.* Esto ha sido precisamente lo que he deseado que hagamos juntos con este libro, vivir el duelo, pues, como Chopra mismo nos recuerda, si lo reprimimos se fortalece. El tercer consejo es: *Express love, expresa amor.* El amor es la emoción más poderosa y podemos expresarlo de muchas formas, dándonos amor a nosotros mismos (amor propio), expresándolo a otras personas con nuestros gestos y acciones y, de manera única, transformando nuestro duelo en amor eterno.

El efecto de negar o reprimir el duelo

> Huir del dolor de la pérdida cierra
> nuestros corazones y espíritus.
>
> Alan D. Wolfelt

Una reacción natural y común al experimentar una pérdida es negarla. La negación es una de las etapas de Elisabeth Kübler-Ross y, como te mencioné antes, es la más común en el doliente puesto que, en muchos casos, ayuda a ir asimilando la realidad poco a poco y a lidiar con la ansiedad que se puede experimentar ante una dolorosa transición. Colin Murray Parkes nos lo presenta así:

La negación de la realidad a menudo se ve como un medio para evitar la ansiedad abrumadora. Una visión alternativa sería decir que, dado que lleva tiempo, algunas veces mucho tiempo, cambiar los supuestos básicos, y dado que los altos niveles de ansiedad interrumpen la concentración y la asimilación que son esenciales para esta actividad, tiene sentido dar prioridad al manejo de nuestra propia ansiedad, incluso a costa de evitar asuntos dolorosos. Visto de esta manera, es mejor ver la negación como un aplazamiento. A veces, una transición psicosocial particularmente dolorosa puede posponerse para siempre (p. 40).

En el caso de la muerte de un ser querido, podemos continuar esperando por la persona, llamándola o bien negándonos ante la posibilidad de su fallecimiento. En repetidas ocasiones, he notado que la persona evita decir la palabra «murió» o «falleció» y utiliza eufemismos tales como: «está descansando», «se fue», «el día que partió».

PROCESANDO TU DUELO
**¿Has evitado emplear la palabra «muerte»
al referirte a tu ser amado?**

_____

_____

¿Qué te hace evitar usarla?

_____

_____

¿Qué otra palabra has utilizado?

_____

_____

¿Qué significa para ti?

_____

_____

Dentro de nosotros nos parece imposible que estemos enfrentando ese gran dolor. Nos parece mentira que hayamos perdido a nuestro ser amado y que nunca más vayamos a verlo de nuevo. Te entiendo con el alma si sientes eso en tu corazón.

Sabemos que al principio podemos experimentar un *shock* o sentirnos adormecidos frente a tanto dolor. Muchas veces nos quedamos, en efecto, en negación ante lo ocurrido y reprimimos el duelo. Nuestra esperanza es borrar la realidad, imaginarnos que no ha sucedido y seguir igual. Sin embargo, no es así, y ese gran dolor se puede manifestar de diferentes maneras, ya sea físicamente, afectando tu salud, o desplazándose a nuestra relación con los demás. Si te encuentras negando lo que ha sucedido, puedes hablar con alguien que te ayude. Dentro de nosotros se siente un gran vacío y no sabemos cómo llenarlo. Si, por otro lado, aparentas «estar bien», puede que sea también por negación o por aparentar y no querer demostrar, según tú, debilidad. Ten presente que el sentirte triste o desesperado a veces no es debilidad: es lo natural ante la gran pérdida que has sufrido.

TEMAS DE REFLEXIÓN ANTE NUESTRO DUELO
¿QUÉ SIGNIFICA SER FUERTE?

> Sé fuerte es un eufemismo que significa negar o esconder tu duelo porque hace que otros se sientan incómodos.
> HAROLD IVAN SMITH

Si te cuento un chiste y lo encuentras divertido, es probable que te rías. La risa es una expresión. Igual pasa con el duelo: si te sientes triste y tu forma de expresarlo es llorando, pues hazlo. Todos tenemos derecho a llorar, incluyéndote a ti.

Zuleika[19], quien perdió a su esposo, expresa lo siguiente: «Lo que más te ayuda en el duelo es compartir con los

---

19 Ver su historia completa en el apéndice de este libro.

demás, hablar, llorar y hablar y seguir llorando. Solo que te escuchen, aunque el relato sea repetitivo».

Recuerda que el llanto es una expresión del gran amor que sientes por tu ser amado y que te ayuda a desahogarte, pues limpia el alma (como dice ese dicho: «Las lágrimas limpian el alma»).

A este respecto, nos señala el doctor Daniel G. Amen: «Cuando embotellamos nuestros sentimientos y nos negamos a llorar, nuestro cerebro emocional se inflama… Después de que alguien ha muerto, es saludable dejar que la lágrima fluya con libertad».

Sin embargo, el mensaje que continuamente escuchamos es: «¡Tienes que ser fuerte!». Y yo te pregunto: ¿qué es ser fuerte? La gente, en general, considera fortaleza el no llorar. Yo la considero tener la capacidad de conectar con nuestras emociones y poder expresarlas de una manera que nos ayude a procesar lo que estamos viviendo. Castelblanco nos lo enfatiza: «Debemos saber que expresar es importante. Expresar con nuestro cuerpo, con nuestras palabras, con nuestro llanto. Si existe un instante importante para expresar las emociones que estamos sintiendo, es este primer momento de nuestro duelo. Ahora es tiempo de llorar» (2015, p. 12).

Tu capacidad de crecer a través del duelo está en reconocerlo, validarlo, compartirlo y entrar en tu yo interno para encontrar esa esperanza que te ayudará a continuar llevando siempre a tu ser amado en el corazón.

¿ES ESTO NORMAL?

¿Qué es «normal»? Esta pregunta la escucho mucho de mis clientes, pues a veces uno piensa y se comporta de forma que no entiende. Claro, recuerda que el duelo es ese tópico tabú que se malinterpreta muchas veces. En mi caso, me ayudó muchísimo tener conocimiento sobre lo que sucede al estar de duelo, y yo misma me decía: «Ligia, esto es natural» (en mi caso, evito decir la palabra «normal»). Me ayudó para sentir autocompasión, pues lo que sucedía era que me había convertido en mi observadora. Era una relación dual: la observadora y la persona observada. Al entrar en esta dinámica me decía: «Esto es de esperarse, estás de duelo». El estar consciente de que era natural o «normal» me ayudó a entender y procesar mi dolor de manera sana.

Es precisamente por esa experiencia que deseé con mayor fervor compartir con mis clientes lo que me ha ayudado en mi proceso, pues me dolía mucho pensar cómo se podrían sentir ellos al seguir atormentándose con sus pensamientos por desconocer maneras de salir de ese espacio de sufrimiento profundo.

¿Te ha sucedido?

Después de la muerte de nuestro ser querido, a veces actuamos en automático, acostumbrados a lo que hacíamos antes. Por ejemplo, si te sucede algo importante: ¿has tomado de pronto el teléfono para llamar a tu ser amado? Siendo la cuidadora de mi mamá, siempre tenía el celular a mi lado por si sucedía alguna emergencia. Recuerdo que, al mes siguiente de su muerte, mi prima me invitó a su casa y, al disponerme a cenar, fui corriendo a la sala a buscar el teléfono en mi cartera, pues me di cuenta de que no lo tenía conmigo. Fue algo automático, pues siempre lo hacía. El darme cuenta de que no era necesario, pues mi mamá ya no estaba viva, fue como un balde de agua helada. De nuevo el dolor ante la pérdida, ante la ausencia... Otras veces me ocurría que llamaba a casa desde el supermercado para ver si necesitaba algo o, al salir de la oficina, llamaba a casa para decir que ya iba en camino. Esas situaciones son muy comunes al perder a nuestro ser querido, puesto que su presencia y lo que compartíamos era parte fundamental de nuestra vida.

Algo que también me sucedió fue escuchar muchísimo la canción de Cristian Castro y Raúl Di Blassio *Después de ti*. La escuchaba tanto porque me identificaba con la frase «después de ti no hay nada» y eso era lo que yo sentía. ¿Te ha pasado que has escuchado una canción una y otra y otra vez porque es como te sientes en relación con tu ser amado? Como a mí también me pasó, lo comparto contigo para que no te sientas solo y para que no pienses que estás haciendo algo «raro». Es natural. Al igual que tú, yo también he sentido esa ausencia. Yo también sentí que mi corazón se rompió en mil pedazos y que por momentos me hallaba en un lugar del que no me podía levantar, en un lugar oscuro. Sin embargo, el mensaje que te quiero transmitir y a lo que te quiero invitar es a que no te quedes ahí para siempre. Existen momentos en nuestro proceso de duelo en los cuales nos caemos al piso. Eso es comprensible, es humano. Pero depende de nosotros quedarnos allí o levantarnos de nuevo. Depende de tu elección, depende de cómo desees definirte en ese proceso.

¿Sientes que has perdido la razón?

Otro comentario que he escuchado en repetidas ocasiones de parte de mis clientes es: «¡Siento como que me estoy volviendo loco!». En ocasiones, puede que sientas que estás perdiendo la razón justo cuando tienes los pensamientos mágicos de los que hablábamos antes, o cuando te consume profundamente tu dolor. En esos momentos, pon la mano en tu corazón y di estas palabras: «Esto me sucede porque estoy de duelo», como nos dice Albor Rodríguez que ella se decía a sí misma: «No es que estoy enloqueciendo. Es que el cerebro tarda en asimilar las pérdidas» (p. 21).

¿Podemos reír al estar de duelo?

> Hay tiempo para llorar, tiempo para pasarlo en una
> reflexión seria y tiempo para reír: todo es sanador.
>
> ELEANOR HALEY

Esa es otra de las preguntas más comunes que me hacen mis
clientes, pues se sienten temerosos al pensar que si ríen están

olvidando a su ser amado, o bien se sienten culpables pues, al estar de duelo, no deberían poder reírse. Reír es algo natural y propio del ser humano, aun estando de duelo, pues puede darse de diferentes maneras. Podemos usar el humor al lidiar con una pérdida para no sentirla tan pesada o porque nos sentimos nerviosos. Recuerdo que eso me pasó cuando murió mi papá: en el velorio me dio un ataque de risa y no podía parar. Ahora me doy cuenta de que debo haber estado muy nerviosa entre tantos adultos acompañándonos en nuestro dolor. También podemos reír para manejar mejor la situación y hacerla más liviana.

En resumidas cuentas, también podemos sonreír cuando alguien nos dice algo que nos alivia, cuando recordamos a nuestro ser amado o cuando sentimos en nuestro corazón el amor que vive en nosotros.

¿QUÉ PASA QUE NO SUEÑO CON MI SER QUERIDO?

Esa es una de las preguntas más frecuentes que escucho de mis clientes. Ese anhelo de mantener la conexión se manifiesta en el deseo de soñar con el ser querido. Aunque quisiera decirles que en algún momento lo harán, me es imposible asegurarlo. Basada en mi experiencia, algunas personas sueñan con frecuencia, mientras que otras nunca lo hacen. Sin embargo, lo que más importa es comprender que existen otras formas en las cuales podemos mantener la conexión.

¿QUÉ PASA SI SUEÑAS?

Si sueñas con tu ser amado y recuerdas vívidamente el sueño, te sugiero que mantengas un diario al lado de la cama y lo escribas en cuanto despiertes. Eso te ayudará a dilucidar lo que significó para ti. Los sueños son muy simbólicos y tienen significados, según nos lo indica Freud (1989):

> Aportaré la demostración de la existencia de una técnica psicológica que permite interpretar los sueños, y merced a la cual se revela cada uno de ellos como un producto psíquico pleno de sentido, al que puede asignarse un lugar perfectamente determinado en la actividad anímica de la vida despierta. Además, intentaré esclarecer los procesos de los que depende la singular e impenetrable apariencia de los sueños y deducir de dichos procesos una conclusión sobre la naturaleza de aquellas fuerzas psíquicas de cuya acción conjunta u opuesta surge el fenómeno onírico. Conseguido esto, daré por terminada mi exposición, pues habré llegado en ella al punto en el que el problema de los sueños desemboca en otros más amplios, cuya solución ha de buscarse por el examen de un distinto material (p. 2).

LUGARES QUE FRECUENTABAS CON TU SER AMADO

> Su ausencia es como el cielo, lo cubre todo.
>
> C. S. LEWIS

Varios de mis clientes me han manifestado que evitan ir a lugares que les recuerden a su ser amado, pues creen que eso los va a hacer sentir peor. Ahora, si en tu caso es un reto y deseas confrontarlo, puedes hacerlo con una amistad cercana en la que tú confíes. Recuerda que eso puede ser miedo a sentir, pues estamos tan vulnerables que no queremos sentir dolor. No obstante, la única forma de sobrepasar el miedo es confrontándolo. Si tú deseas hacerlo —por supuesto, a tu tiempo—, puedes ir con alguien e irte acercando poco a poco. También existe un tipo de terapia que es la de la exposición, la cual ayuda mucho cuando hay traumas, por ejemplo, lugares a los cuales no queremos acercarnos; cuando hay algo que evitamos y que nos tiene atrapados en un lugar sin salida. Depende de qué es lo que desees hacer y de qué podría ayudarte en tu proceso.

¿Has sentido temor de frecuentar lugares donde ibas con tu ser querido? Eso fue lo que le sucedió a C.S. Lewis luego de perder a Joy, su amada esposa, hasta que decidió enfrentarse a la situación, para darse cuenta de que no era peor la ausencia, puesto que no estaba limitada a un lugar, sino que estaba presente en todos lados.

A pesar de sentir la ausencia de mi mamá por todas partes, en mi caso me impactó la primera vez que visité la tienda por departamentos Macy's, una de sus tiendas favoritas. Tengo muy presente cómo me sentí al entrar en Macy's dos meses y medio después de perder a mi madre. Sentí un frío interno al ver las blusas que tanto le encantaban y saber que no era posible comprarle una, como hacía con frecuencia. Inesperadamente me sentí como perdida y me di cuenta de que ese lugar había sido un detonador. Por casualidad, en ese momento me llamó mi mejor amiga, desde Nicaragua, me preguntó «¿dónde estás?» y empecé a llorar. Me permití expresar mi duelo con ella pues, si me ponía la máscara y le decía que todo estaba bien, no habría hecho otra cosa que tragarme el dolor. Conversamos un rato y del llanto pasé a la sonrisa al recordar, con mi amiga, una salida especial en la cual mi mamá se había probado un sombrero que la hacía sentir parisiense. Fue un recuerdo muy simpático y lleno de alegría. Eso hizo que pudiera moverme de un lugar de tristeza a un lugar de plenitud en el alma.

Recuerda expresar cómo te sientes con esas personas cercanas a ti que te puedan acompañar en tu dolor. Parte del proceso implica mostrar nuestra vulnerabilidad, pues sí, somos vulnerables. ¿Sabes qué? Es lo que nos hace humanos y, al aceptarla, demostramos fortaleza. Si queremos que los otros nos acepten, empecemos por aceptarnos a nosotros mismos.

PROCESANDO TU DUELO

¿Has visitado lugares en donde recuerdas a tu ser amado de manera especial?

_____

_____

¿Ha sido un detonador para ti?

_____

¿Cómo reaccionaste?

_____

¿Cómo manejaste la situación?

_____

_____

MIEDO A OLVIDAR A TU SER AMADO

Tú no dejas atrás a tu ser querido y cierras el capítulo. Tú lo llevas contigo en el alma y el corazón y sigues hacia adelante inspirado por su recuerdo y sobre todo... por su amor. A veces sentimos que la única forma de estar unidos a él es a través del sufrimiento.

Este pasaje del libro de Albor Rodríguez (2015, p. 148) nos lo demuestra:

—No quiero olvidar a mi hijo, doctora… Entiendo que es la química de mi cerebro, como usted dice, pero yo no quiero sentirme bien si en realidad no lo estoy.

—No vas a olvidarlo, Albor.

—A veces siento que el dolor es lo único que me queda de él, quizás por eso no quiero dejar de sentirlo… ¿Usted me asegura que no voy a olvidarlo?

—¿Cómo vas a olvidarlo? Era tu hijo, él es parte de ti.

—Pero le temo a la ilusión del bienestar.

Este es precisamente uno de los mayores temores que he escuchado de la mayoría de mis clientes: empezar a sentirse bien, a disfrutar, pues consideran que no están respetando su recuerdo, que los pueden olvidar. Sin embargo, nunca los olvidamos, como lo comenté en una charla que impartí en Instalive el 8 de noviembre, tres días antes de que mi padre cumpliera su quincuagésimo aniversario, el 11 de noviembre del 2021. En esa charla comparto cómo el recuerdo de mi padre se ha mantenido vivo a lo largo de los años; por lo tanto, que no temieran el hecho de olvidarlos, ya que el amor nunca se olvida.

Y al hablar de olvidar, podemos entonces recordar la frase esa de «seguir adelante». ¿A qué nos referimos con esto? A continuación, exploraremos estos conceptos que escuchamos tan a menudo al perder a un ser amado.

Avanzar o superarlo

> Aconsejaría a alguien que acaba de perder a un hijo que encuentre un propósito para que pueda seguir adelante. ¡Nunca lo superas!
>
> Maggie, madre en duelo

Al comparar estas dos frases, deseo dejar clara la diferencia, pues a veces las confundimos, en especial en inglés. Seguir adelante —en inglés *move on*— es una frase que escuchamos mucho los dolientes y tiene la connotación de «superar la pérdida». Al enfrentar la pérdida de un ser amado, la gente te dice: «Ya es hora de seguir adelante». ¿Qué quieren decir con esto? ¿Que los dejemos atrás y continuemos? En el campo del duelo, preferimos la frase *move forward*, la cual significa avanzar. ¿Cuál es la diferencia con esta frase? Significa que avanzar no implica «superar» o «cerrar el capítulo» y olvidar a nuestro ser amado. Significa que, en vez de quedarnos estancados, seguimos viviendo con nuestro ser amado en nuestro corazón.

Las redes sociales y el duelo

Las redes sociales han agregado un componente social a nuestro duelo. Muchas personas recurren a ellas para compartir, poner páginas en Facebook o escribir en los diferentes muros recuerdos de su ser amado. Además de eso, familiares y amistades continúan acompañando de esta manera. A mí, en lo particular, me ha ayudado mucho en mi duelo el interactuar en Facebook. He compartido muchísimas vivencias del pasado con mi mamá en esta red social, ya que constantemente genera recuerdos de antaño. Esto es algo bellísimo para mí, dado que al compartir me llena mucho el alma leer los comentarios de la gente, pues me siento acompañada a distancia. También he publicado escritos y poemas que le he escrito, inspirados por el duelo. He deseado compartir abiertamente mi dolor para darle a conocer a la gente mi humanidad, la que se encuentra detrás de la imagen profesional como experta en duelo. La gente a veces se confunde creyendo que el saber manejar el duelo quiere decir no expresarlo o, peor aún, no sentirlo.

PROCESANDO TU DUELO
¿Han jugado las redes sociales un papel en tu duelo?

_____

Si es así, ¿qué te gusta compartir?

_____

¿De qué forma te ayuda hacerlo?

_____

TOMAR DECISIONES IMPORTANTES EL PRIMER AÑO

> La muerte de un ser amado es uno de los eventos
> más estresantes en la vida de una persona.
> KRISTENSEN *ET AL*

Esta es una de las razones por las que se ha dicho repetidas veces que durante el primer año es mejor abstenernos de tomar decisiones importantes. Si te ves en la necesidad de tomar una decisión inmediatamente después de haber perdido a tu ser amado, lo mejor es escribir en un papel las opciones y verlas de nuevo una vez que tengas tu mente más clara. Se ha dicho que cuando uno está de duelo, especialmente al principio, debemos evitar tomar decisiones de gran significación, debido a que podemos tomar decisiones equivocadas.

EL LUTO COMO EXPRESIÓN DEL DUELO

Cuando nosotros hablamos de duelo, se trata de lo que en realidad sentimos por dentro. El estar de luto es lo que expresamos a los demás. Tenemos diferentes formas de mostrar que estamos de luto y estas tienen que ver con nuestra cultura, nuestras creencias religiosas y nuestra personalidad. Manifestamos nuestro luto ya sea haciendo rituales —una misa, por ejemplo— o escribiendo en un diario, no asistiendo a fiestas, expresando cómo nos sentimos, no escuchando música o usando ropa de luto.

VESTIMENTA NEGRA

«¿Y andas todavía de negro? A ella no le gustaría verte de negro». Esa frase me la dijeron varias personas con la mejor intención ciertos meses después de haber fallecido mi mamá. En una ocasión contesté: «Bueno, a ella le gustaría verme de luto, pues ella me lo inculcó». Mi mamá creía en el luto. Cuando mi papá murió, ella le guardó tres años de luto rígido. Siendo una niña de doce años, yo guardé un año de medio luto.

El concepto de luto es algo muy personal. Hay gente que cree en llevar ropa de luto, otras no. En mi caso, era algo que iba de acuerdo con mis creencias y lo hice de corazón. Es algo innato en mí. Recuerdo muchos años atrás cuando supe que el esposo de mi mejor amiga había fallecido en un accidente aéreo; lo primero que hice fue ir a mi casa a vestirme de negro. Aunque yo vivía en Miami y ella en Nicaragua, lo hice porque lo sentí en mi alma.

Por lo tanto, el usar ropa negra es para mí una forma de expresar lo que siento y a la vez sentía que estaba honrando a mi madre. Por espacio de un año y dos meses le guardé luto, oscilando entre negro y negro y blanco. Cuando deseaba traer paz a mi alma de una forma palpable, me vestía de blanco. Luego empecé a transicionar poco a poco, usando colores suaves. No sentía en mi alma el vestir colores brillantes. Siendo el rojo mi color preferido, mi corazón no me permitía usarlo. Hasta el día de hoy, cerca de año y medio después de su fallecimiento, mi corazón no me ha pedido usar rojo y no lo he hecho. Cuando para mí sea el momento, lo haré. A mi tiempo, no porque ya pasó un año y es hora de que lo haga, como lo puede esperar la gente. Es mi duelo, y lo he vivido de acuerdo con mi compás.

PROCESANDO TU DUELO

¿Significa algo para ti el llevar ropa de luto?

_____

_____

Si hubiera un color que representara lo que siente tu corazón, ¿cuál sería?

_____

¿Qué significaría?

_____

_____

¿Cómo es tu compás en tu duelo? ¿Estás viviendo de acuerdo con él?

_____

_____

Al comentarte sobre el deseo de mi mamá de permanecer en Miami, pues deseaba que fuera a visitarla al cementerio, fue precisamente porque ella me conocía. Ella sabía que me encanta ir a los cementerios; esa es una de las primeras cosas que hago cuando voy a mi país, Nicaragua. Me gusta visitar a mi padre en el cementerio. Para mí es especial. Ella lo sabía. Entonces, quiso que yo hiciera lo mismo con ella y aquí en Miami era más fácil. He cumplido mi promesa. Todos los domingos, después de ir a misa, me detengo a comprarle flores y voy al cementerio a visitarla, pues esto simboliza un ritual para honrar su memoria. Albor Rodríguez dice que, al no estar presente nuestro ser amado, existe un «vínculo forzadamente espiritual, ese hablarle a alguien en el cementerio sin saber si te escucha» (p. 25). Estoy de acuerdo con ella, me gusta hablarle y rezarle; me llena el alma de paz y gozo interno. Mi madre murió un domingo. El significado de los domingos para mí no es triste, no es trágico. El significado del domingo es sagrado; es un día en el cual me siento aún más cerca de ella en el plano espiritual.

Una pregunta que me hacen mucho mis clientes es si deben ir al cementerio o no, a lo que les contesto que todo depende de lo que esto signifique para ellos. El valor de hacer algo es el significado que tiene para nosotros. Si eres de las personas a las cuales no les gusta ir al cementerio, no tienes por qué hacerlo; muchos de mis clientes optan por no ir. Juan Morales, un joven con distrofia muscular y que es un ejemplo de superación y transformación, compartió con nosotros, en una conversación que tuvimos en Instalive, que después de haber perdido a su padre él no visitaba el cementerio, pues donde lo sentía cerca era en una playa de Hollywood. Si ese es tu caso, haz lo que tu corazón te pida.

SACANDO LAS PERTENENCIAS. ¿CUÁNDO HACERLO?
Una pregunta que muchos de mis clientes me hacen al perder a un ser querido es cuándo deshacerse de sus pertenencias, cuándo limpiar el clóset, qué hacer con la ropa, si es bueno dejar las fotos. Los deudos se hacen muchas preguntas porque la gente opina mucho. Familiares y amigos dan consejos que no les han pedido. ¿Has sentido que la gente ha querido imponer lo que piensa que es correcto que hagas? Eso pasa muy a menudo y a veces hacen comentarios que logran hacerte sentir peor. Te recuerdo que nadie puede hacerte sentir de ninguna manera ni decirte cómo deberías vivir tu duelo. No te compares con nadie, pues cada cual tiene su historia.

Ten presente que los demás quieren ayudar de la mejor manera que conocen. Sin embargo, a veces no es la más adecuada y lo que debes evitar es tomar una decisión por presión social. Haz lo que mejor te haga sentir y cuando tu ánimo esté dispuesto. No hay un tiempo preciso para sacar las cosas y deshacerte de las pertenencias de tu ser amado. Hay gente que regala la ropa y redecora la habitación en un tiempo relativamente corto, en semanas o meses. Hay otra que guarda la ropa en el armario y deja el cuarto intacto hasta que pasan un año o dos. Cada cual tiene su estilo de procesarlo. Hay personas que se sienten cerca de su ser querido al tocar sus pertenencias o usar su ropa. En mi caso, fui sacando las cosas de mi madre poco a poco. Fue un proceso muy emotivo y a la vez sagrado. Guardé cosas que me recordaran a ella y lo demás lo repartí entre mi familia cercana. Algo que he hecho y me encanta es usar ciertas blusas de mi mamá, ¡la siento tan cerca al hacerlo!

PROCESANDO TU DUELO

¿Qué has hecho con las pertenencias de tu ser amado?

_____

_____

¿Has usado la ropa, alguna joya?

_____

_____

¿Qué me dices de las fotos?

_____

_____

¿Las has dejado o las removiste?

_____

_____

¿Qué te hizo hacerlo?

_____

_____

LAS PRIMERAS NAVIDADES, ANIVERSARIOS, CUMPLEAÑOS

Cuando se acercan fechas especiales es importante prepararte, pues van a ser diferentes. Uno se siente más sensible y la mente se llena de recuerdos. Por esta razón es bueno tener establecidas estrategias acerca de cómo vivirás esos días.

Puedes escribir con antelación de qué forma te gustaría vivir esos momentos, lo que piensas que te ayudaría y con quién te gustaría compartirlo. Puedes elaborar un ritual o simplemente pasar esa fecha desapercibida e irte al cine con una amiga. Tú eres quien tiene el derecho de vivirlo como desees. Tú eres quien decidirá qué es lo que más te ayudará. Lo que te recomiendo es que no te tome por sorpresa.

NAVIDAD

¿Qué sucede si al empezar diciembre no sientes en tu alma el espíritu de la Navidad? Viviendo en los Estados Unidos, la temporada de las festividades se inicia con el Día de Acción de Gracias, que se celebra el penúltimo jueves del mes de noviembre. Una de las estrategias a seguir es cambiar la tradición si te trae mucho dolor. Eso me hace recordar algo que dijo una señora en una charla que ofrecí en una iglesia justo antes de Navidad. Ella nos comentó que, debido a que su esposo era quien acostumbraba cocinar el pavo del Día de Acción de Gracias y nadie podía igualarlo, optaron por crear una nueva tradición. Por otro lado, puede que sigas con la misma costumbre, como hizo Jennifer, una cliente que había perdido a su esposo y que quiso mantener la tradición de celebrar de la misma manera como lo habían celebrado en familia durante tantos años. Eso llenó su alma de mucha paz. Algo que también puedes hacer, y que es una forma linda de honrar a tu ser amado, es cocinar un plato que a él o ella le gustara y, al servirlo, mencionarlo de manera especial, ya que tu ser querido va a seguir en tu corazón.

Por otro lado, muchos de mis clientes me han manifestado que quisieran poder dormirse justo antes de que empezara el Día de Acción de Gracias y despertarse el primero de enero, pues quisieran poder saltarse las festividades.

¿Te ha pasado eso a ti? Se trata de algo natural, pues estamos anticipando el dolor que experimentaremos al no tener junto a nosotros a nuestro ser amado. Y ese dolor es real. Por lo tanto, es importante tener estrategias. Es importante prepararnos. Muchas veces decimos: «Son las primeras navidades. Ya después será diferente». No tiene por qué ser así. Recuerdo a Lucía, una viuda que vino a verme y que me hizo saber que se encontraba inmensamente atribulada, puesto que la segunda Navidad después de la muerte de su esposo había sido peor que la primera y ella no podía entenderlo, pues la gente le decía: «Después de un año vas a ver que todo cambia, te vas a sentir diferente». Tenía todos esos mensajes dentro y ¿qué fue lo que sucedió? Que todos esos mensajes habían sido erróneos y, al llegar el año, se dijo: «¿Y qué me pasa? ¡Si me siento peor!». Lo que pasaba era que ella no había hecho proceso de duelo, lo había puesto de lado y había seguido funcionando. Este asunto es algo que nosotros debemos entender y validar: no es cuestión de que superaremos el dolor cuando haya pasado cierto tiempo predeterminado, al estilo de «ya pasaron tres meses, ya pasaron seis meses, un año». Esto lo comentó el padre Alberto Cutie cuando estuve en su programa *Hablando claro con el Padre Alberto*, al señalar que eso es lo que la gente dice y espera que suceda[20]. La gente espera que, al cabo de cierto tiempo, digamos tres meses, ya no duela más, y no es lo que necesariamente ocurre.

La primera Navidad que pasé sin mi mamá fue muy dura. Hablando con mi amiga Lucrecia le comentaba cómo me

---

20 https://www.youtube.com/watch?v=WcKVt8f6rqo

sentía ante la expectativa de la segunda, pues el día anterior al de Acción de Gracias me había hecho mucha falta, debido a que había coincidido con detonadores tales como un video que había generado el teléfono con fotos de mi mamá. Mi amiga me decía que, probablemente, habiendo sido el dolor tan profundo el año anterior, como yo misma decía, podía haber estado en *shock* o adormecida y no le había dado cabida a su ausencia en las festividades. Al año siguiente, ya mejor de ánimo, extrañaba el poder compartir con mi mamá esa época del año que disfrutábamos tanto juntas. Lo que pasa también es que, al llegar las segundas navidades, la realidad de la ausencia se hace más presente puesto que se percibe que será permanente.

PROCESANDO TU DUELO

¿Has creado nuevas tradiciones para las festividades o has continuado con las mismas?

_____

_____

Si has creado nuevas, descríbelas en tu diario.

_____

Si has mantenido las tradiciones, ¿de qué forma has honrado a tu ser amado?

_____

_____

Usando la máscara
Fingiendo al estar con otros

> Una reacción anormal a una situación
> anormal es el comportamiento normal.
>
> VIKTOR FRANKL

Como dolientes, muchas veces fingimos estar bien por no molestar a nuestra familia o amistades, ya que ellos posiblemente ignoran cómo nos sentimos o se esfuerzan por hacernos sentir de manera diferente. La forma en la que por lo general sucede esto es evitando hablar sobre la persona que falleció. Es como si de pronto dejara de existir en nuestro mundo o en nuestros recuerdos, tal como lo manifiesta Albor Rodríguez al referirse a su hijito Juan Sebastián —al cual acababa de perder— durante una cena familiar: «¿Por qué nadie lo nombra? ¿Acaso porque el futuro ya no lo incluye? ¿Acaso por no herirme?» (p. 53). Al contrario, algo que nos ayuda muchísimo en nuestro proceso de sanación es recordar lindos momentos con nuestro ser querido. En mi familia hemos mantenido vivo el recuerdo de mi madre. Incluso, nos produce alegría recordar las cosas simpáticas o graciosas que ella hacía, a la vez que recordar con amor su dulzura. Al pensar en nuestros seres amados, recordemos algo que nos traiga una sonrisa al rostro.

Si hemos enfrentado la muerte de un ser querido, lo natural, como nos indica Viktor Frankl, es que nuestro comportamiento se altere, no sea el mismo. Lo que sucede es que la mayoría de las veces se espera de nosotros que volvamos a estar «normales» o como éramos de una manera casi instantánea. Eso hace que en muchas ocasiones tengamos que ponernos una máscara para no entrar en una situación incómoda. Lo que sucede es que en ese caso estamos comportándonos así para complacer a otros en vez de hacerlos testigos de nuestro propio dolor e invitarlos a que sean también testigos de nuestro duelo.

Puede sucederte que tengas ganas de llorar y no puedas porque no quieres molestar a tu familia, molestar a los demás. Pueden decirte: «Siempre estás triste, siempre estás llorando». No toman en consideración que acabas de perder a tu ser querido, que probablemente te hayas dado cuenta de que nunca lo volverás a ver, ni a abrazar ni a besar. Percibes que apenas han pasado un par de meses y no te sientes con libertad de decir que extrañas a tu ser amado. La gente no quiere escuchar eso y lamentas que te nieguen el derecho de expresar que te hace falta.

Es posible que no se den cuenta de que estás experimentando un gran dolor. Esa pérdida, ese anhelo de estar al lado de tu ser querido es enorme y la gente a veces tiene dificultad para entender el hecho de que tu corazón está adolorido, de que el vacío que tienes es enorme, mientras que ellos solo quieren que sigas siendo feliz, entusiasta, motivado y alegre.

En la vida estamos supuestos a experimentar diferentes emociones, tal como dice la Biblia en el Eclesiastés (3:4): «Hay un tiempo para todo; tiempo de llorar y tiempo de reír, tiempo de lamentarse y tiempo de bailar». Por lo tanto, haz lo posible por expresar tu duelo. Si deseas llorar, llora. Si deseas gritar, grita. Si deseas golpear algo —sin hacerte daño o a los demás—, golpea una almohada. Si deseas escribir, escribe. Si lo que quieres es correr, corre, pero no lo reprimas. Intenta expresar siempre lo que sientas por dentro de una forma en que no te lastimes a ti mismo ni a los demás. Eso es lo único que te prevengo en la expresión de tu duelo: incluso teniendo derecho a estarlo y a sentir dolor, no tienes derecho a lastimar a otros.

PROCESANDO TU DUELO

¿A quién puedes expresarle libremente cómo te sientes?

_____

_____

¿Te encuentras fingiendo continuamente o puedes hacerle saber a alguien en especial cómo te sientes?

_____

_____

¿Cómo respondes cuando alguien te pregunta cómo estás?

_____

_____

¿Te es fácil compartir cómo te sientes u ocultas tus emociones reales y finges que todo está bien?

_____

_____

Yo entiendo que no a todo el mundo le diremos cómo estamos. Sin embargo, te enfatizo que es importantísimo validar cómo nos sentimos y si nosotros no empezamos por validarnos a nosotros mismos: ¿quién nos va a validar? Como decía Gandhi: «Sé el cambio que deseas ver en el mundo». Sobre todo, valida tus sentimientos ante ti mismo. Mírate frente al espejo y quítate esa máscara que a veces tienes que llevar cuando estás frente a otros que no desean conocer de tu dolor. Cuando estés solo, quítatela, mírate al espejo y pregúntate:

PROCESANDO TU DUELO

¿Cómo me siento?

_____

_____

¿Qué me hace sentir así?

_____

_____

Es momento de escoger una emoción que desees sentir y de que te preguntes:

¿Qué emoción desearía sentir en este momento?

_____

_____

¿Qué puedo hacer para sentirme de esa manera?

_____

_____

¿Qué acción puedo realizar para sentirme de esa forma?

_____

_____

¿Qué recuerdos se te vienen a la mente cuando piensas en tu ser amado?

_____

_____

¿Cuáles son los pensamientos más recurrentes y que te generan mayor dolor?

_____

_____

¿Qué sentimiento experimentas al tener esos pensamientos?

_____

_____

¿Qué pensamientos o recuerdos puedes tener para sentirte agradecido y/o en paz?

_____

_____

Factores externos que pueden influir en tu duelo

Me gustaría preguntarte si, debido a factores externos a ti, sientes que no has querido o no has podido vivir tu duelo. Eso puede suceder por diferentes situaciones que se te presenten en la vida: la sobrecarga de trabajo, una relación de pareja que está influyendo negativamente en tu proceso, una situación de salud, estar al cuidado de otra persona... Todos estos factores pueden influir e incidir en el desarrollo de un proceso de duelo a conciencia. Al respecto, te sugiero lo siguiente: evita tomar decisiones impulsivas. Tómate tu tiempo sabiendo sobre todo que los primeros meses después del duelo no es aconsejable tomar resoluciones importantes. Luego de un período, si la decisión que debes tomar es sobre algo que puedes controlar, podrás tomarla de una manera mejor y más inteligente.

A veces sucede que cuando perdemos a un ser amado muy cercano a nosotros y pasamos por una pérdida tan significativa, nos damos cuenta del gran valor de la vida. Es probable que siempre lo supiéramos, pero la pérdida refuerza esa comprensión. Eso entonces puede llevarnos a querer ser felices nosotros también. Por lo tanto, toma eso como una oportunidad para decidir qué es lo que deseas de tu vida en lo sucesivo. Ahora bien, si es algo de lo cual no tienes el control, busca formas para evitar que el entorno te influya negativamente: sepárate; busca tu espacio; protégete con tus propios pensamientos.

¡Me siento solo!
Solo, aislado, incomprendido

Pueden ocurrir también situaciones que te produzcan una sensación de aislamiento y soledad, sobre todo si los demás optan por hablar de otros temas y ni siquiera mencionan el duelo. Esto es factible que ocurra, pues mucha gente no quiere seguirte escuchando y quiere distraerte; es más, te hablarán de otras cosas. Eso puede hacerte sentir solo e incomprendido pues, en realidad, en el proceso de duelo lo que deseamos es que nombren a nuestro ser amado; queremos recordar momentos felices; queremos expresar cuánta falta nos hace; queremos hablar del cambio que sentimos, pues por lo general la muerte no solo nos afecta a nosotros, sino al resto de la familia. Esto lo manifiesta Rodríguez, al expresar que la pérdida de su hijito fue un golpe para toda su familia (2015, p. 53). Igual siento yo con la muerte de mi madre. Su ausencia está presente aun después de un año de haber fallecido, pues ella era la matriarca, la fuente de amor constante, la cabeza de nuestra familia.

Lo interesante también es que a veces nos replegamos y, aunque deseemos que nos acompañen, a lo interno nos es imposible. En nuestro duelo estamos solos. Nos pueden acompañar físicamente, pero estamos solos a lo interno, pues a veces no hay palabras que puedan expresar lo que sentimos por dentro. Recuerdo una vez que venía manejando hacia la casa y pensé: «Estoy sola en mi duelo, nadie sabe cómo me siento». En realidad, nadie tiene que saberlo a cabalidad, pues es mi experiencia. Pensé de igual manera: «Me gusta estar sola con mi duelo; no lo quiero compartir ni que me lo manoseen». Era una sensación como de deseo de proteger mi dolor, pues era algo sagrado, sublime, mi forma única y personal de expresar mi gran amor hacia mi madre. ¿Te ha sucedido?

EVITA QUEDARTE ATRAPADO EN EL DUELO

Quiero hacer una distinción aquí entre tener el derecho a llorar y permanecer atrapado en tu dolor. Se trata de dos cosas diferentes. Llorar es tu derecho, si es la manera de expresar tu duelo. Yo expreso mucho a través de las lágrimas: alegría, emoción o tristeza. Cada persona es diferente. Unas lloran, otras no. Sin embargo, si es tu forma de expresarlo, hazlo. Ahora bien, una cosa es expresar el duelo y otra quedarse en un espacio sin salida, permanecer sumido en el dolor y acrecentarlo aún más con pensamientos negativos. Es increíble cómo influye lo que pensamos en la forma como nos sentimos, pues si nos quedamos en los recuerdos, rumiando la falta que nos hace nuestro ser querido y nos mantenemos en ese espacio oscuro durante largo tiempo, ello nos va a impedir evolucionar en nuestro duelo. Abramos el corazón para darnos cuenta de que una cosa es expresar la falta que nos hace nuestro ser amado y otra cosa es no elaborar sobre ello y permitir que un pensamiento se monte sobre otro. Por ejemplo, si yo empezara con el pensamiento: «Mami, cuánta falta me haces» y luego siguiera elaborando acerca de todas las cosas que extraño hacer con ella, es probable que termine diciéndome: «Es que realmente no sé cómo voy a poder seguir viviendo sin mi mamá». Y entrar en ese espacio implica adentrarse en un espiral de pensamientos. Eso es quedarse estancado. Por favor, presta atención a lo que estás haciendo. Sumirnos en los pensamientos negativos algunas veces es natural, pues somos humanos y nos hace falta la presencia física del ser al que hemos perdido; sin embargo, si te encuentras haciéndolo de forma continua, te sugiero que hagas un esfuerzo por cambiar la perspectiva y recordar algo que sea lindo, tal como el agradecer por haberlo tenido en tu vida, por el bello amor que te brindó, por un momento especial que haya quedado grabado en tu corazón... Que eso sea lo que llene tu espíritu de paz, que eso sea lo que llene tus recuerdos. De esa forma podrás colmar de amor tu corazón. Es tu decisión el quedarte estancado en el dolor o encontrar un nuevo propósito. Si se te hace imposible hacerlo por ti mismo, puede que estés experimentando un duelo complicado, tal como mencionamos antes. A continuación, incluyo la definición de «duelo complicado». Si te identificas con ella, te sugiero que busques ayuda profesional para poder sentirte mejor.

El duelo complicado (DC) es un síndrome que afecta del 10 % al 20 % de los afligidos, con independencia de la edad, aunque proporcionalmente más si se enfrentan a la muerte de sus seres queridos en la vejez. El DC se caracteriza por síntomas preocupantes e incapacitantes que pueden persistir durante décadas, como la incapacidad para aceptar la muerte, el anhelo intenso o la evasión, ensueños frecuentes, tristeza profunda, llanto, angustia somática, retraimiento social e ideación suicida (Miller, 2012).

PROCESANDO TU DUELO

¿Qué tipo de pensamientos se te vienen a la mente al evocar tu pérdida?

_____

_____

QUEDARSE ATASCADO

El duelo puede expresarse en todos los aspectos de nuestra existencia y mantenernos en un lugar oscuro si lo permitimos, pues podemos hacer de él el centro de nuestra vida. Puede que no encontremos propósito en otra cosa y nuestros días se consuman en esa sensación de desesperanza. Cuando las personas se sienten atrapadas, la forma como lidian con su pérdida puede hacer que desarrollen algunos de estos hábitos que, en vez de ayudar, pueden incrementar el duelo:

- Abusar de alcohol o drogas
- Comer en demasía o no comer en absoluto
- Evitar hablar de la pérdida
- Dormir en exceso como una manera de escapar
- Tener arrebatos de rabia
- Ignorar el duelo
- Fingir que todo está bien.

ADAPTARSE A LA NUEVA VIDA

Al principio del duelo, durante las primeras semanas, la gente te visitará, te llamará, te enviará textos, te dejará mensajes en las redes sociales y mensajes de voz. Tus amigos estarán pendientes de cómo te sientes, te preguntarán cómo pueden ayudarte, y te harán saber que cuentas con su compañía. Después de las primeras semanas, se alejarán y deberás enfrentarte con la nueva realidad: que las amistades, y muchas veces hasta los familiares, ni siquiera te preguntarán cómo te sientes sin tu ser amado, evitarán hacerlo. Será como si la persona, al dejar de existir físicamente, hubiera dejado de existir en tu corazón. Y no lo harán para herirte: es que ya no será parte de su conversación.

Cuando esto sucede, el doliente puede caer en una gran sensación de soledad, pues puede sentir que no les importa a las demás personas. Es más, se puede preguntar cómo es posible que el mundo siga girando y la gente siga viviendo como si nada hubiera sucedido. ¿Te has sentido de esta manera? Es natural, es común. La mayoría de mis clientes han comentado sobre este sentimiento. Lo que sucede es que muchas veces tenemos demasiadas expectativas. Pensamos que la gente va a aminorar la marcha al paso nuestro y no es así. ¿Y qué pasaría si les hiciésemos saber que aún los necesitamos? Esto nos lo sugieren Raymond R. Mitsch y Lynn Brookside en su libro *Duelo por la pérdida de alguien que amas: meditaciones diarias para ayudarte a través del proceso de duelo* (1993):

Con demasiada frecuencia… nuestros amigos se acercan solo durante los primeros días después de la muerte de nuestro ser querido. Luego, gradualmente, regresan a sus vidas, la mayoría de ellos convencidos de que estamos funcionando bastante bien sin su ayuda. Es importante que nos demos permiso para pedir a las personas que satisfagan nuestra necesidad de consuelo para que sepan que esa necesidad es legítima… Tenemos que luchar contra la tendencia a pensar que, si la gente nos amara, sabría lo que necesitamos sin decírselo… Nuestro recordatorio no tiene que ser conflictivo. Podemos decirles a nuestros amigos que estamos pasando un día particularmente difícil y que estamos extrañando mucho a nuestro ser querido en ese momento. Por muy disparatado que suene, incluso podemos pedirles que nos ayuden a superar nuestro dolor. La mayoría de las personas cercanas responderán a tal recordatorio. Solo necesitan que los invitemos a lidiar con nuestro dolor. Naturalmente, todos tenemos algunos amigos o familiares con dificultades para tratar con las personas a nivel emocional. Esos no son los apropiados para recurrir a ellos en busca de consuelo. Pero la mayoría de nosotros tenemos a una persona en nuestras vidas que responderá con amor cuando le dejemos claras nuestras necesidades (pp. 16-17).

Encontré este pasaje de gran ayuda, pues es lo que podemos sentir al atravesar esos días en los cuales nos sentimos solos. Evita pensar que nadie te entiende. Confía en esa persona especial que te puede escuchar sin querer sacarte del dolor y ábrele tu corazón.

PROCESANDO TU DUELO
¿Cómo has expresado tu duelo?

_____

_____

¿Cuál ha sido el mayor desafío en tu evolución?

_____

_____

¿Cómo te has sentido al compartirlo con los demás?

_____

_____

¿Has experimentado soledad a pesar de estar con gente a tu alrededor?

_____

_____

¿Te has sentido comprendido?

_____

_____

¿Qué es lo que más te ha faltado?

_____

_____

¿Qué es lo que más te ha ayudado?

_____

_____

¿Cuál ha sido el aspecto más difícil de tu duelo?

_____

_____

¿Qué le sugerirías a alguien que está de duelo?

_____

_____

¿Qué comentarios has escuchado que te han
hecho sentir que no validan tu duelo?

_____

_____

¿Qué te gustaría haber escuchado o que
alguien hubiera hecho por ti?

_____

_____

SENSACIONES FÍSICAS QUE ES POSIBLE PERCIBIR
COMO EXPRESIÓN DEL DUELO

> [El duelo es] una vivencia multidimensional que afecta
> no solo a nuestro cuerpo físico y a nuestras emociones,
> sino también a nuestras relaciones con los demás y con
> nosotros mismos, a nuestras cogniciones, creencias y
> presuposiciones y a nuestro mundo interno existencial
> o espiritual.
>
> ALBA PAYÀS PUIGARNAU

Aparte de experimentarlo físicamente, en efecto el duelo lo
podemos expresar en todas las dimensiones, siendo la dimensión física una manifestación palpable de cómo nos sentimos
por dentro.

A lo largo de esta jornada de duelo, en especial durante los primeros meses, experimenté un frío interno, una sensación de estar congelada por dentro. Sentía que me calaba los huesos. Experimentamos muchas sensaciones físicas: frío interno, el estómago pegado al espinazo, ¿y cómo vas a poder comer si lo último que te pide tu cuerpo es comida? La gente me decía: «Tienes que comer, estás muy flaquita». En esos primeros días me obligué a comer, pues estaba consciente de que, al experimentar el duelo, uno puede hacerlo en exceso o dejar de hacerlo por completo.

Por otro lado, puedes experimentar un insaciable deseo de comer —debido al vacío que sientes por dentro—; puedes sentir mareos, migrañas, náuseas, se te puede acelerar el pulso o subir la presión. Puedes expresar muchas cosas físicamente. Recordemos la conexión mente-cuerpo-espíritu. Te puede doler el cuerpo y sentir extremo cansancio.

Todo eso y más puede sucederte a nivel físico. Te sugiero que documentes —ya sea en un cuaderno o en tu diario— cualquier síntoma físico que experimentes y si sucede de forma reiterada.

A continuación, comparto contigo una serie de manifestaciones físicas que son comunes al experimentar la pérdida de nuestro ser amado:

- Dolor de cabeza
- Fatiga
- Debilidad
- Dolor en el cuerpo
- Opresión en el pecho
- Hiperventilación

- Dolor de estómago
- Dolor en el corazón
- Náusea
- Mareo
- Pérdida de apetito
- Apetito insaciable
- Insomnio
- Sueño en exceso.

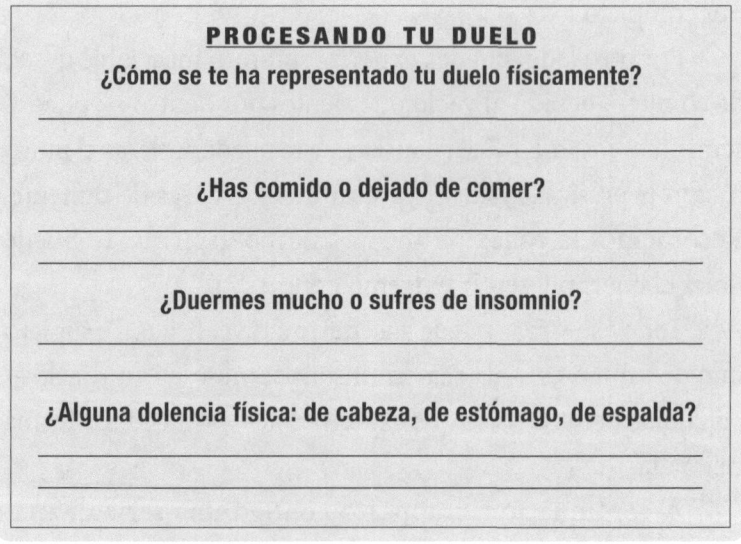

PROCESANDO TU DUELO
¿Cómo se te ha representado tu duelo físicamente?

_____

_____

¿Has comido o dejado de comer?

_____

_____

¿Duermes mucho o sufres de insomnio?

_____

_____

¿Alguna dolencia física: de cabeza, de estómago, de espalda?

_____

_____

IMPORTANTE
Si tienes una dolencia física, consulta siempre
con tu médico antes de asumir que es debido al duelo.

> Necesitamos saber cómo nos sentimos. Reconocer conscientemente nuestros sentimientos sirve como un «termostato emocional» que recalibra nuestra toma de decisiones. No es que no podamos estar ansiosos, es que necesitamos reconocernos a nosotros mismos que lo estamos.
>
> NOREENA HERTZ

Al estar de duelo experimentamos una serie de emociones aparte de la tristeza. Podemos sentir culpa, rabia, miedo o ansiedad. Estas son solo algunas emociones de las tantas que podemos sentir y a veces pueden ser difíciles de aceptar; sin embargo, son muy comunes al estar de duelo. A este respecto nos comenta Chip, padre de Katie: «La forma como he expresado mi dolor ha sido sintiendo rabia, depresión, lágrimas y aislamiento, autoculpa. Todo pasó a través de mí durante mucho tiempo en un momento dado como una montaña rusa titulada Miedo».

Es fundamental reconocer todas las emociones vinculadas con nuestro duelo pues, según nos dice Steve Case: «Incluso si comienzas a fingir que no sientes nada, incluso si te desconectas del mundo que te rodea y apagas esos sentimientos, en algún momento tendrás nuevamente que abordar tus emociones enterradas» (2020, p. 3).

En la siguiente sección exploraremos cómo lidiar con cada una de esas emociones. Te sugiero que reconozcas todas las que experimentas y las proceses; es lo que yo hago y lo que les sugiero a mis clientes que hagan a través de diferentes técnicas o actividades.

Explorando el sentimiento de culpa

[La culpa es] una reacción emocional de arrepentimiento en el duelo, con el reconocimiento de no haber estado a la altura de los propios estándares y expectativas internas en relación con el difunto y/o la muerte.

JIE LI, MARGARET STROEBE,
CECILIA L. W. CHAN Y AMY Y. M. CHOW

En todos los años que tengo de trabajar en este campo de ayuda al doliente, este es el sentimiento que más he escuchado que padece: el sentimiento de culpabilidad. Por ser una emoción tan predominante en el duelo, decidí empezar con ella.

¿Qué sucede con este sentimiento? ¿Qué nos hace sentir culpa?

Encontré esta definición en el blog DK Salud, que muestra cómo nuestras creencias pueden generar esa sensación de culpa: «Es la acción u omisión que provoca un sentimiento de responsabilidad por un daño causado. Hay que creer que uno ha hecho u omitido hacer algo y que ha causado un daño y esa creencia genera el sentimiento».

Fíjate en la palabra «creer», puesto que podemos sentirnos culpables si no hicimos algo que pensamos que nuestro ser amado habría querido o necesitado; si hicimos algo que le pudo haber dolido, o si hicimos algo que no fue la mejor decisión en ese momento, como nos lo señala Armando[21]:

---

21 Ver su historia completa en el apéndice de este libro.

Mi dolor no se basa en su muerte, sino en no haber hecho lo suficiente por ella o en haber tomado las decisiones equivocadas durante sus últimos días. En ese momento creía que iba a mejorar como solía hacerlo en otras situaciones médicas... El mayor desafío en mi duelo ha sido aceptar que no hay manera de que pueda corregir lo que hice mal o dejé de hacer.

Presta atención a si no estarás haciendo la situación aún más dolorosa al basarte en creencias de este tipo. Además, quiero recordarte que, cuando nosotros tomamos una decisión en cualquier momento, pensamos que es la mejor entre todas las opciones. Sin embargo, esa sensación de sentir que dejamos de hacer cosas nos puede doler en el alma.

Lo que nos importa en referencia a lo que decimos o lo que hacemos es la intención. Si tienes culpa, recuerda: antes de una acción existe una intención. ¿Era tu intención hacerle daño a tu ser amado? A veces herimos intencionalmente cuando estamos lastimados. Si ese fue el caso, recuerda que somos humanos y, como tales, cometemos errores. Haz una lista de todo lo que hiciste por tu ser querido y, si hay cosas que sientes que no hiciste o dijiste, haz una lista también de ellas e inclúyelas en una carta, ya sea dirigida a ti mismo, perdonándote, o dirigida a tu ser amado, pidiendo perdón. También puedes perdonarlo por algo que te dolió y a lo mejor guardas en el alma. Recuerda que no somos perfectos; somos humanos y cometemos errores, esta es tu oportunidad para perdonar o perdonarte. Es hermoso comprendernos. Es muy profundo y valioso poder soltar esa carga y perdonarnos por cualquier cosa que pudiéramos haberle dicho o haber hecho, recordando que el perdón es una elección y a la vez es un proceso.

¿Por qué? Porque la compasión empieza con uno mismo. Eso es ser autocompasivo.

Recuerda, de nuevo, que eres humano y, si piensas que tu forma de actuar no fue la mejor, perdónate y, al perdonarte, enfócate en todo aquello que sí hiciste y que le dio felicidad a tu ser amado.

PROCESANDO TU DUELO
¿Te sientes culpable por algo?

Escribe: me siento culpable por:

¿Qué te hace sentir culpable?

CUANDO HABLAMOS DE CULPA, QUEREMOS SABER QUÉ ES LA CULPA

La culpa es la emoción que sentimos cuando pensamos que hicimos algo que no es correcto o que dijimos algo que no está ajustado a ciertos cánones. La culpa es una emoción común, humana, y es importante validarla. Al crecer, los seres humanos vamos recibiendo mensajes que se van convirtiendo en cánones con los cuales medir qué nos puede hacer sentir culpables y qué no. Son parámetros por los cuales nos regimos. Si nosotros actuamos o dijimos algo que no estaba de acuerdo con esos parámetros, podemos sentirnos culpables. Lo importante es ver qué es lo que te genera la culpa. En ese sentido, evita preguntarte: «¿Por qué?». Di mejor: «¿Qué me hace sentir culpable?».

Puedes haber dicho que no a algo que te pidió tu ser amado; eso nos hace sentir culpables a muchos. Recordemos que a veces hacemos o decimos cosas que no son hechas o dichas en la mejor forma: hablaste de mala forma y entonces te sientes culpable. A lo mejor es una culpa infundada y te estás recriminando, juzgando, autocriticando: «Traté de ayudarla, pero no tener un diagnóstico preciso hizo que fuera más difícil entender su dolor. Este es mi mayor arrepentimiento. Me pregunto a mí misma: "¿Hice lo suficiente?". La palabra SUFICIENTE me persigue todos los días...»[22].

Es muy importante darte cuenta de qué es lo que te hace sentir culpable, si es algo que está en tu cabeza o si es algo real. Esa emoción es fuerte, pesada y nos puede mantener estancados en un mismo lugar. A veces decimos: «Si hubiera hecho esto, si no lo hubiera hecho; si lo hubiera llevado, si no lo hubiera llevado...». Todos los «si hubiera» nos crecen dentro y, entonces, en vez de enfocarnos en las cosas lindas que hicimos, nos enfocamos en las que no hicimos.

Esto lo sentimos muy profundamente al experimentar el duelo, como nos lo señala María[23], una madre que perdió a su hijo debido al suicidio:

---

22 Maggie, madre en duelo. Ver su historia completa en el apéndice de este libro.
23 Ver su historia completa en el apéndice de este libro.

Son muchos los desafíos que he enfrentado y sigo enfrentando luego del suicidio de mi hijo. El mayor reto que he experimentado ha sido el sentir que de múltiples formas aboné el terreno para que mi amado hijo tomara esa decisión. Que no estuve suficiente tiempo con él, que no le dediqué lo suficiente, que no lo entendí lo suficiente, que no lo apoyé lo suficiente, que debí haber previsto que se iba a suicidar, que lo estaba pasando mal... que debí saberlo... aunque no viviésemos en el mismo país... y una larga lista de «que no...», «si hubiera...» y «debí...».

No ignores la culpa, pues la estás cargando. A veces en nuestra mente creamos una culpa que es infundada. A veces aflora debido a disparadores que la detonan.

Haz una lista de todos esos «y si hubiera», salte de la película y míralos de una forma objetiva. ¿Qué tal si los cambias por lo que sí hiciste?

Si has tenido responsabilidad, asúmela, suelta y observa qué puedes aprender de eso, ya sea para enmendarlo o para no volverlo a hacer.

Mira lo que me sucedió a mí el 11 de noviembre de 2020, aproximadamente a los seis meses de haber muerto mi mamá. Ese sería el primer aniversario de mi papá en el que ella no estaría. Me dolía mucho que mi mamá no estuviera conmigo para ir a misa. Entonces se me ocurrió, en primer lugar, validar mi emoción, el sentirme tan triste; lo procesé, lo escribí y lo solté.

Como quería cambiar la emoción, me acordé de que una prima me había hablado de un lindo lugar, Christmas Palace, que existe en Miami, Florida. Pensé en eso, pues me encanta la

Navidad, al igual que a mi mamá. Quería entrar en la magia de esa festividad para cambiar la emoción. En efecto, disfruté muchísimo viendo todos los adornos y me envolví en el ambiente. Al cabo de un rato me fui, pues había ido solo para distraerme. Al salir de allí, ¿adivina qué pensé?: «A mi mami le habría fascinado venir» y empecé a decirme: «¿Cómo no la traje a este lugar?». ¡Es impresionante cómo es nuestra mente! Debido a que notar los pensamientos forma parte de mi entrenamiento profesional, me observé y me di cuenta de lo que estaba haciendo.

Estaba pensando que no la había llevado y me estaba empezando a sentir culpable. Paré de súbito y me dije: «Ligia, vos ni siquiera sabías que existía este sitio; ¿cómo ibas a traerla?». Entonces, de inmediato me senté en el auto a hacer la lista de todos los lugares a los cuales la había llevado para disfrutar los tiempos navideños. Comparto esto contigo pues te puede pasar, y lo que te sugiero es que te observes, que percibas los disparadores, los proceses y te enfoques en lo que sí hiciste.

Otra cosa que nos puede hacer sentir culpables tiene que ver con decisiones que se tomaron o no se tomaron. Uno puede decir: «Si hubiera ido donde otro doctor»; «Si hubiera viajado como le había prometido y no lo hice», o «No estuve ahí».

Recordemos que no tenemos la bolita mágica para ver qué es lo que va a pasar. En determinados momentos, tomamos la decisión que pensamos es la mejor y utilizamos las herramientas que tenemos en nuestras manos para tomarla. Si no fue la adecuada, recordemos que somos humanos y tengamos autocompasión.

Ahí es donde te invito a que te tomes un momento y reflexiones.

NOTA:

VERBALIZA LA SIGUIENTE AFIRMACIÓN:

«Hoy dejo ir la culpa que embarga mi corazón y la reemplazo
por el amor que siento por... (tu ser querido)».

LA RABIA COMO REACCIÓN ANTE EL DUELO

> Recuerda que a menudo puedes hacer muy poco
> para alterar las pérdidas de la vida, pero puedes
> adaptarte a cosas más allá de tu control, moverte
> a través de tu rabia y encontrar un lugar en tu
> corazón donde el duelo y la paz puedan coexistir.
>
> LES PARROTT

La rabia es una emoción natural y muchas veces se manifiesta
en el proceso de duelo. Aunque a veces nos parezca imposible
de aceptar, podemos llegar a experimentar rabia hacia los
doctores que no pudieron salvar a nuestro ser querido; hacia

familiares que no estuvieron presentes a la hora de la muerte; hacia nuestro ser amado, por habernos dejado; o hasta hacia Dios, que nos lo arrebató. Incluso, no te sorprendas si te haces preguntas tales como: «¿Por qué me pasó esto a mí?». A pesar de no ser una emoción aceptada en nuestra sociedad —como nos lo recuerda Devine (2017)—, no reprimas la rabia; al contrario, encuentra una forma sana de expresarla. Dependerá mucho de cómo la manejes el que puedas evitar que te dañe, ya sea al reprimirla o al expresarla de forma destructiva.

NOTA:

Algo que ha demostrado ayudar mucho es lo siguiente: aparte de hablar con una amistad o con un profesional que te escuche sin juzgar sobre lo que te hace sentir rabia, escribe en un papel todo lo que te genera esa emoción y luego rómpelo. Es más, si te es posible, quémalo.

Adicionalmente, se ha comprobado que algo que ayuda muchísimo es canalizar la energía de la rabia, como nos lo dice el experto en comportamiento organizacional R. David Lebel, quien ha ganado premios por sus estudios de investigación sobre el miedo y la rabia. De acuerdo con Lebel (2016), la idea no es suprimir la energía, pues nos deja exhaustos, sino redirigirla, y una manera efectiva de hacerlo es a través del ejercicio. La psicóloga Brett Ford, quien se ha especializado en las emociones, nos comenta que la rabia o la ira se pueden movilizar al activarse de manera fisiológica (Robson, 2020). En otras palabras, puedes soltar toda esa energía que sientes por dentro haciendo un tipo de ejercicio o de deporte.

El hecho de salir a caminar de forma rápida, de correr, si puedes, o incluso de ponerte unos guantes de boxeo y descargar toda tu rabia golpeando el saco puede ayudarte a drenar toda esa emoción.

Cuando ofrezco el taller sobre los 11 Principios de Transformación®, una actividad que me gusta hacer con mi grupo, para soltar emociones que nos perturban, es escribir todo y luego depositarlo en una trituradora de papel. Es impresionante la sensación de liberación que dicha actividad causa en muchas personas.

Por otro lado, puedes golpear una almohada o gritar en tu carro o en la ducha. Algo que te recomiendo es prestarle atención a tu rabia y notar si no estará encubriendo otra emoción tal como el miedo, lo cual es muy común. Como nos comenta Les Parrott, la rabia puede darnos ciertas señales: «La rabia constante, de hecho, podría significar que no nos estamos dando permiso para absorber nuestra pérdida y estar totalmente de duelo»[24].

¿Qué me dices del miedo?

En su conocida memoria, *Un duelo observado*, que C. S. Lewis escribió después de la muerte de su esposa, Joy Davidman, este describe el duelo de la siguiente manera: «Nadie me dijo que el duelo sería tan parecido al miedo. No tengo miedo, pero la sensación es como de tener miedo. El mismo aleteo en el estómago, la misma inquietud» (p. 3).

Este libro es un clásico en el tema del duelo y lo descubrí cuando tomé mi primera clase sobre la muerte en la Universidad

---

24 Tomado del folleto «Lidiar con la rabia que viene con el duelo», en inglés: «Dealing with the Anger that comes with Grief».

de Miami. Es un libro pequeño y, sin embargo, altamente profundo, que reflexiona sobre el tema del sufrimiento que experimentamos al extrañar a nuestro ser amado y la relación con Dios al enfrentar la pérdida.

AL EXPERIMENTAR ANSIEDAD

> Es comprensible que la muerte nos ponga ansiosos. Experimentamos ansiedad después de una pérdida porque perder a alguien que amamos nos empuja a un lugar vulnerable.
>
> CLAIRE BIDWELL SMITH

La ansiedad es una emoción muy común en nuestra sociedad. De acuerdo con la Asociación contra la Ansiedad y la Depresión en América[25], en los Estados Unidos los trastornos de ansiedad afectan a cuarenta millones de adultos mayores de dieciocho años. Esto representa representa, al año, el 18,1 % de la población. La ansiedad se origina cuando sentimos miedo de algo que puede pasar, ya sea real o imaginario. De nuevo, deseo que le prestes atención a la posibilidad de que ese algo que podría ocurrir sea imaginario, pues todo depende de nuestra percepción, ya que nuestros pensamientos influyen muchísimo en nuestra ansiedad, por estar basados en el miedo. Esto, a la vez, nos produce una sensación de agitación o de que algo va a pasar (Bidwell Smith, 2018).

Puedes preguntarte: «¿Cómo puede esto estar ligado al duelo?». Lo que sucede es que, al reprimir los miedos u otras emociones creadas por la pérdida de nuestro ser amado, estos

---

25 Anxiety & Depression Association of America, ADAA por sus siglas en inglés.

se manifiestan en el cuerpo, ocasionando los múltiples síntomas de un ataque de ansiedad o pánico. Muchas veces la persona carga con esas emociones reprimidas durante años, hasta que logra procesar todo el duelo que ha llevado dentro. Al tiempo que se procesa el duelo congelado, el tema de la ansiedad puede irse aminorando.

Algunos de estos síntomas son los siguientes:

- Falta de aire
- Mareo
- Náuseas
- Frío o calor
- Respiración o pulso rápido.

¿Qué hacer al respecto? Smith (2018) nos recomienda, en primer lugar, normalizar las emociones y notar cómo nuestros pensamientos han ocasionado la forma como nos sentimos y actuamos. Si nos sentimos tristes, lloramos; si sentimos miedo al darnos cuenta de que perdimos a nuestro ser amado, dicha emoción se manifiesta en el cuerpo. El darnos cuenta de que hemos perdido a nuestro ser querido puede ocurrir después, ya que al principio se puede dar un estado de *shock* y la persona puede ir procesando, solo con el tiempo, la realidad de lo que ha sucedido. Todo esto puede provocar, eventualmente, sensaciones de miedo, de angustia, de ansiedad.

Podemos sumirnos en un duelo profundo, en una tristeza inmensa… Todo tiene que ver con el modo como manejemos la emoción que se nos presenta, porque esta se originó en el pensamiento, y si seguimos elaborando los pensamientos que tienen que ver con esa emoción, esta crecerá. Por suerte, eso es algo de lo que nosotros podemos darnos cuenta, y la única forma como podemos manejar esto es observándonos a nosotros mismos.

Nuestras emociones son tan solo una señal de lo que estamos pensando. Si les prestas atención a tus pensamientos, te darás cuenta de la relación directa que tienen con la forma en que te estás sintiendo. ¿No te gusta lo que sientes? Cambia tus pensamientos... Recuerda: tú tienes la habilidad de elegir. Elige ser feliz. Elige ser agradecido. Elige perdonar. Elige amar. En este momento puedes tomar una decisión consciente, como me lo dijo Carlos, un cliente que perdió a un ser amado y se dio cuenta de que lo que lo había ayudado en su duelo había sido decidir conscientemente en qué pensar y, por consiguiente, en cómo actuar. Si decides cómo deseas sentirte, podrás moverte del dolor al amor, de la oscuridad a la luz, del sufrimiento a la paz.

Reconoce y valida cada una de tus emociones

> La autenticidad es la práctica diaria de dejar ir lo que pensamos que se supone que somos y aceptar lo que somos.
>
> Brené Brown

Brené Brown, la conocida investigadora sobre vulnerabilidad y vergüenza, nos hace ver cómo nos acostumbramos a adormecer el dolor con solo sentir que se avecina. Lo que pasa, nos dice Brown:

> Para muchos de nosotros, la primera respuesta es no apoyarnos en la incomodidad ni experimentar lo que sentimos, sino hacer que desaparezca. Lo hacemos adormeciendo el dolor con

lo que proporciona el alivio más rápido. Podemos eliminar el dolor emocional con un montón de cosas, incluyendo alcohol, drogas, comida, sexo, relaciones, dinero, trabajo, cuidado, juegos de azar, asuntos, religión, caos, compras, planificación, perfeccionismo, cambio constante e Internet (p. 63).

Cuatro pasos para procesar una emoción que te perturba

Cada vez que experimentes una emoción que pueda perturbarte, tal como la rabia, el miedo, la culpa, te sugiero estos cuatro pasos que te ayudarán a conectar con ella y lograr procesarla:

Reconoce: El reconocer la emoción que estás sintiendo es el primer paso para poder procesarla. A veces nos cuesta nombrar la emoción. Ten paciencia. Mientras más lo hagas, más fácil se te dará.

Valida tu emoción: Inmediatamente, valida lo que te hace sentir así con la siguiente pregunta: «¿Qué me hace sentir así?». Evita preguntarte: «¿Por qué me siento así?».

Al preguntar «¿Qué me hace...?», estarás ahondando en tu sentir. Esto me recuerda a una trabajadora social que asistió a uno de los seminarios que impartí para el PESI[26] sobre la transformación del duelo. Al preguntarle al grupo de profesionales de salud mental cuál pensaban que era la diferencia entre «¿por qué me siento así?» y «¿qué me hace sentirme así?», ella respondió que la segunda pregunta era como estar excavando en busca de la respuesta.

Procesa: Una vez que te has dado cuenta de qué es lo que te hace sentir ansioso, entonces busca una forma de procesarlo, ya

---

26 Professional Education Systems Institute, por sus siglas en inglés.

sea aplicando respiración, escribiendo en un diario, hablando con alguien o simplemente grabándote en tu teléfono inteligente, ya que todos tienen para grabar mensajes de voz. **Suelta:** Al procesar la emoción que te perturba, vas a evitar reprimirla o ignorarla. Vas, entonces, a lograr soltarla y a enfocarte en la emoción que deseas sentir en su lugar.

Para esto, pensarás en un lindo recuerdo o en algo que harás para honrar a tu ser amado. Eso te hará experimentar una emoción positiva, ya sea amor o paz, y entonces actuarás de acuerdo con ella. Pon tu empeño en practicar esta técnica. A muchas personas las ha ayudado con su duelo —incluyéndome a mí—. Date la oportunidad.

PROCESANDO TU DUELO
Reconoce tu emoción: «En este momento me siento…».

_____

_____

Valídala: «¿Qué me hace sentir así?».

_____

_____

Procésala: Escribe en tu diario, redacta una carta, habla con alguien que sepa escucharte.

_____

_____

Suéltala: Déjala ir y enfócate en otra emoción que te haga sentir diferente.

_____

_____

LOS CAMBIOS A NIVEL SOCIAL. ¿TE SIENTES FUERA DE LUGAR Y QUE NADIE TE COMPRENDE? DESAFÍOS QUE ENFRENTAN LAS PERSONAS PARA NAVEGAR TU DUELO CONTIGO

Esto incluye desde familiares, amistades, colegas, personas del supermercado, meseros, grupos de la iglesia, hasta cualquier persona que se dé cuenta de que perdiste a un ser querido; más aún si lo conocían y te preguntan por él. Es una situación muy delicada, para ellos y para ti. Recuerdo una vez que, en el supermercado, alguien me preguntó por mi mamá, pues me encantaba llevarla en su silla de ruedas. Al decirle que había fallecido, se quedó sin habla. Simplemente no saben qué hacer o qué decir, pues nadie nos educa en este tema.

Recuerdo cuando impartía el seminario para profesionales de salud mental del cual te hablé más arriba. Siempre les pedía que levantaran la mano si habían tenido alguna educación formal sobre el duelo o la muerte. Empezábamos desde primaria hasta llegar a los estudios de posgrado. Muy pocas personas habían tenido educación en la escuela. Solo se hablaba de eso si algún compañero o maestra fallecía. En la casa, por supuesto, era un tema tabú. Al cursar los estudios superiores correspondientes a su profesión, no todos habían tomado cursos avanzados sobre estos importantes temas.

Ahora imagínate las personas comunes y corrientes: no tienen ni idea de cómo manejar esta situación. Por eso, abramos nuestro corazón y comprendamos que ellos también tienen su historia. A veces, nuestra historia les puede recordar algo del pasado que nunca procesaron y que les causa aflicción; se sienten incompetentes para ayudar o simplemente no desean revivir su dolor. Por otro lado, nuestro duelo puede sentirse entre nuestros familiares y amistades. Es importante prestar atención, como nos lo sugiere Oralí[27]: «Hay que tener paciencia con uno mismo y los que están a nuestro alrededor; ellos lo tienen que tener también con nosotros, y debemos comprender que, cuando se afecta la familia, cada quien lo elabora de forma diferente; por lo tanto, el respeto y la comprensión son fundamentales durante el proceso».

LOS AMIGOS DESAPARECEN O SE MANTIENEN PRESENTES

Lo primero que deseo pedirte es que pongas tus expectativas de lado. No supongas que todos tus amigos estarán a tu lado cuando los necesites, sabrán qué decir o te entenderán. Hay tres tipos de amigos: los que son incondicionales, que a pesar de lo que les duela verte así, estarán allí para ti y te harán sentir su apoyo. Hay otros amigos que están también presentes; sin embargo, tienen comentarios que no ayudan mucho o esperan que te comportes como ellos te sugieren —con buena intención, pues desean ayudarte y moverte del espacio del dolor—. Por último, está el tercer tipo de amistades, que simplemente se desaparecen. Es mucho para ellos, pues quieren a la «otra persona», la que eras antes de la pérdida.

A veces lo que nos duele es que el amigo con el que pensábamos que podríamos contar sea una de las amistades que desaparecieron y nos sentimos decepcionados. Tengamos presente que muchas veces actúan así por el dolor que les causa verte afligido o porque no pueden enfrentar la muerte. Comprendamos que esto no es personal necesariamente; puede estar más basado en su historia que en la tuya, pues lo que sucede, como nos indica Bonanno (2019), es que cuando vemos

---

27 Ver su historia completa en el apéndice de este libro.

a alguien triste tendemos a sentirnos tristes también. Entonces, a lo mejor ese amigo que no te ha visitado desea evitar sentirse así. Es casi un mecanismo de defensa. A veces, con el tiempo, es posible reconectar y hablar de lo difícil que fue para ambos la experiencia de tu pérdida.

Como mencionamos antes, en algunas ocasiones —y sucede más de lo que quisiéramos—, al estar de duelo perdemos amistades porque se aíslan, ya que muchas veces no saben cómo responder y no saben qué decirte. Es más, puede que sea mucho para ellos, pues les recuerda algo de su propia historia y se quedan en ella. También puede ser que simplemente no tengan la sensibilidad de acompañar a alguien cuando está atravesando tan importante desafío, cuando no se siente bien. A pesar de que esto puede suceder, recuerda que también hay amistades que están ahí. Hay amigos con los cuales siempre contaremos, que nos darán su ayuda y que propiciarán el espacio para escucharnos y brindarnos su apoyo.

¿Te aíslas o buscas compañía? No somos una isla

Recuerda que procesar el duelo toma tiempo. De la misma forma como no puedes apresurar el crecimiento de una planta en un pote de barro, tampoco puedes apresurar el proceso del duelo. Hazte el propósito de compartir con otros, como lo sugiero en mi quinto principio: *Comparte con otros, puesto que no eres una isla.*

Para Mayra Elena[28], el compartir fue de gran valor al procesar el duelo por su hijo Yasser Hernán: «He tenido la oportunidad de descubrir que una de las formas, porque no

---

28 Ver su historia completa en el apéndice de este libro.

hay una manera perfecta de procesar el duelo, es compartir con otros lo que estamos sintiendo y pensando, mientras caminamos a ciegas tratando de encontrar luz en el pozo oscuro que es el dolor».

No te guardes los sentimientos, habla de cómo te sientes, comparte historias de tu ser querido, planea actividades tales como salir a caminar con alguien, ver series en la televisión con algún familiar o amigo, jugar a las cartas o simplemente conversar en el sofá. Incluso puedes compartir, con una amiga o amigo, las cosas que te suceden, pues una de las situaciones en las que extrañamos mucho a nuestro ser amado es cuando deseamos compartir algo con ellos. Deseamos llegar a la casa o llamarlos por teléfono para contarles cualquier cosa y nos damos cuenta, una vez más, de que no están. Este proceso de ir cayendo en cuenta de los pequeños detalles es a veces más doloroso que un gran acontecimiento o una fecha señalada; por lo tanto, lo que debes evitar es caer en el aislamiento, como nos lo recomienda Stanley Kissel (PhD): «Lo que importa es que no te quedes sentado solo en la casa mirando la televisión. Invertir tu energía en el trabajo, en algún pasatiempo o en una nueva carrera son maneras alternativas de lidiar con el duelo, seguir hacia adelante y volver al vaivén de la vida»[29].

Sentido e importancia de los grupos de apoyo
Algo de gran valor para muchas personas son los grupos de apoyo, ya que nos pueden ayudar a sentirnos comprendidos y acompañados. Si no cuentas con alguien en quien puedas confiar, puedes unirte a un grupo de apoyo en el luto. Estos

---

29 https://nationalwidowers.org/helping-a-friend-who-is-grieving/

grupos ayudan mucho, ya que las personas que asisten están compartiendo un dolor común: la pérdida de un ser querido. Y aunque al principio te puede resultar difícil compartir tus sentimientos o experiencias con personas extrañas, te darás cuenta de que tienen un gran valor. Ahora bien, ha habido ocasiones en las cuales algunos clientes me han comentado que no se sienten a gusto asistiendo a grupos de apoyo. Todo depende de ti, pues cada persona es diferente. Lo único que te sugiero es que te des la oportunidad y pruebes. A veces puede ser que el facilitador no te toque el alma, o que encuentres muy frío el lugar donde se reúnen. Si participas virtualmente, a lo mejor no sentirás conexión con los demás. Cualquiera de estas situaciones se te puede presentar. Sin embargo, si es algo que sientes que te puede ayudar, continúa buscando hasta que des con uno en el cual te encuentres cómodo y comprendido.

Entre las principales razones por las cuales a muchas personas les gusta pertenecer a grupos de apoyo está el hecho de que pueden compartir sus sentimientos, escuchar cómo se sienten los demás y darse cuenta de que muchas otras personas pueden pensar y sentir de forma similar. Ten presente que el pertenecer a un grupo de apoyo tiene el objetivo de ir procesando, compartiendo y viviendo tu duelo sin quedarte estancado. Que el grupo de apoyo no sea un lugar de queja semanal pues, como dice Smith (2004): «Hay grupos, por desgracia, que fomentan una mentalidad de "pobrecitos nosotros", al centrarse en el pasado en vez de en el futuro (2004, p. 191)». Lo que debes buscar es lo contrario: que el apoyo y el sentimiento de los otros te ayuden a salir del lugar oscuro en el cual te encuentras. Busca qué tipos de grupos existen, ya sea virtuales o en persona. Espero que, al leer este párrafo, ya los grupos presenciales estén nuevamente disponibles de manera regular.

PROCESANDO TU DUELO

¿Cuentas con el apoyo de personas cercanas a ti?

_____

_____

¿Qué tipo de apoyo recibes?

_____

_____

¿Perteneces a algún grupo de apoyo?

_____

_____

NUESTRO SER ESPIRITUAL Y CÓMO EXPRESA EL DUELO

> Muchas personas que sufren pérdidas recurrirán a su sistema de creencias en busca de ayuda con los rituales relacionados con la muerte, apoyo para la oración, consuelo y consejos para colocar la pérdida dentro de un contexto espiritual mayor.
>
> J. SHEP JEFFREYS

Noreena Hertz, en la sección de las emociones, nos habla sobre el termostato emocional, o sea, estar conscientes de lo que estamos sintiendo, y esto me recuerda el termómetro espiritual que menciona mi gran amigo, el reverendo doctor Dale Alan Young, en su libro *Cómo tomar la temperatura espiritual* (2021), el cual es una autoevaluación de nuestra espiritualidad en diferentes dimensiones de la vida.

Conectando con tu espiritualidad

La búsqueda espiritual en la que nos
estamos embarcando es una empresa rara y
preciosa, así que sé gentil pero perseverante
ante cualquier dificultad inicial.

JOSEPH GOLDSTEIN

Al conectar con nuestra dimensión espiritual cuando procesamos el duelo, estamos entrando en un terreno profundo, pues nos vinculamos con nuestra esencia. Ten presente que podemos fortalecernos emocionalmente y lidiar con nuestra pérdida de una manera sublime a nivel espiritual. Nuestra espiritualidad es esencial y podemos relacionarnos con lo que consideramos que nos llena internamente, ya sea conectarnos con Dios, con el universo, con la naturaleza o con el legado que deseamos dejar.

Durante el duelo, esta dimensión se hace muy presente, ya que nos empuja a penetrar en las profundidades de nuestro ser al hacernos preguntas existenciales tales como:

¿Qué es la vida?

¿Qué significa la muerte?

¿Por qué suceden tragedias?

¿Dónde está Dios?

Al perder a un ser amado, nuestra espiritualidad se puede poner a flor de piel y puede volvernos más perceptivos, más intuitivos, más abiertos a otras realidades. Al profundizar en nuestra espiritualidad, me gusta ahondar en dos grandes temas: el perdón y el agradecimiento. Los llamo «herramientas espirituales», y son parte de mi tercer principio: *Desarrolla tu dimensión espiritual*.

Abriendo el corazón al perdón

> El perdón cae como lluvia suave desde el cielo a la tierra. Es dos veces bendito: bendice al que lo da y al que lo recibe.
>
> William Shakespeare

El perdón es un elemento esencial de nuestra espiritualidad y es uno de los actos más sublimes que podemos llegar a efectuar, por otros y por nosotros mismos. Al perdonar podemos encontrar paz y a la vez liberarnos de esa carga que sin darnos cuenta llevamos en nuestra alma: «Perdonar es simplemente un acto consciente que nos libera a todos, y tan solo con la firme intención de perdonar —sin sentirlo aún en nuestro interior—, poco a poco esa intención se convierte en una hermosa verdad que llena de amor y luz nuestro corazón»[1].

Cuando perdonamos estamos tomando la decisión de perdonar, de dejar ir sentimientos que nos dolieron pero que no nos benefician. A veces nos es difícil perdonar de inmediato y guardamos cierto resentimiento; puede que tome algún tiempo. Lo que le dará descanso a tu alma es haber resuelto

---

1 María, madre en duelo.

soltar cosas del pasado. Mientras más nos envolvamos en el trabajo de duelo, más capaces seremos de reconocer diferentes emociones —tales como la culpa y la rabia—, de aceptarlas y procesarlas.

Lo más importante es que estés claro en cuál fue tu intención. Si fue que estabas enojado y que de alguna manera produjiste un daño intencional, para limpiar tu alma te sugiero de corazón que escribas dos cartas: en primer lugar, escríbele una carta a tu ser amado pidiéndole perdón y recordando tu calidad humana. Si tienes la oportunidad de ir al cementerio, puedes también hablarle ahí, expresarle cómo te sientes y pedirle perdón. Puedes hacerlo como un ritual. Al redactar la carta, luego de escribir todo lo que sientes, rómpela y luego quémala diciendo estas palabras: «Al soltar todo esto, limpio mi alma y abro mi corazón a la paz».

La otra carta escríbela a la persona —incluyéndote a ti misma— o institución contra la que puedas sentir rabia. Puede ayudarte a limpiar tu alma. Eso me recuerda cuando impartía las clases de meditación en mi centro, antes de la pandemia. Eran unas clases semanales en las cuales meditábamos sobre diferentes temas: el agradecimiento, la espiritualidad, la unión con el ser amado, el perdón, entre otros. La clase sobre el perdón siempre provocaba mucha emoción entre los participantes. Algo que siempre notaba, al compartir al final de la clase como grupo, era que lo que más les costaba era perdonarse a ellos mismos.

Te doy ideas de cómo hacer el trabajo del perdón, con la esperanza de que te ayude, pues, como dice el Dr. Robert Enright (2019) —pionero en la investigación científica y en el estudio sobre el perdón— al compartir su método con las personas, él no puede prometer que todas lograrán perdonar. De igual manera reconozco que, con las sugerencias que aquí te doy, no puedo asegurarlo. Sin embargo, la intención de ayudarte a hacerlo nace de mi corazón.

Cuando perdonamos, sentimos que nuestra alma se siente más liviana. Aún más, hay algo muy interesante que menciona el Dr. Enright, en su libro *El perdón es una elección: un proceso paso a paso para resolver la ira y restaurar la esperanza* (2019), y es que, basado en su vasta experiencia, se ha dado cuenta de que cuando la persona empieza su proceso de sanación es cuando es capaz de enfocarse en dar el regalo del perdón. O sea que, en vez de enfocarse en ella misma, se enfoca en la persona a la que está perdonando.

¿QUÉ TIENE QUE VER LA GRATITUD CON EL DUELO?

> Expresar gratitud es sanador para nosotros…
> Centrarse en la gratitud abre el corazón y permite
> establecer conexiones con nosotros mismos y con
> los demás.
> CANDICE C. COURTNEY

Al experimentar la pérdida de tu ser amado, puede ser que lo último que desees sea agradecer. Esto pasa pues el dolor es tan grande que no hay cabida para esta emoción. Sin embargo, como nos dice Candice C. Courtney —quien perdió a su esposo por un tumor cerebral y escribió el libro titulado *Sanando a través de la enfermedad, viviendo a través de la muerte* (2012)— el ser agradecidos nos ayuda en nuestro proceso de sanación. En este espacio agradece todo lo que le puedas agradecer a tu ser amado, las experiencias que tuviste con él, los recuerdos. Da gracias por lo que te brindó, por el amor que compartieron. Tal vez se lo dijiste en vida y es una bendición que lo hayas hecho. Yo tuve la dicha de hacerlo. Sin embargo, hay veces en las que no se nos da la oportunidad. Agradécele todo lo que representó en tu vida.

PROCESANDO TU DUELO
¿Qué te brindó tu ser amado por lo cual te sientes agradecido?

_____

_____

¿Qué momento especial guardas en tu alma?

_____

Escribe una frase con la cual le des las gracias por haberte enseñado a amar de esa manera.

_____

_____

AMOR Y AUTOCOMPASIÓN

> Estar «de duelo» significa tener necesidades especiales, y quizás lo más importante sea ser compasivo contigo mismo.
>
> ALAN D. WOLFELT

La tercera herramienta que considero que es parte de nuestra espiritualidad —el perdón, el agradecimiento y el amor son los componentes de mi tercer principio: *Desarrolla tu dimensión espiritual*— es el amor. En esta oportunidad he agregado la compasión, puesto que ha adquirido un lugar primordial en nuestra sociedad con el advenimiento del movimiento de conciencia plena o *mindfulness*. Existen retiros, meditaciones guiadas y grupos de apoyo basados en el amor y la compasión. Estas son precisamente las emociones que deseamos brindarnos a nosotros mismos cuando nos encontramos en el valle del dolor. Ahí, cuando te encuentras abatido, sin fuerza y sumido en el duelo, es cuando deberías darte todo el amor que puedas y la compasión que tu corazón necesite. Tú mismo te puedes brindar lo que necesitas en esos momentos en los cuales lo único que deseas es colocarte en posición fetal y llorar. O puede ser que te quedes con la mirada perdida mirando al vacío; o que te dé por caminar por toda la casa —como me pasaba a mí en mi tiempo del duelo agudo—. Establece una conversación interna y háblate con todo el amor que puedas; bríndate el cariño que necesites. Es lo que yo he hecho todo este tiempo: me hablo como me hablaba mi mamá, con ese tono de cariño, y me ayudo a mí misma, ya sea para comprenderme en esa coyuntura de dolor o para inspirarme a transformarlo. Puedes también darte uno de esos «momentos para mí» y hacer algo que te haga sentir bien. El cuidar de ti mismo no quiere decir que seas egoísta; quiere decir que estás prestando atención a tus necesidades.

NOTA:
¿Has sido compasivo contigo hoy?

Practica la meditación

La meditación es una práctica que puede ayudarte a sentirte en paz y que es altamente espiritual. Si acaso no la practicas, empieza por diez minutos cada vez. Al tomar tiempo para ti, es esencial que prepares el ambiente, pues es tu momento sagrado. Escoge un lugar tranquilo, si es posible sin ruidos externos. Puedes empezar por apagar el teléfono, el televisor y concentrarte en ti mismo. Luego de ponerte en una posición cómoda, tan solo cierra los ojos y enfócate en tu respiración. Respira con suavidad por la nariz y deja salir el aire por la boca, diciendo en tu interior la palabra «paz». Hazlo tres veces y luego continúa respirando con suavidad. Si los pensamientos te distraen, enfócate de nuevo en tu respiración. Meditar te ayudará a relajarte y a conectar con tu ser interior. Bríndate amor, date compasión y conecta con lo más profundo de tu ser. Dedícate tiempo a ti mismo. Eso es lo que más necesitas ahora.

Meditación enfocada en la respiración

Coloca una de tus manos sobre tu vientre, manteniendo los ojos cerrados. Luego, coloca la otra mano sobre tu pecho. A medida que inhales, cuenta del 1 al 7 y, al mismo tiempo, expande tu vientre. Siente cuando la mano en tu vientre se eleve y la mano en tu pecho permanezca plana. Ahora, contén la respiración y cuenta del 1 al 4. Luego exhala, contando del 1 al 8. A medida que tu vientre se vuelva plano, haz el sonido «AHHHH». Es importante que hagas el sonido a medida que sueltas tu respiración. Ahora hagámoslo juntos:

Inhala: 1, 2, 3, 4, 5, 6, 7.

Contén la respiración: 1, 2, 3, 4.

Exhala: 1, 2, 3, 4, 5, 6, 7, 8.

Haz el sonido «AHHHH» mientras aplanas tu vientre por completo…

De nuevo:

Inhala: 1, 2, 3, 4, 5, 6, 7.

Contén la respiración: 1, 2, 3, 4.

Exhala: 1, 2, 3, 4, 5, 6, 7, 8.

Haz el sonido «AHHHH» mientras aplanas tu vientre por completo…

Una vez más:

Inhala: 1, 2, 3, 4, 5, 6, 7.

Contén la respiración: 1, 2, 3, 4.

Exhala: 1, 2, 3, 4, 5, 6, 7, 8.

Haz el sonido «AHHHH» mientras aplanas tu vientre por completo…

Repite la secuencia tres veces y luego relájate[2].

EL PODER DE LA ORACIÓN

> La oración no es pedir. Es un anhelo del alma.
> Es la admisión diaria de la propia debilidad.
> Es mejor en la oración tener un corazón sin
> palabras que palabras sin corazón.
>
> MAHATMA GANDHI

En tiempos de duelo, a muchas personas se les puede hacer difícil orar, ya que pueden estar molestos por haber perdido a su ser amado o no sienten la fortaleza necesaria. Sin embargo, cuando la persona es capaz de abrir el corazón a la fe, la oración es considerada un recurso de gran valor espiritual, como nos lo señala Chip:

---

2 Tomado de mi libro *Transforming Grief and Loss. Workbook* (2016).

La oración fue otro gran elemento básico hacia la estabilidad y la esperanza. Al principio estaba muy enojado, porque oraba para que Dios ayudara a Katie con su adicción, nunca, ni en un millón de años, pensando que se la llevaría. Me he dado cuenta de que Dios no hizo esto; de hecho, fue Katie quien tomó esa decisión. La oración era y es esencial para vivir una vida saludable y productiva. Necesito a Dios en mi vida todos los días, para poder soportar mi dolor, para que pueda darme un propósito, pero sobre todo para que pueda ayudarme a servir a otros. No tengo ninguna de las respuestas[3].

María de los Ángeles también siente alivio en la oración, pues la ayuda a sentirse cerca de su madre: «Hay otra manera conforme a la cual estoy honrando a mi mamá, y es por medio de rezar el rosario. Me siento más unida a ella cada vez que lo hago».

El elemento fundamental en la oración es la fe. Como dice el dicho: «Sin fe nada es posible» y esto nos lo testifica Oralí, al señalar:

> *La fe como apoyo frente al dolor*: Reconocí que la vivencia del momento era mucho para mí y que sola no saldría de esa situación tan trágica que vivimos mi esposo, mi hija y mi familia. Tomé conciencia de que necesitaba de alguien para entender lo que pasaba y poder vivirlo dentro de la fe que abrazo desde mi infancia, cultivada en el seno familiar. Decidí buscar apoyo en un guía espiritual, particularmente un sacerdote, quien me guio durante un año en el camino espiritual para sanar mi herida[4].

---

3 Chip Corlett, padre de Katie.
4 Oralí, madre de Albalicia.

> Mientras tanto, ¿dónde está Dios?
>
> C. S. LEWIS

Al tocar el tema de la espiritualidad, no podía dejar de incluir el tema de Dios, porque nuestra relación con Él es algo de gran valor para muchos y se manifiesta en nuestra respuesta al experimentar el duelo. O nos acogemos a Él con mayor fuerza o nos podemos distanciar. Depende de cómo lo sintamos en nuestro corazón.

La pregunta: ¿dónde está Dios? es algo que escucho mucho, ya sea de mis clientes, de personas que asisten a mis seminarios o al facilitar grupos de apoyo. Lo que les ofrezco de todo corazón es un espacio donde puedan compartir y expresar cómo se sienten. Les manifiesto que los entiendo, puesto que recuerdo cómo me enojé con Dios al morir mi papá. La noticia me la dio la madre superiora, ya que me encontraba en el colegio. Me sentí confundida, pues recién había estado rezando en la capilla por el alma de mi padre. Aún más, al regresar del cementerio, me fui a mi dormitorio y llorando desconsoladamente me preguntaba: «¿Por qué Dios se llevó a mi papá?». Dentro de mí se alojaban esa congoja y esa falta de entendimiento. Si Dios era un ser benevolente, ¿por qué me había dejado huérfana de padre tan pequeña? Me preguntaba una y otra vez: «¿Cómo es que, teniendo tanta fe, siendo una niña católica, siendo creyente, orando todas las noches, yendo a misa... de repente mi padre ha muerto?». En mi corazón de niña, sentí que Dios no había escuchado mis oraciones. Ese fue un proceso que tuve que pasar hasta restablecer mi relación con Él, ya que necesitaba esa fuente de consuelo, fortaleza y esperanza en mi corazón. La religión y la fe fueron mis rocas durante esos primeros años y lo han sido también al enfrentar la pérdida de mi madre.

Sin embargo, debido a nuestra forma única de procesar el duelo, muchas personas experimentan rabia hacia Dios y lo hacen responsable de lo ocurrido. Harold Ivan Smith reconoce cuán común es esta reacción y hasta aplaude a la persona que cuestiona a Dios y le demuestra su rabia, pues no todos los afligidos lo admiten. Y algo que recomienda hacer es lo siguiente: «A veces, debes orar: "Dios, ayúdame a perdonarte". A veces, debes vivir tu camino para perdonar a Dios» (p. 63).

Para este libro elaboré un cuestionario que utilicé con ciertos clientes para ilustrar cómo han procesado su duelo en diferentes dimensiones. En la pregunta: «¿Cuál ha sido el mayor desafío durante tu duelo?», María de los Ángeles nos demuestra lo que puede experimentar el doliente cuando siente rabia ante Dios:

El mayor reto en lo que se refiere a mi duelo es mi relación con Dios. Inmediatamente después de que falleciera mi esposo, me sentí muy enojada con Él. Mi fe se convirtió en una lucha. Continuamente le preguntaba a Él por qué, si verdaderamente era un Dios amoroso, no había sanado a Daniel, a pesar de todas las oraciones. Acto seguido, le pedía a Dios que me ayudara a pasar por ese HORRIBLE dolor. En la actualidad, creo que quisiera sentirme más unida a Él, aunque ahora me siento desencantada. También me siento traicionada por Él[5].

---

5   María de los Ángeles, esposa en duelo.

Este sentir de María de los Ángeles puede exacerbarse aún más ante comentarios de personas que, con la intención de ayudarnos, dicen cosas como: «Dios no te da más de lo que puedes manejar». Es por eso una buena costumbre abstenernos de decir algo así si no sabemos cómo se siente la persona a lo interno, pues puede hacer su rabia aún más intensa. Richard Gilbert, siendo pastor, reconoce este tipo de preguntas cuando estamos de duelo y tenemos tantas interrogantes. Él nos aconseja no ignorarlo ni dejar de lado las preguntas:

> Si te sientes abrumado, aléjate de algunas rutinas y personas, pero no lo hagas de tu dolor... Quédate con las dudas y las preguntas: «¿Por qué papá tenía que morir ahora», ¿«por qué le dio cáncer a mamá?», «¿por qué fallaron los tratamientos?», y con los muchos otros interrogantes que broten de tu corazón. En última instancia, estas son dudas acerca de Dios. Tal vez nunca tengas «las respuestas» que van a solucionarlo todo, pero las preguntas son caminos en los que te encuentras con Dios, y finalmente, contigo mismo (2014, p. 59).

Él comparte este párrafo, que es tomado de su libro Heart-Peace: «Señor, este es un camino muy accidentado. Desvíos, depresiones, nuevas dudas... Con cada reconocimiento de la pérdida, el dolor se eleva hasta su punto máximo. ¿Alguna vez sanaré, Señor? Quédate conmigo, Dios, ¡Por favor! Amén»[6].

Por otro lado, existen dolientes que, al perder a un ser querido, buscan unirse aún más a Dios:

---

6 Gilbert, Richard. *HeartPeace: Healing Help for Grieving Folks*, p. 32.

También me ha ayudado mucho el amor de los míos y la aceptación del amor de Dios… El significado que encontré en mi pérdida es que encontré a Dios, lo encontré sinceramente. Y eso me entristece a veces muchísimo, porque es otro «si hubiera» que agrego a mi larga lista: «Si realmente hubiera tenido a Dios conmigo, dentro de mí, y se lo hubiese enseñado a mi hijo… quizá nada de esto habría pasado…»[7].

Alex, un padre que perdió dos hijos, comparte con nosotros su relación con Dios de la siguiente manera:

La gracia más allá del duelo es ver por primera vez cosas que pensábamos que eran invisibles. Cosas más allá de este mundo que se nos abren cuando nuestro sufrimiento es profundo y nuestras lágrimas son sinceras. La gracia de Dios es liberada y tenemos el privilegio de ver cosas que no están destinadas a este mundo. Dios llora con nosotros porque es un Dios compasivo, pero nuestro sufrimiento nos da la oportunidad de lograr una relación profunda y única con Dios. Tus momentos más oscuros pueden convertirse en los momentos más profundos de iluminación que jamás experimentarás. En nuestro quebranto, Él consigue volver a unirnos en formas que nos cambian la vida.

A veces, al comenzar nuestro sendero de duelo sentimos mucho dolor y también mucha rabia ante Dios y no queremos hablar de Él. Eso me recuerda a Luz María, una querida cliente que perdió a su hijo. Al hablar sobre este tema me dijo: «Estoy en tregua con Dios». Así navegamos durante meses. Le preguntaba

---

7 María, al perder a su hijo por suicidio.

de vez en cuando: «¿Sigues en tregua?». Hasta que llegó un día cuando, por fin, decidió sacar su banderita blanca e hizo las paces con Dios. Eso ocurrió a su tiempo, no al mío. Me gusta acompañar a mis clientes en el punto en el que se encuentran, sin decirles cómo se deben sentir o no sentir.

Si pensamientos así te han asaltado al haber perdido a un ser querido, no te sientas culpable ni pienses que no eres un buen creyente. Es tan solo que tu dolor es tan grande que buscas respuestas de un ser supremo en el cual has depositado siempre toda tu confianza. Pero Dios nunca nos dijo que el dolor no iba a estar presente en nuestras vidas ni nos prometió una vida eterna en esta tierra. Sin embargo, hacerle esa pregunta: «¿Por qué, Dios?» es algo humano, puesto que al sufrir un gran dolor tenemos muchas interrogantes y dudas. Queremos respuestas que muchas veces no existen.

Este pasaje que comparto contigo es tomado del libro *Cuando las cosas malas suceden a la gente buena*, que escribió el rabino Harold S. Kushner al enfrentar la muerte de su hijo de catorce años, quien sufría una enfermedad. Kushner nos da a conocer lo que siente ante Dios y si lo considera responsable de su sufrimiento:

Dios no causa nuestras desgracias. Algunas son producto de la mala suerte, otras son ocasionadas por malas personas, y algunas son simplemente una consecuencia inevitable de nuestro ser humano y ser mortal, viviendo en un mundo de leyes naturales inflexibles. Las cosas dolorosas que nos suceden no son castigos por nuestro mal comportamiento, ni son de ninguna manera parte de algún gran diseño de Dios. Debido a que la tragedia no es la voluntad de Dios, no necesitamos sentirnos heridos o traicionados por Él cuando la tragedia golpea. Podemos recurrir a su ayuda para superarlo, precisamente porque podemos decirnos a nosotros mismos que Dios está tan indignado por ello como nosotros (2004, pp. 147-148).

Además, nos habla de la capacidad que poseemos de encontrar significado y propósito en nuestra vida a pesar de una tragedia. Kushner no espera que Dios intervenga en las cosas que le pasan a la gente; lo que debemos ver es cómo manejamos lo que nos sucede. Es un libro profundo y que relata de forma humana y natural las tribulaciones que podemos enfrentar al perder a un ser amado y cómo podemos transformarlas.

En este pasaje nos invita a explorar el concepto de significado:

Permítanme sugerir que las cosas malas que nos suceden en nuestras vidas no tienen un significado cuando nos suceden. No ocurren por ninguna buena razón que nos haga aceptarlos de buena gana. Pero podemos darles un sentido. Podemos redimir estas tragedias de la falta de sentido imponiéndoles significado. La pregunta que deberíamos hacernos no es: «¿Por qué me pasó esto? ¿Qué hice para merecer esto?». Esa es realmente una pregunta sin respuesta, inútil. Una pregunta mejor sería: «Ahora que esto me ha pasado, ¿qué voy a hacer al respecto?» (2004, p. 149).

Ahondaremos en esta pregunta cuando cubramos la sección sobre encontrar significado.

De una manera palpable y cruda, en la memoria de C. S. Lewis, podemos ser testigos de la lucha que este hombre, experimentando un duelo tan intenso, sostiene con Dios por el hecho de haber perdido a su esposa. En su fuero interno deseó encontrar una respuesta sobre la naturaleza de Dios y sobre el poder de la oración, pues sintió que Él no lo había escuchado. En este libro, que es en realidad una especie de diario, Lewis abre su corazón de una manera cruda y se pregunta, al reflexionar sobre sus escritos y su lucha interna: «¿No son todas estas notas los retorcimientos sin sentido de un hombre que no acepta el hecho de que no hay nada que podamos hacer con el sufrimiento excepto sufrirlo?» (p. 33)», y llega a darse cuenta de que lo que ha deseado hacer al insultar a Dios es contraatacar debido al gran dolor que ha experimentado en su duelo. Es más, llega a esta conclusión: «Empiezo a ver. Mi amor por H. era de la misma calidad que mi fe en Dios».

Mucha gente se molesta con Dios pues piensa que no escuchó sus oraciones. ¿Te sientes identificado? Si ese es el caso, puedes escribirle una carta expresando tus sentimientos.

Hay personas que manifiestan culpa por sentirse así; sin embargo, es importante validar las emociones. Precisamente el validar las emociones es lo que recomendábamos el reverendo doctor Dale Young —quien era el director de cuidado pastoral— y yo en la capacitación que ofrecíamos en el Baptist Hospital, para entrenar a facilitadores de grupos de apoyo en las iglesias. Este entrenamiento lo llevamos a cabo durante nueve años.

En ese entrenamiento, era común que el tema de la rabia hacia Dios se mencionara. Nosotros les decíamos a los asistentes que se estaban capacitando para ser líderes de grupo y que debían mostrar empatía en vez de juzgar; que no es necesario decir una sola palabra de desaprobación. A veces, con solo una mirada damos a entender que estamos juzgando. Prestemos atención a cómo nos sentimos y a cómo se sienten los demás. Muchas veces ese sentimiento es pasajero. Tenemos el caso precisamente de María Gough, quien vino a nuestro primer grupo de capacitación. Ella había perdido a su hijo Jaime, de catorce años, quien fue asesinado por un compañero de clases, y había quedado destrozada. La gente bien intencionada se le aparecía con biblias, santos, cruces, objetos religiosos para ayudarla en su dolor. María no quería nada de eso, pues estaba muy enojada con Dios. Se mantuvo así por espacio de varios meses y fue cuando asistió al grupo y compartió su historia. En ella se operó un cambio total y llegó a crear un exitoso grupo de apoyo en el luto en una iglesia cristiana. Esto nos demuestra que la rabia no tiene que ser permanente. Lo importante es darnos el espacio, expresarla, procesarla para poder soltarla.

Si te sientes sin esperanza, busca ayuda

He tenido clientes que me han dicho: «Ligia, no me interesa vivir sin mi ser amado. No es que quiera terminar con mi vida, es tan solo que no sé qué hacer, cómo vivir sin él».

Esta es una reacción natural y ayuda mucho hablar al respecto pues, al compartirlo con otra persona, entre las dos pueden intercambiar ideas acerca de lo que se puede hacer. Sí, es cierto: tu vida dio un giro de 180 grados; sin embargo, si te das la oportunidad de ver alternativas sobre cómo utilizar tu tiempo, crear actividades y ver opciones podrás descubrir que dentro de ti poco a poco podrá ir creciendo el interés. Si, por el contrario, sientes que en realidad no deseas vivir y quieres terminar con tu vida, te pido que busques ayuda.

Existen muchos centros de llamadas para personas en crisis, grupos de apoyo y ayuda profesional. Date la oportunidad. Piensa siempre en tu ser querido como una luz de amor en tu vida, que te ilumina el sendero y te acompaña siempre. También piensa en aquellos a los que puedes dañar si te causas daño. Piensa en ti, que eres capaz de amar con tanta intensidad. El amor es la emoción más poderosa; compártelo y bríndaselo a quienes no lo tienen. Puede cambiar tu vida y la de ellos.

PROCESANDO TU DUELO

Es importante hacer un inventario de tu comportamiento a lo largo del proceso de duelo. Nadie te conoce más que tú mismo. Haz introspección sobre cómo estás actuando, lo que estás sintiendo y pensando y hazte las siguientes preguntas: ¿Me está ayudando o me está dañando?

_____ .

_____

¿Está ayudándome en mi crecimiento y en honrar a mi ser amado o me está hundiendo más en la rabia o la resistencia?

_____

_____

¿Está ofreciéndome la oportunidad de desarrollarme espiritualmente o está llenando mi corazón de amargura?

_____

_____

Acompañamiento

Tenemos buenas intenciones,
pero no sabemos las palabras
correctas para dar consuelo.

SPEAKING GRIEF FILM

E n esta sección del libro, deseo hablarle directamente al amigo, al colega, al familiar, al acompañante de esa persona que está enfrentando la pérdida de un ser amado, con el propósito de ayudar al afligido y a las personas que los acompañan a brindarles el espacio para poder llorar y expresar cómo se sienten en realidad, puesto que lo que la gente desea es ser escuchada y comprendida. Presta atención a lo que tienes que decir y estate presente.

¿CÓMO TE COMPORTAS CON ALGUIEN QUE ESTÁ DE DUELO? Primeramente, quiero agradecerte por tu deseo de ayudar al doliente. Estás en una situación que no es la más fácil; es un reto y a veces se trata de que no sabes qué hacer ni qué decir. Debido a que existe una falta de educación social ante situaciones de pérdida de un ser amado y a que evitamos hablar sobre el duelo, entiendo que a veces te sientas perdido y no sepas cómo ayudar a esa persona especial que está atravesando su proceso.

En realidad, es algo que nos saca de nuestra zona de confort. A veces hasta evitamos ver al doliente o, si lo llegamos a ver, no le mencionamos lo sucedido. Esto hace sentir a la persona sola y abandonada en el plano emocional. Recuerdo a una cliente que sufrió la muerte de un ser querido debido al suicidio. Cada vez que llegaba a su lugar de trabajo, la gente fingía no verla para no decirle una palabra. Al seguir caminando hacia su oficina, podía escuchar los susurros y comentarios. El silencio social ante una pérdida de esta índole es algo que afecta muchísimo al doliente. Presta atención y evita caer en esa situación.

ACOMPAÑAR EN LUGAR DE ANIMAR

> Falta una sola persona para ti, y el mundo entero está vacío. Pero uno ya no tiene derecho a decirlo en voz alta.
>
> PHILIPPE ARIÈS

Lo que dijo Philippe Ariès en su libro *Actitudes occidentales hacia la muerte* (1975, p. 92) es lo que sentimos los que hemos perdido a un ser amado. Lo que más deseamos es que nos permitan expresar nuestros sentimientos. Cuando perdemos a nuestro ser querido, es absolutamente necesario expresar que nos hace falta. ¿Por qué tenemos que fingir que no lo extrañamos? Déjanos hablar y expresar lo que es perder a un ser amado: lo que es perder a una madre, a un padre; lo que es perder a un esposo, a un hijo, a una hija, a una abuelita, a una amiga del alma. Brianne Benness brinda este mensaje en su blog El duelo sigue llegando[1], representando a todos los dolientes: «Y eso es lo que quiero para todos los que estamos

---

1 The Grief Keeps Coming: https://medium.com/swlh/the-grief-keeps-coming-3ef76174d62a

de duelo. Quiero que estemos rodeados de personas que vean nuestro dolor como válido, humano y digno de compasión. Quiero que entiendan que nuestro dolor no ha terminado porque nuestra pérdida no ha terminado».

Por eso, cuando estés al lado de una persona en duelo, sé paciente y valida sus sentimientos. El duelo es un proceso, es un camino. Recórrelo al lado del doliente, pues esa persona está pasando por algo terrible en su vida. Su mundo, tal como lo conocía, le cambió. Son muchas las emociones que se le juntan y es un proceso de adaptación, de estabilidad, de aprendizaje. Por favor, que tu historia no se interponga a la suya. Omite decir: «Deja que te cuente lo que me pasó a mí». Por favor, evita ser el centro de atención. No le desees que todo sea como antes, porque no va a ser como antes. Sin embargo, lo que más ayuda en el proceso de duelo es el apoyo, el cual es fundamental y consiste precisamente en ofrecer presencia y validación de los sentimientos del doliente. Si no puedes estar cerca por el tema de la pandemia, como mencionamos antes, acompáñalos por WhatsApp, por Zoom, por Facetime; lo que importa es que estés presente.

EVITA IMPONER TUS NECESIDADES SOBRE LAS DEL DOLIENTE
Algo que también sucede a menudo es que la familia o amistades cercanas desean que la persona en duelo participe en celebraciones, ya sean cumpleaños u otras festividades. Muchas veces se les insiste con frases tales como: «Toda la familia va a estar allí, te vamos a extrañar», «No te hace bien quedarte solo», «Hace tiempo que no te vemos y nos haces falta, piensa también en nosotros», «Es una época especial del año para compartir y te queremos acompañar».

Todas esas frases se expresan con una linda intención. Sin embargo, no se trata de lo que tú sientas, sino de lo que la persona en duelo experimente. He escuchado muchos comentarios de clientes que rechazan la insistencia, dado que lo toman como que la persona es egocéntrica, pues solo piensa en ella, en vez de pensar en el dolor del otro. De igual manera, puede suceder que el doliente no desee estar activo socialmente, o que no se sienta parte de la conversación por encontrarla banal. Al experimentar ese dolor tan profundo, a veces puede sentir que no encaja, que las amistades no pueden comprender el espacio en el que se encuentra o que no se siente parte de esa forma de interacción. Temas que antes de la pérdida le parecían alegres y divertidos, ahora le pueden parecer superficiales. Es importante tener paciencia y comprender que lo que le ocurre es natural. Recuerda que el duelo es un proceso y que es diferente para cada uno.

Entender el proceso de duelo

Una de las barreras para saber cómo comportarse es la falta de conocimiento acerca de cómo se manifiesta el duelo. Por eso, si deseas acompañar a tu ser querido, haz lo posible por informarte y por conocer que ese dolor puede demostrarse no solo desde el punto de vista emocional, sino en todas las demás dimensiones, tal como lo exploramos en la sección dedicada al duelo. Cuando queremos ser expertos en algo, lo estudiamos. En ese sentido, si deseas tener un amplio conocimiento acerca de cómo actuar, conoce el tema del duelo a fondo. Con ello, no solo apoyarás a tu ser amado, sino que también te ayudarás a ti mismo.

Frases que ilustran la poca comprensión social sobre el duelo. Si deseas ayudarme...

… *no me digas que ya es suficiente: «Solo hablas de eso».*

… *no me digas que reprima mis lágrimas: «Siempre estás llorando y a tu ser querido no le gustaría eso».*

… *tampoco me digas cómo debería sentirme: «Deberías agradecer que tuvo una larga vida».*

… *no me digas: «A ella no le gustaría verte triste; tienes que ser fuerte».*

… *no me digas: «Dios no te da más de lo que puedes manejar».*

Comparto contigo algunas frases que al estar de duelo podemos escuchar. Estoy consciente de que la gente hace lo mejor que puede y que quiere ayudar y a la vez animar. Sin embargo, en nombre de tantos otros dolientes te pido que, simplemente, lo acompañes, lo comprendas, le brindes el espacio para que explique cómo se siente. Es natural que no se sienta bien. No necesitas auxiliarlo, solo estar presente. Sobre todo, valídalo. Este es uno de mis propósitos con este libro: que el doliente sienta que están validando su dolor.

Con eso no le estás dando alas para que se quede estancado; tan solo estás guardando el espacio para que exprese lo que siente. Desahogarse ayuda mucho más al doliente que reprimir lo que siente y quedarse pensando y pensando. Así que, por favor, escucha y date cuenta de que lo que más ayuda al doliente no es tu historia, es la suya.

En realidad, no es culpa tuya si has repetido acríticamente estos comentarios ya que, al vivir en una sociedad que niega la muerte, es lo que acostumbramos. Por eso he deseado compartir contigo esta sección, para que tan solo abras tu corazón, des espacio al doliente y valides sus sentimientos, no los tuyos.

Yo sé cómo te sientes

Después de acompañar a tantas personas en el duelo, sé que la frase que menos desean escuchar es precisamente: «Sé cómo te sientes», pues en realidad... no lo sabes. Nadie sabe cómo se siente la otra persona a pesar de haber experimentado el mismo tipo de pérdida, pues recordemos la cantidad de variables que están presentes en nuestro proceso de duelo. Además, al ser personas únicas, te recuerdo que nuestro duelo es único.

Una frase que se dice mucho es: «Ya es hora de que sigas adelante» y es lo último que deseamos escuchar y lo que menos nos ayuda. Ese comentario nace del deseo de las personas de animar al deudo. Es probable que no sepan lo que es haber perdido a un ser amado cercano, o quizás su forma de conllevar pérdidas es diferente. Como decía el reverendo Dale Young, capellán y exdirector de cuidados pastorales del sistema de salud Baptist en la Florida: «Cada uno de nosotros tenemos nuestro reloj».

Por espacio de nueve años, el reverendo y yo capacitamos a personas para ser facilitadores de grupos de apoyo en el luto en las iglesias, un bello programa basado en la fe. En ese entrenamiento, enfatizamos lo necesario que era permitirle a la persona expresar cómo se sentía, sin juzgarla ni decirle qué hacer.

Otras frases comunes y genéricas

«Todo pasa por algo»
«Se encuentra en un lugar mejor»
«Dios tiene un plan»
«Si lloras vas a poner triste a tu ser amado»
«Tienes que ser fuerte para tu familia».

Todo pasa

«Todo pasa» es otro ejemplo de esas frases de consuelo que se dicen mucho y que en absoluto ayudan al doliente, pues generan una reacción contraria a lo que la frase supone, dado que la muerte de un ser amado no «pasa». La gente tiene buena intención al decirnos que hay que seguir adelante, que no debemos dejarnos caer, que todo pasa… Sin embargo, este mensaje no es bien recibido cuando la persona ha perdido a un ser querido. ¿Cómo le vas a decir a una madre que perdió a su hijo que «todo pasa»? ¿Qué «pasa» en este caso? Lo que la gente quiere decir realmente es que la estocada fuerte, lo crudo de esos primeros tiempos se va a aminorar poco a poco, ya que el mensaje de la sociedad es: «Te vas a ir sintiendo mejor, todo pasa». Esa frase de que «todo pasa» puede que la hayas escuchado y te hayas rebelado ante ella. Con el paso del tiempo, es natural que esas emociones tan intensas que se experimentan al principio vayan mermando. Sin embargo, ¿cómo va a «pasar» la muerte de un ser amado? ¿Cómo puede «pasar» la muerte de un hijo por sobredosis? ¿Cómo puede «pasar» la muerte de un esposo en un accidente de avión? ¿Cómo puede «pasar» la muerte de una hija a la que le dio un aneurisma en el baño justo antes de casarse? ¿Cómo puede «pasar» la muerte de un niño minutos después de nacer? ¿Cómo puede «pasar» la muerte de una madre? ¿Cómo puede «pasar»? Probablemente se refieran a que la intensidad del dolor se aminora y al decirnos esa frase desean darnos la esperanza de que nos sentiremos mejor.

Si tiendes a decir esa frase, piénsalo de nuevo pues, sobre la base de mi experiencia ayudando a tantas personas en duelo, y de la mía propia, esta es una de las frases que menos nos ayudan.

¡Tienes que pensar positivo!

«¡Piensa positivo!» es otra frase que se debe evitar, pues el mensaje que se está enviando es el de reprimir el dolor y la expresión del duelo, cuando el doliente lo que necesita en esos momentos es la validación de sus sentimientos para poder atravesar el abismo y salir poco a poco de esa profundidad. Siguiendo esta línea, Megan Devine comenta sobre la expresión «Sé valiente» y rectifica que, en vez de significar superar lo que duele y convertirlo en un regalo (2017, p. 36), significa pararse al borde del abismo que acaba de abrirse en la vida de alguien y no alejarse de él, no cubrir su incomodidad con un sucinto emoticono de «pensar positivo» (2017, p. 37).

Muchas personas bien intencionadas nos invitan a pensar positivo y a saber que ese dolor va a pasar, que con el tiempo vamos a estar bien. Una cosa es tener una perspectiva positiva ante la vida y otra es «ser positivo» cuando uno está en el océano del duelo. Si nosotros le decimos a alguien «sé positivo», le estamos negando la posibilidad de que viva su duelo y lo exprese. En la sección sobre el poder de la mente, elaboro sobre lo que considero que es el pensamiento positivo al estar de duelo. Puedes dirigirte a ella para revisarla. Lo que necesitamos en esos momentos es que nos permitan nadar en ese océano, incluso necesitando muchas veces un salvavidas para no hundirnos. Sin embargo, necesitamos nadarlo. No queremos sentarnos en la orilla viéndolo pasar de largo y quedarnos bajo una palmera. El duelo es activo, no es pasivo. Podemos emprender acciones que nos ayuden a ir nadando poco a poco hasta llegar a la otra orilla. Sí, podemos salir de las profundidades de ese océano si deseamos hacerlo, y aprender a nadar en la superficie por el resto de nuestra vida, puesto que así es el duelo por un ser amado, ya que el amor es eterno.

EVITEMOS ASUMIR CÓMO SE SIENTE EL DOLIENTE

Algo que también sucede es que las personas se sorprendan con nuestro comportamiento. A veces esperan vernos sumidos en el dolor indefinidamente y realizan comentarios tales como: «¡Pero si te escucho muy bien!». Esto puede ocurrir al llamar por teléfono al doliente para darle el pésame y escucharlo tranquilo y capaz de mantener una conversación fluida. El doliente entonces se pregunta: «¿cómo se supone que debo estar?» y se puede sentir culpable por no estar mal o parecer que está mal o molesto por la expectativa.

«Ya estás mejor». Esta frase también la dicen las personas, por supuesto, para hacerte sentir mejor y por considerar que «vas bien» en tu proceso. No lo acogemos de forma positiva por dos razones: en primer lugar, porque no nos gusta que nos estén juzgando o midiendo según parámetros ajenos. En segundo lugar, a lo mejor a esa persona en ese momento le pareció que el doliente «estaba mejor», sin saber que a lo mejor diez minutos después caerá en un llanto profundo, pues el duelo se vive momento a momento. Es como si hubiera una necesidad de demostrarles a las personas cómo estamos. No es así. Nuestro duelo es único, es personal, es nuestro. Lo que deseamos de los demás es simplemente acompañamiento y comprensión de nuestra historia.

Al finalizar esta sección, te sugiero con todo cariño que, cuando te encuentres con esa persona especial que está de duelo, no evites hablarle sobre su ser amado. Pregúntale cómo se siente, si hay algo en lo que puedas ayudarla en esos momentos —aunque hayan pasado meses o un año, ese dolor aún está reciente—. No temas si, al preguntarle se pone emotiva, es natural. Es probable que, en su interior, te agradezca el hecho de haber recordado a su ser querido y de que hayas estado presente en su duelo.

FACEBOOK LIVE

Inspirada por la falta de tacto o información que existe acerca de cómo ayudar o tratar al deudo, decidí hacer un Facebook Live con el deseo de ayudar a los que estuvieran pasando por un duelo al igual que yo. Eso fue a las dos semanas de fallecida mi mamá. Llevé un mensaje a los demás sobre la base de mi propia historia. Hablé de lo que menos necesitamos y de lo que más nos ayuda. Mi alma estaba puesta en ayudar a todas esas personas en duelo que desean recibir el apoyo que buscan. Hablé de lo que yo necesitaba. Hablé de lo que tantos de mis clientes necesitan. Hablé de lo que es la naturaleza de este libro. Me di cuenta de que dar ese mensaje de ayuda a otros era mi misión. Era continuar con mi tarea, renovada por ese gran dolor. Empecé este camino de acompañar al doliente honrando la muerte de mi padre y ahora, en el momento más doloroso de mi vida, renové mi misión con más fuerza interna para honrar la memoria de mi madre.

He aquí el mensaje que compartí el 21 de junio de 2020:

EL ARTE DE ACOMPAÑAR EN EL DUELO

Quise hoy traer este mensaje que va dedicado a esos dolientes, a esas personas que están pasando por la muerte de un ser querido. También va dirigido a quienes desean acompañar al deudo. Quise llamar a esta plática «El arte de acompañar en el duelo». ¿Qué me hace llamarlo arte? Es un arte y, como siempre les he dicho a mis clientes, las personas tal vez te dicen cosas, con la mejor de las intenciones, pero que no te ayudan. Sin embargo, a veces no sabemos qué hacer. En nuestra sociedad occidental no nos gusta hablar de la muerte, ¿y a quién le gusta? Pero todos pasamos por el duelo, y porque lo he escuchado tanto y yo lo vivo, quise hablar de esto.

¿En qué consiste tener arte al acompañar a alguien en el duelo? En entender que el duelo es estar ahí, es estar presente. Muchas veces me llaman para preguntarme qué decir al ir a un funeral, al velorio. Lo más grande que podemos hacer es estar ahí, dar nuestro cariño, nuestra comprensión, darles amor. A veces decimos palabras que no ayudan. Quiero crear conciencia, pues siempre lo he hecho; aún más con la muerte de mi mamá. Esa fuerza de ayudar a los otros está aún más renovada, la siento en el corazón y pregunto: «¿Cómo te puedo ayudar?». Es importante comunicarles a los demás nuestro deseo de ayudarlos en esos momentos y, para el que acompaña, escuchar. A veces lo que más necesitamos es que nos dejen hablar. Que nos escuchen, que nos dejen llorar si queremos llorar, que nos dejen gritar si queremos hacerlo. Que no nos digan: «No debes sentirte así», «Tienes que ser fuerte», «A ella no le gustaría verte así». Siempre lo dije y ahora lo enfatizo aún más.

¿Qué significa ser fuerte? ¿Ponernos una careta y hacer como si nada o tener la capacidad de conectar con nuestros sentimientos reales y tener la fortaleza espiritual de expresarlos, de hablar sobre ellos, de escribir, de sacar de adentro todo lo que nos agobia? Para mí esto último es tener fortaleza. ¿Qué significa ser fuerte para ti?

Por otra parte, saber cuándo ofrecer ayuda, cuándo escuchar, cuándo dar un abrazo… ese es el arte de acompañar.

En vez de que nos quieran dar confort, deseamos sentirnos acompañados. Algo que he notado que les cuesta mucho a nuestros familiares y amigos al acompañarnos en el duelo es saber qué decirnos. Lo que desean es aliviarnos, apartarnos del lugar del dolor. Pero lo que deseamos realmente es que nos escuchen, que nos den amor y nos entiendan. ¿No es así?

QUÉ TIPO DE COMENTARIOS NOS TOCAN EL ALMA

> Algunos de nosotros podríamos estar de duelo
> por el resto de nuestras vidas, y eso está bien.
> No necesita arreglarse.
>
> BRIANNE BENNESS

Uno de los comentarios más lindos provino de mi oculista, al decirme: «Oh, ¿tu mamá tenía cien años? En realidad, no importa la edad que tuviera; siempre duele». Y eso es lo que nos toca el alma, porque el hecho de que fuera centenaria no es razón para minimizar el duelo, pues son más las experiencias vividas con ella, son más los recuerdos, mayor la nostalgia al no tenerla. Así que agradezco esos comentarios, los que validan cómo se siente el deudo por la ausencia física, sin analizar la pérdida en sí. ¡Eso es lo que necesitamos cuando estamos de duelo! No que nos quieran componer, no que nos digan: «Te vas a sentir mejor», no escuchar: «Esto pasa con el tiempo», porque, si bien todas esas intenciones son maravillosas, sin embargo, hay momentos en los cuales no queremos que nos digan nada de eso. Hay circunstancias en las que tan solo queremos que nos escuchen y nos dejen hablar, para nosotros entonces reconocer y saber que sí, que con el tiempo ese dolor tan intenso va a pasar, que se va a aminorar. Necesitamos que alguien simplemente nos dé la mano, nos abra los brazos y diga: «Aquí estoy».

¿QUÉ DECIR EN TIEMPOS DE DUELO?

- «Te acompaño en tu dolor».
- «Estoy aquí por si necesitas hablar».
- «Entiendo que es doloroso perder a un ser amado tan cercano».

- «No sé qué decirte. Déjame escucharte con mi corazón».
- «Te apoyo en lo que necesites».

PROCESANDO TU DUELO

¿Qué comentarios has escuchado que te ha dicho la gente que no te han ayudado?

_____

_____

¿Qué hubieras deseado contestarle?

_____

_____

¿Qué comentario o palabra ha tocado tu corazón?

_____

_____

¿En dónde nos estamos enfocando en nuestro duelo?

Donde va la atención, fluye la energía.

James Redfield

H ay momentos en los que las emociones nos inundan de tal manera que sentimos que no las podremos controlar; se sienten como un torrente y, si les damos cabida, se posesionan de nosotros. Es como si se abrieran las compuertas de una represa y el caudal de agua se desbocara libremente. Puede suceder cuando estamos solos o en lugares públicos, por lo que se hace difícil darles rienda suelta. En esos momentos, puedes hacer varias cosas para desviar tu atención: puedes llamar a alguien de tu red de apoyo —algo que te recomiendo mucho que tengas— o bien puedes concentrarte en algo externo, que se encuentre en tu entorno y en lo cual puedas focalizar toda tu atención. Lo que también puedes hacer es ponerte a contar mentalmente del 100 al 1. Al centrarte en el número, cambiarás el enfoque de tu pensamiento.

Para demostrarles a mis clientes, o a las personas que asisten a mis seminarios, cómo podemos escoger dónde enfocarnos y cómo esto influye en nuestra percepción, hago este ejercicio con ellos: les solicito que presten atención a todos los objetos de un cuarto que sean de determinado color y se enfoquen solo en eso. Por ejemplo, en percibir todo lo que es blanco. Luego les indico que cierren los ojos y me digan todo lo que es negro. La mayoría no logra mencionar objetos negros aun habiéndolos tenido frente a sus ojos, pues la atención se enfocó en lo blanco y se sorprenden de que eso les suceda.

Lo mismo pasa con nuestra vida y nuestras emociones. Si nos centramos solamente en la tristeza, la rabia o la culpa, esa será nuestra realidad. Por lo tanto, si haces este ejercicio, puedes «escoger otro color» y enfocarte en objetos externos que desvíen tu atención, en ese momento, de la intensidad de emociones, si es que la ocasión no es la propicia para darles rienda suelta.

¿Lo ves como una película?

Al estar de duelo, podemos sentir diferentes emociones, se nos vienen a la mente pensamientos que nos pueden confundir o emociones que nunca habíamos sentido antes. A veces nos podemos quedar enfrascados en los últimos momentos y nos cuesta dejar de pensar. Es como si tuviéramos una película proyectándose de forma constante en nuestra mente y le estuviéramos dando vuelta y vuelta. Eso es algo que le sucede a la mayoría de las personas, según mi experiencia.

Lo que ocurre a ese respecto es natural, pues has experimentado algo profundamente doloroso y es como si tu mente no pudiera asimilarlo todo de una vez. Una cosa que puedes hacer con tu cerebro cuando se te presente esa película —lo hago yo con muchos de mis clientes— es imaginar que la echas hacia atrás, lo más lejos que puedas.

También puedes poner la imagen en blanco y negro o ponerla turbia. Son técnicas de PNL —programación neurolingüística— que pueden ayudarte. Siempre trato de enfatizarte que, si deseas sentirte mejor, puedes aplicar diferentes herramientas que te ayuden en tu proceso.

También puedes redirigir la película hacia un momento de tu vida en el cual te sentiste en paz, o al encuentro de un recuerdo con tu ser amado que traiga una sonrisa a tu rostro. Como compartí antes contigo, a mí me ha ayudado muchísimo cuando mi iPhone genera videos de las fotos con mi mamá. Esos videos pueden ser agridulces, sobre todo cuando empezamos a caminar por el sendero del duelo. Sin embargo, poco a poco puedes irte enfocando en lo lindo que fue poder compartir esos momentos con tu ser amado. Algo que les sugiero a mis clientes y que te sugiero a ti también es que, al ver fotos de tu ser querido, en vez de irte hacia la emoción de la tristeza al pensar que ya no está a tu lado —si eso es lo que haces, te acompaño, pues comprendo que ahí se puede ir nuestro pensamiento con pesar—, evoques la experiencia que vivieron al tomar esa fotografía y acojas en tu alma ese recuerdo. De nuevo, depende de dónde nos enfoquemos. Esto te puede ayudar a ir sanando el alma poco a poco, pues sabemos que la sanación no ocurrirá de un momento a otro, pues es un proceso. Sobre todo, deseo enfatizar que *al sanar no olvidamos*: esa no es la intención. Sanar implica que hemos aprendido a llevar esa pérdida como parte de nuestra vida, siempre enfocándonos en el amor; para mí eso es sanar, no quedarnos en un lugar de sufrimiento; esa es la diferencia. Cuando sanamos, aprendemos a procesar las emociones difíciles y decidimos cómo actuar, ya que hemos aprendido a asimilar lo que nos duele, lo que ha pasado. El primer paso es querer hacerlo, y ahí es donde he visto que estriba la diferencia cuando estoy con mis clientes; la persona que aprende y se permite ir asimilando es la que desea seguir hacia adelante.

Usar los pensamientos a nuestro favor

> Nada puede dañarte tanto como tus propios pensamientos sin vigilancia.
>
> Buda

> Aquello en lo que te enfocas, en lo que piensas, se convierte en tu experiencia.
>
> Mark D. Lee

Si eres un cliente mío, probablemente sabrás la importancia que le doy a nuestros pensamientos, ya que estos tienen un gran impacto en cómo procesamos nuestro dolor. Hemos comprendido lo necesario que es «sentarnos con nuestro duelo», experimentarlo y acogerlo. Es parte nuestra. No obstante, existe una diferencia entre vivir nuestro duelo y aumentarlo en función del tipo de pensamiento que tenemos en nuestra mente. Es por esa razón por la que llamé a mi noveno principio: «modifica tus pensamientos», pues nosotros tenemos la habilidad de vigilarlos, como nos indica Buda, para notar cuáles nos hacen daño y cuáles nos ayudan en nuestro proceso. Vale la pena observarlos y reconocer que también tenemos la capacidad de controlarlos, puesto que fuimos nosotros quienes los creamos. Al experimentar la pérdida de nuestro ser amado, sobre lo cual no tenemos control, quiero hacerte notar que todavía tenemos control sobre algo: sobre cómo pensamos.

La idea es ser capaces de redirigir esos pensamientos después de haber procesado nuestras emociones, en vez de ignorarlos. Cuando te digo: «piensa en otra cosa», no me estoy refiriendo a ignorar el dolor que el pensamiento te pueda haber generado, sino a reconocerlo y procesarlo, si es necesario, para poder soltarlo. Entonces, busca algo que te haga sentir mejor. Esto lo irás logrando de forma natural una vez que lo acojas. Yo lo hago y me ayuda muchísimo. Y aunque me refiero específicamente a que lo apliquemos en el contexto de la pérdida de nuestro ser querido, lo podemos aplicar a cualquier situación. Cuando los pensamientos intrusos inunden nuestra mente, reconozcamos y validemos las emociones que nos hacen sentir, pero evitemos quedarnos ahí. Redirijámoslos hacia imágenes que le brinden paz y amor a nuestro corazón.

A veces no solo se nos vienen a la mente pensamientos perturbadores, sino también imágenes que parecen repetirse una y otra vez. En lugar de ignorarlos, reconócelos y valida lo que te hacen sentir. Luego piensa en algún lindo recuerdo y enfócate en esa imagen. Recuerda que la vida con tu ser amado estuvo hecha de muchas otras imágenes, aparte de esa que pueda estar perturbando tu alma.

El dolor que podemos llegar a sentir por nuestro ser querido puede ser tan intenso que pareciera persistir al pasar el tiempo. Aun así, dentro de nosotros también poseemos mucho amor, nacido de nuestra relación con ellos. Pongamos nuestro empeño en que sea este amor y no el dolor lo que nos mueva a encontrar un propósito para ser mejores y dejar un granito de arena en el mundo, inspirados en ellos.

EL PODER DE NUESTRA MENTE
PARA CREAR LO QUE DESEAMOS SENTIR

En su popular pódcast *Rompiendo patrones y encontrando paz interior*, Tony Robbins entrevistó al líder espiritual Michael A. Singer, autor del bestseller *El alma sin ataduras: el viaje más allá de ti mismo*, quien elaboró acerca del poder de nuestra mente. Al preguntarle Robbins cómo fue que descubrió que la mente podía ser un lugar tan peligroso como lindo, Singer señaló cómo, al observarse a lo interno, se dio cuenta de que todo está en la mente y de que, en efecto, esta puede ser un lugar tan hermoso como peligroso. Singer desarrolló cómo se observó como si fuera un científico para entender por qué cambiaban los sentimientos, y se concentró en entender por qué las emociones hermosas se iban y a la vez cambiaban, y se dio cuenta de que todo estriba en la mente.

Cuando escuché eso me identifiqué en gran medida, pues fue lo que hice exactamente con mi duelo. Ahí estaba yo, la persona especializada en la materia, luego de haber ayudado a tanta gente, actuando como una científica y observándome desde afuera. ¿Recuerdas que al principio te dije que me hallaba como en dos estados: el de la hija que estaba de duelo y el de la profesional? Pues me concentré en notar qué era lo que sentía al estar de duelo, cuáles eran esas experiencias, cuáles eran esos pensamientos que acudían, cuáles eran esas emociones que se manifestaban en mi cuerpo. Todo eso lo fui observando con detenimiento, justo como propone Singer. Lo hice con dos propósitos: uno, para ayudarme en mi propio duelo, para notar qué era lo que me ayudaba, cómo me sentía cuando experimentaba ciertos tipos de pensamiento y cómo se expresaba mi duelo. El otro propósito era ayudar aún más al doliente, puesto que le agregaba a los principios teóricos una experiencia personal reciente. Aparte de mi entrenamiento y mi experiencia en mi duelo de niña, ahora tenía algo actual y lo sentía de forma muy cruda. Lo que he ido aprendiendo con mi experiencia lo he compartido con muchos clientes y ahora lo hago contigo. Reflexionar sobre ello es muy importante y te invito a que lo hagas, a que tú también reflexiones, te observes y te conozcas. Por ejemplo, si estás triste y abatido, haz una pausa, conecta con tu ser interior y pregúntate: «¿Qué me está haciendo sentir así en este momento?». Hazte la pregunta y documéntalo, escríbelo en tu diario; es más, utiliza un diario específicamente para esto. Escribe lo que has hecho, lo que estabas pensando, qué te hizo sentir tan triste, enojado o con culpa. Hemos mencionado todas esas emociones.

Ahora vamos a hacer lo contrario, como propone Singer. Cuando te estés sintiendo bien, más fuerte, con ánimo, con esperanzas de cara al futuro y con motivación, detente un minuto y pregúntate: «¿Qué estoy haciendo en estos momentos?, ¿qué estoy pensando en estos momentos?, ¿qué me ha ayudado?». Esto puede serte de muchísima utilidad, puesto que te enfocarás en lo que te ayude a sentirte mejor. Te lo sugiero, puesto que me ha servido muchísimo, de la misma manera que a muchos de mis clientes. Lo que deseo y espero de corazón es que abras tu mente ante esta posibilidad y te digas a ti mismo: «Puedo hacerlo, quiero hacerlo». Empezarás a notar un cambio interno que se expresará en tu mundo externo. Nuestra mente, por medio de los pensamientos, es la que nos ayuda a lidiar con nuestros dragones internos, tema que exploraremos a continuación.

PENSAMIENTO POSITIVO

Debido a que el tema de pensar positivo al estar de duelo nos puede hacer oponer resistencia, deseo compartir contigo cómo veo el pensamiento positivo y cómo esto se aplica cuando hemos sufrido una pérdida.

- Pensar positivamente no significa ignorar cómo nos sentimos.
- Pensar positivamente no significa mirar hacia otro lado cuando enfrentamos una pérdida.
- Pensar positivamente no es vivir en la negación.
- Pensar positivamente es ser capaces de evaluar nuestra situación.
- Pensar positivamente es validar nuestras emociones y saber que podemos incidir en cómo nos sentimos.
- Pensar positivamente es poder replantear nuestros pensamientos.
- Pensar positivamente es reconocer que estamos enfrentando una pérdida y procesar nuestro dolor, sabiendo que hay esperanza en nuestras vidas.
- Pensar positivamente es aceptar lo que nos está sucediendo y elegir nuestra respuesta.

Si abrazamos estas ideas, nuestra actitud positiva vendrá desde adentro. Será real. No será una máscara que usemos para que otros piensen que somos «muy positivos». Será el equivalente a desarrollar un sentido de gratitud, de empoderamiento, y ver las posibilidades que existen en tu vida. Equivaldrá a saber que nuestros pensamientos tienen una gran influencia en nuestras emociones y que sobre la base de esas emociones es como actuamos.

Daniel G. Amen y los dragones del pasado

Al estar escribiendo este libro, salió publicado el último libro del Dr. Daniel G. Amen (2021), el cual habla precisamente de nuestros dragones internos. El Dr. Amen es un reconocido experto en salud cerebral, neurocientífico y reconocido por el periódico *The Washington Post* como «el psiquiatra más popular en América». Es autor de múltiples *bestsellers* y es el director médico de las clínicas Amen, reconocidas en el ámbito nacional como pioneras en salud cerebral.

El Dr. Amen llama «dragones» a esa parte nuestra que sale y que representa parcelas internas que nos pueden afectar e influir en la forma como manejamos determinadas situaciones. Él habla de los dragones del duelo y la pérdida, entre otros. Esos dragones están plagados de pensamientos negativos automáticos (ANT)[1]. Todos esos mensajes se encuentran dentro de los dragones. Yo los veo como algo metafórico, como monstruos que salen, te atrapan y, por desgracia, te acompañan y están contigo, cuando en realidad quisieras tener un ángel a tu lado.

Sin embargo, estos dragones se hacen presentes con mensajes que no te ayudan en lo más mínimo. A algunos de ellos el Dr. Amen los llama: «el dragón del abandono, del duelo, de la ansiedad...». Lo que debemos es aprender a lidiar con ellos al prestarles atención a los pensamientos y a los mensajes que

---

1 ANT, siglas en inglés de «Automatic Negative Thoughts».

nos damos a nosotros mismos. En el duelo, como lo hemos visto, esa visión atenta tendrá una gran influencia en la forma como iremos procesándolos.

Para ayudarnos con su ejemplo, el Dr. Amen comparte con nosotros cómo manejó la pérdida de su padre.

Ocurrió durante el año 2020, después de haber logrado sobrevivir al covid-19. Le dolió muchísimo esa pérdida. Sin embargo, empezó su proceso de sanación de inmediato, pues a su juicio, si nos quebramos un brazo, en vez de esperar un tiempo para hacer algo en función de que sane, lo hacemos de inmediato:

> Mi papá se unió a los ángeles ese día. Y de repente, *los dragones del dolor y de la pérdida* cuya aparición había estado ayudando a sobrellevar a muchos de mis pacientes y seguidores de las redes sociales durante la pandemia desataron una bola de fuego en mi cerebro. Afortunadamente, como psiquiatra que ha pasado décadas ayudando a las personas a lidiar con la muerte y la pérdida, sabía que necesitaba comenzar el proceso de sanación lo antes posible. Algunas personas piensan que necesitas revolcarte en el sufrimiento después de la muerte de un ser querido, pero siempre pregunto: «Si te rompieras el brazo, ¿esperarías seis semanas para que te colocaran el hueso en su sitio?». Uno de los pasos más importantes en el duelo saludable… es expresar tus sentimientos en lugar de embotellarlos.

NOTA:

EJERCICIO PARA OBSERVAR TU PENSAMIENTO

En primer lugar, te sugiero que te tomes un momento para dedicarte por completo a esta experiencia. Presta atención a tu respiración. Luego de respirar tres veces por la nariz, soltándolo por la boca, presta atención a lo que está pasando en tu mente. Observa tu pensamiento. Evita juzgarlo, esa no es la idea. El propósito de este ejercicio es que desarrolles la habilidad de estar consciente de lo que estás pensando, pues eso te dará una luz sobre cómo te estás sintiendo. Una vez que sepas cuál es tu pensamiento, pregúntate si te ayuda o te hace daño en tu proceso. Si te hace daño, puedes tomar aire de nuevo y, al exhalar, soltar ese pensamiento. A continuación, escoge otro que te haga sentir mejor.

Si estás todo el tiempo diciendo: «No puedo vivir sin mi ser amado».

Intenta decir lo siguiente: «Vivo con mi ser querido en mi corazón».

Esta técnica la he utilizado con la mayoría de mis clientes, los cuales sienten que los ayuda en esos momentos en los que los pensamientos pueden, literalmente, tirarnos al piso. Es lo que conocemos como «terapia cognitivo-conductual» y consiste en ayudarnos a sentirnos de forma diferente al aprender a cambiar nuestros pensamientos.

Lo que acostumbro a hacer es dibujar las palabras en una pizarra magnética de esta forma:

- Pensamiento
- Emoción
- Acción.

Al mostrárselas a mis clientes les digo lo siguiente: «De acuerdo con cómo piensas, te sientes; y de acuerdo con cómo te sientes, actúas». Esta técnica ha servido muchísimo en lo relativo a ayudar a sentirse y actuar diferente, tanto a un jovencito de quince años como a una señora de noventa y tres. Nuestra mente es poderosa. Los pensamientos son nuestra parte cognitiva y, al modificar tu pensamiento, puedes inmediatamente cambiar tu emoción y actuar de forma distinta. Por ejemplo, si estás sintiendo miedo y deseas sentir paz, piensa en algo que te dé tranquilidad. Es impresionante lo bien que trabaja este tipo de terapia para manejar la ansiedad, el miedo y la tristeza. Lo he enseñado durante largo tiempo y el año pasado tuve la oportunidad de aplicarlo en el momento más duro y doloroso de mi vida, al perder a mi mamá. Te aseguro que funciona. Lo he aplicado en circunstancias en las cuales los pensamientos me han llevado a la tristeza más grande. Después de procesarlo, cambio el pensamiento hacia un recuerdo hermoso, con lo que me cambia por completo la emoción y, por ende, actúo diferente.

PROCESANDO TU DUELO

Reconoce cómo te sientes en este momento.

_____

_____

Nota qué estás pensando y escríbelo.

_____

_____

Luego, escoge qué emoción te gustaría experimentar.

_____

_____

**Escribe el pensamiento que te ayudaría
a sentirte de esa manera.**

_____

_____

Confía en ti mismo, puedes hacerlo. Muchos de mis clientes pronuncian el pensamiento en voz alta de forma inmediata, y eso es lo que les sugiero: que lo expresen, que lo verbalicen, que lo escriban en su cuaderno —la mayoría trae uno a la consulta para tomar nota de lo que se quieren llevar con ellos para luego aplicarlo—.

¿QUÉ MÁS PUEDE AYUDARTE EN ESTOS MOMENTOS?
Algo que me ayudó en gran medida durante los primeros meses después de la muerte de mi mamá y que puede también ayudarte a ti fue tener estructura, pues eso genera una sensación de afianzamiento, algo que podemos perder muy con facilidad durante los primeros tiempos, pues es natural que nos sintamos en el aire y sin rumbo fijo. Avanza paso a paso, uno a la vez. Te sugiero que utilices listas y veas qué es realmente importante. En cuanto a tus responsabilidades, evita obviarlas, pues luego se te acumulan. Por otro lado, no te exijas demasiado. No pienses que tienes que avanzar al mismo ritmo de antes. Es comprensible e incluso necesario aminorar un poco el paso. Por lo tanto, planificar tus jornadas y encontrar algo que hacer cada día te ayudará a encontrar un lugar en tu nuevo mundo. Sin embargo, no tienes que hacerlo todo a la vez, pues eso puede abrumarte. Si sientes que es mucho, pide apoyo. En esos momentos, a la gente le gusta apoyar. El doliente a veces evita pedir ayuda, pues no le gusta molestar, mientras que la gente no suele o no sabe cómo ofrecértela y no quiere molestarte. Pide ayuda, acéptala y aprende a delegar.

Planea algo esta semana que te haga sentir bien, tal como dar un paseo por la playa, darte un masaje, comprar algo o cocinar una nueva receta de cocina.

De pasivo a proactivo

Lo que voy a desarrollar a continuación te será útil dependiendo de en qué punto te encuentres en tu proceso, recordando que cada duelo es único. Por lo tanto, algo que te sugiero porque te puede ayudar, y que muchos de mis clientes hacen, es ser proactivo. ¿Cómo nos ayuda ser proactivos y a qué me refiero? Pues a que en vez de estar esperando que algunas de nuestras amistades o familiares nos llamen para hacer planes, ¿qué tal si nosotros los hacemos? Podemos organizar una reunión en casa, una salida a comer, incluso un viaje. Nos será posible, de esa forma, compartir y además estaremos siendo proactivos en vez de ser reactivos, algo en lo que nos es fácil caer cuando las amistades no responden como quisiéramos y, por tanto, nos quedamos sumidos en el espacio de la tristeza o la rabia. Seamos proactivos y planifiquemos con las personas que sí están ahí para nosotros.

Esto me recuerda a Terry, quien perdió a su esposo y asumió una actitud altamente proactiva: planeó un viaje con unos amigos para irse a un retiro de yoga, algo que disfrutó muchísimo porque, aparte de conectar, el tipo de viaje que hicieron fue altamente espiritual. De la misma manera, de forma regular conecta con amistades para salir a comer y planea diferentes actividades. Terry siente que ha hecho un gran progreso en su proceso.

También comparto contigo el caso de María, quien ha descubierto amistades a través de un grupo de apoyo y se ha encontrado planeando actividades tales como ver películas, comer e incluso viajar. Se llaman por teléfono, toman iniciativas, y eso es lo que yo te sugiero, pues es algo que te ayudará a dejar de estar aislado, inactivo y pasivo.

Puede que no desees estar tan involucrado en estos momentos. Está bien, un paso a la vez. Cada pasito que des te va a ayudar en tu etapa de recuperación o, aún mejor, de transformación porque, en realidad, al ir sanando nuestra alma, vamos transformando nuestra pérdida y, por lo tanto, transformando nuestra vida, de la misma forma como lo ha hecho María: «Entendí que no hay nadie fuera de mí que pueda curarme el dolor. Solo yo misma, de la mano de Dios, puedo sanar mis heridas y mi dolor y transformar todo ello en amor, en luz, en comprensión, en gratitud, en perdón».

ACCIONES QUE PUEDES REALIZAR PARA SENTIRTE MEJOR

- Si deseas llorar, hazlo. Las lágrimas limpian el alma. Recuerda que fingir una sonrisa puede doler más que derramar una lágrima.
- Comparte cómo te sientes con alguien que te sepa escuchar.
- Haz el compromiso contigo mismo de realizar una acción positiva cada día.
- Crea una estructura a diario, con una meta específica en mente. Puede ser algo pequeño, como darle de comer a tu perro o arreglar tu cama.
- Conecta con tu ser interior a través de la meditación y/o la oración.

- Encuentra algo que disfrutes hacer y llévalo a cabo de forma regular.
- Date tiempo para ti mismo.
- Respira profundamente y deja salir el aire con suavidad durante tres veces seguidas.
- Escribe en una nota cómo te sientes y pon lo escrito en una cajita. También puedes redactarle pensamientos a tu ser amado y guardarlos en un cofrecito.
- Puedes utilizar el concepto de hacer mapas de ideas: en una hoja grande, coloca una meta en el centro y, alrededor, escribe conceptos que tengan que ver con esa meta o proyecto. Al crear algo así para honrar a tu ser amado, puedes escribir su nombre en el centro y alrededor enumerar sus cualidades y las características que lo definían, además de lo que disfrutaba haciendo.
- Escoge un objeto que te sirva de ancla para recordar a tu ser amado. Me gusta darles a mis clientes un corazón de cerámica que les recuerde que el amor es eterno.
- Haz la lista de las cosas que te hacen sentir bien, en paz, sobre las que tienes control.
- Practica algún tipo de ejercicio físico (siempre consultando con tu médico).
- Escribe en un diario.

Una de las actividades que más me han ayudado en mi proceso de duelo es escribir en un diario. Puedes hacerlo de diferentes maneras, como un ritual todos los días a una hora determinada, o como una forma de ir documentando según vayan pasando las experiencias. Puedes hacerlo cuando estés solo o después de haber compartido con alguien. Lo que más ayuda es conectar con cómo nos sentimos, para darnos cuenta de los detonadores, de lo que nos ayuda a sentirnos mejor y volcar esos pensamientos en el papel.

Ejercicio para recordar a tu ser amado

Encontré este ejercicio que nos sugiere Dick (2014), muy valioso para recordar a nuestro ser querido. Él se refiere a nuestros padres; yo lo expando aquí para cualquier persona que ya no esté físicamente en nuestra vida.

Busca una hoja grande de papel, escribe el nombre de tu padre fallecido —o el de cualquier otro ser amado— en la parte superior. Usa el tiempo que necesites, y haz un listado de las cosas que vengan a tu mente que desees recordar sobre esa persona y tu relación con ella (p. 16).

Recreando la historia

> Contar y volver a contar la historia de la pérdida de una persona en duelo es una parte importante de su sanación.
>
> J. Shep Jeffreys

De lo que me he dado cuenta al acompañar a personas en duelo, y al vivir el mío, es de que necesitamos recrear la historia. Queremos volver. Queremos tener detalles. Queremos recrear lo que ha pasado y rebobinar la película poco a poco, una y otra vez.

Al hacerlo, podemos encontrar algún eslabón perdido. Podemos encontrar mensajes ocultos, que fue justo lo que me sucedió al ir recreando la historia de mi madre durante los primeros meses después de su muerte. Al leer los textos intercambiados con el enfermero, con la señora que estaba con ella y con mi mejor amiga, Lucrecia, me esmeraba por encontrar detalles, por ir uniendo los puntos perdidos para recrear el relato, por hallar momentos significativos con mi mamá, pues los recuerdos los guardamos en el alma, no como consuelo, sino como vivencias compartidas que experimentamos con nuestro ser amado y a las cuales regresamos una y otra vez.

También deseamos contar nuestra historia con ellos, lo que significamos el uno para el otro. Podemos escoger la narrativa que nos diremos, aquello en lo que nos enfocaremos. La muerte es solo la parte final del relato de una vida. Por lo tanto, en la historia, cuando la reconstruyas, incluye todo aquello que le gustaba a tu ser querido: lo que comía, si tocaba algún instrumento, qué tipo de actividades disfrutaba... Todo esto puede ser parte de la nueva historia.

Mucho se habla sobre la terapia narrativa y es lo que yo me encontraba haciendo de manera intuitiva. La historia de mi madre está llena de amor, de risa, de resiliencia, de ingenio, y el irla recreando me ayudó mucho para darle sentido. Me ayudó a procesar los detalles dolorosos y recordar los hermosos. Entre ellos está este mensaje que había compartido con Lucrecia en un texto de WhatsApp. Decía así: «Tres días antes de fallecer, al entrar al cuarto de mi mamá, se me quedó viendo y me dijo: "Te quiero tanto, tanto, tanto..."».

NOTA:
Llama a esa persona que te escucha sin juzgar
y cuéntale tu historia.

PROCESANDO TU DUELO

En esta sección, te invito a escribir la historia de tu pérdida.
Nárrala tan claramente como puedas.

¿Has recreado la historia de tu ser querido?

_____

_____

¿Qué momentos de ese relato repites en tu mente?

_____

_____

¿Compartes con alguien tu historia?

_____

_____

¿Qué tipo de narrativa quieres recrear?

_____

_____

¿Cuáles son las cualidades que más te
gustaban de tu ser amado?

_____

_____

¿Qué le gustaba hacer?

_____

_____

Incluye momentos especiales que hayas
tenido con esa persona.

_____

_____

UTILIZANDO TUS FORTALEZAS

Algo en lo que me gusta enfocarme con mis clientes es en
que pueden desarrollar sus capacidades o fortalezas, porque
todos las tenemos. Algo que también deseo, a través de este
libro, es recordarte las posibilidades que tienes y cómo el ir

desarrollándolas y aplicándolas a tu proceso te va a ayudar a aumentar tu autoconcepto y tu seguridad de que puedes hacerlo.

Muchas veces, cuando vienen clientes a verme, me hablan de todo lo que no han hecho, lo que no han logrado. Entonces, hago una pausa y les pregunto qué han logrado efectivamente; les pido que me cuenten lo que han hecho en la semana y, de pronto, comparten conmigo cosas que han logrado llevar a cabo. Los invito a hacer una pausa y reflexionar. Se dan cuenta de que, en efecto, están dando pasos, aunque sean pequeños, pero están avanzando.

Te sugiero que lleves un cuaderno donde escribas todas las acciones que estás realizando, las documentes y, al final de la semana o del mes, las revises; entonces te darás cuenta de cómo has ido haciendo uso de tus capacidades. A veces no nos damos cuenta de lo capaces que somos. Es importante documentarlo y, entonces, darte una palmadita en el hombro o, mejor aún, darte un abrazo.

La música como regulador del estado de ánimo

La música influye en nuestro estado de ánimo de forma automática. Puede que escuchar una canción que te recuerde a ese ser que perdiste te genere nostalgia, como me sucedió con la canción «Después de ti», interpretada por Raúl Di Blassio y Cristian Castro, como te mencioné antes. Por otro lado, puedes escoger escuchar música alegre que te suba el espíritu. También puede traerte recuerdos lindos, sin ponerte melancólico. La música es parte de las artes y existe lo que llamamos «terapia de música». Recuerdo que, al salir a caminar, escogía escuchar pódcasts en vez de música. La primera vez que quise escuchar música, la canción que me salió fue «Agradecido», de José Luis Rodríguez, el Puma, esa donde da gracias por tantas cosas después de haberse recuperado de una cirugía doble de pulmón. Me tocó el alma, pues tiene un son alegre y a la vez la letra es como un himno. Me impactó y pensé que tenía un significado el que la hubiera escuchado.

Lo que sintió mi corazón fue la necesidad de agradecer el gran amor que sentía por mi madre y cómo ella me guiaba en mi camino. Agradecí en ese momento muchos recuerdos que tenía con ella.

Autocuidado

Para sobrevivir a una crisis, debes
concentrarte en tu recuperación.

Jim Moorhead

El autocuidado consiste en hacer todo lo posible por ser responsables de nuestro bienestar de una manera integral: cuerpo, mente y espíritu. Por desgracia, el haber perdido a nuestro ser amado no estaba bajo nuestro control. Sin embargo, el cuidar de nuestra persona y, de esa forma, honrar su memoria sí lo está. En mi sistema de los 11 Principios de Transformación®, el principio VI es precisamente: *Cuida de tu persona.*

Al cuidar de cada aspecto de nuestra vida, lograremos llegar a cicatrizar esta gran herida y, de esa forma, no nos quedaremos estancados en el dolor. Debemos tener siempre presente que lo que deseamos evitar es dejar esa herida abierta durante el resto de nuestra vida. Al sentir la herida de nuestro duelo abierta, podemos pensar: «No siento el menor deseo de cuidarme, pues lo que quiero es solo tirarme en un sillón y llorar». Eso puede suceder. Sin embargo, para que vaya sanando y pueda cerrarse, es importante que pongamos de nuestra parte en el proceso. Como decía Silvia, una querida amiga, ya fallecida, que perdió a su hija y compartió conmigo su historia en mi libro *Transforma tu pérdida. Una antología de fortaleza y esperanza*: «La herida del duelo no se olvida, pues queda una cicatriz». Sí, al perder a un ser querido no olvidamos, por eso la cicatriz está allí. Sin embargo, al procesar nuestro duelo y cuidar de nosotros mismos, le damos la oportunidad a la herida de ir cerrando poco a poco.

¿En qué consiste cuidarse a uno mismo?

> Cuidarse a sí mismo es una
> expresión de amor propio.
> Ligia M. Houben

El cuidado personal incluye todas nuestras áreas, pues creo en un enfoque integral; consiste en cuidar nuestro cuerpo, nuestra mente y nuestro espíritu.

Cuidando tu aspecto físico

Físicamente, tómate tiempo para descansar, pues el duelo drena. Si te es posible, toma siestas, aunque sean cortitas, de quince a veinte minutos. Te sentirás recargado.

Aliméntate bien para nutrir tu cuerpo. Por desgracia, la pérdida no la puedes controlar; sin embargo, sí puedes controlar cómo te alimentas.

Ejercítate, pues te ayuda a cambiar tu estado emocional al elevar las endorfinas, que son químicos que ayudan a producir una sensación de bienestar[1].

En cuanto al espíritu: conecta con tu yo y date momentos de paz interna. Sé paciente contigo mismo, estás

---

1 Tomado de MD.com

atravesando un duelo y eso puede alterar tus emociones. Aplica la autocompasión (revisa la sección en la que hablo de este tema).

LLEVA UN REGISTRO DE TUS ACTIVIDADES DE CADA DÍA[2]

Fecha de hoy:_____ Horas de sueño:___ Horas de trabajo:___

Horas en el ordenador o en el teléfono celular: _____

Horas de comida

Desayuno:_____ Almuerzo:_____ Cena:_____ Meriendas:_____

¿Participas en alguna actividad física? ___ ¿Cuál? _____

¿Cuántas veces a la semana? _____

¿Solo o con alguien? _____

¿Cómo estructuras tu día? _____

¿Qué actividades mejoran tu bienestar? _____

¿Qué actividades no son saludables? _____

¿Cómo apoya el bienestar físico tu transformación de adentro hacia afuera? _____

¿Qué tipo de actividades físicas mejoran tu bienestar, honran tu cuerpo y te apoyan en este proceso? _____

NOTA:

Toma un pedazo de papel y escribe en la parte superior: «¿Cuáles son mis necesidades?». Luego examina cada una y date cuenta de si estás prestando atención a todas ellas.

CÓMO PUEDES CUIDAR TU MENTE

Nuestra mente es poderosa y a veces no la cuidamos de la

mejor forma. Lee libros que te ayuden a crecer en lo personal, a prestar atención a tus pensamientos y a desarrollar tu capacidad de elección; de igual manera, entrénala. Así como entrenas tu cuerpo en el gimnasio para desarrollar tus músculos o hacer ejercicios aeróbicos para ayudarte en tu estado cardiovascular, de igual forma, entrena tu mente para mantenerla ágil y retener tu memoria. Mi madre fue una experta en este tema pues, al llegar a la edad de cien años, era todavía capaz de hacer las tablas de multiplicación y de jugar dominó. Entre las actividades que la mantuvieron activa mentalmente durante los últimos años de su vida encontramos el hacer crucigramas, estudiar inglés, aprender habilidades tales como hacer collares, contar números y jugar dominó.

Otra actividad que es excelente para mantener la agilidad mental es armar rompecabezas. Escoge la actividad que más disfrutes e intégrala. Aparte de distraerte de forma positiva, te ayudará a poseer una mente ágil. Recuerda que, al estar de duelo, podemos sufrir falta de concentración y es común que se nos olviden ciertas cosas. Estas actividades te pueden ayudar a estar más atento.

NOTA:
Escoge una actividad que ayude a tu mente
y dedícale tiempo cada día.

PROCESANDO TU DUELO

NOTA:

Haz una lista de cinco actividades que disfrutes hacer y que te den una sensación de bienestar. Escoge hacer una al menos semanalmente. Si lo puedes hacer cada día, aún mejor.

1. _____

2. _____

3. _____

4. _____

5. _____

EL VALOR DE LOS RITUALES EN EL PROCESO DE DUELO

Al compartir contigo los once principios de mi metodología, podrás haber notado que el séptimo principio consiste en llevar a cabo rituales al enfrentar una pérdida. En esta sección explicaremos en qué consisten y cómo pueden ayudarte.

RITUALES PARA MANTENER LA CONEXIÓN ETERNA

> El ritual se define como actos altamente
> simbólicos que confieren un significado
> trascendental a ciertos acontecimientos
> o experiencias de la vida.
>
> KENNETH J. DOKA

El crear rituales ha sido uno de los elementos fundamentales en mi proceso de sanación. El recrear los rituales que tuve con mi madre cuando ella estaba viva ha llenado mucho mi espacio espiritual. Nosotras rezábamos juntas cada día «Conversación con Jesús de la Misericordia», una oración que me regaló un cliente muy querido en forma de separador de libros. ¿Y qué sucedió? Ahora yo sigo ese ritual. Además poseo un tesoro, pues tengo un video de ella rezando el padrenuestro, que era su oración favorita. Lo rezaba continuamente y yo lo rezaba con ella. Todos estos diferentes aspectos de procesamiento del duelo a nivel espiritual han sido de gran valor, de gran importancia.

Un ritual que tuvo un gran significado fue el que elaboré cuando llegó su cumpleaños, el 8 de agosto, dos meses después de su muerte. En esa ocasión, para honrar su memoria hice un video con muchas fotos de ella. Lo publiqué en YouTube[3] y lo compartí con la familia, amistades y también en Facebook, donde ella mantuvo siempre un hermoso lugar. También le hicimos un ritual de cumpleaños, en mi casa, mi hermana mayor, mi sobrina y yo, como te mencioné con anterioridad. Nos reunimos para rezar, compartir historias y cantarle el Happy Birthday con una torta de zanahoria, su

---

3 https://www.youtube.com/watch?v=4ttZqkcrtng&t=40s

postre favorito. Le compré una tarjeta y se la leí de manera muy emocionada. Fue un momento lleno de amor y de unión al conmemorar su memoria y honrar su vida.

Poco a poco encontré una forma linda de ir procesando mi duelo: tocando el piano. Desde que toqué la primera nota, me remonté a mis recuerdos, pues de niña había empezado a aprender a tocar piano poco antes de mi padre fallecer. Mi profesor se llamaba Julio Max Blanco. Debido al luto rígido que vivimos en mi casa, no escuchábamos música, por lo cual no continué con mis clases. Empecé entonces, nota por nota, y el tocar cada una era como un bálsamo para mi alma. Sentí que honraría el recuerdo de mi mamá al hacerlo, ya que ella amaba el piano.

Ese ritual lo adopté durante los primeros meses y luego lo dejé de lado cuando me dediqué a escribir el libro para celebrar su vida, como te mencioné anteriormente. Dicho libro se convirtió en mi propósito, ya que era una forma muy especial de conexión. Puedo decirte que ese proceso ha sido lo que me ha dado mayor significado después de su muerte y se convirtió, en sí mismo, en un ritual. Me daba mucha ilusión sentarme ante la computadora a escribir sobre ella, buscar fotos y escribir sobre su vida. Es más, el escribir este libro se convirtió en otro ritual para seguir dándole significado a mi pérdida.

RITUAL PARA EL DÍA DE ACCIÓN DE GRACIAS
Para el Día de Acción de Gracias, algo que he hecho y que he sugerido que se haga es un ritual familiar de agradecimiento, siendo que este es precisamente el día para dar gracias.

Se trata de que los miembros de la familia dispongan

una cajita o cofrecito y lo coloquen a la entrada de la casa. Pongan al lado unas tarjetitas blancas de 4x6 cm y escriba cada uno algo que los haga sentir agradecidos por haber tenido a su ser amado. Luego de cenar, reúnanse en la sala de estar, traigan la cajita y compartan los diferentes comentarios. Es un momento muy especial puesto que, al no estar nuestro ser querido con nosotros físicamente, al celebrar el Día de Acción de Gracias va a estar presente de todas formas en nuestra mente y nuestro corazón. Este ritual es una forma de que el recuerdo de nuestro ser querido forme parte de la celebración. Es algo muy lindo y muy emotivo agradecer todas las cosas que esa persona te dio mientras estuvo con vida y que ahora recuerdas con agradecimiento.

El cajón o gaveta del duelo

Se ha demostrado que es importante separar un tiempo para dedicarnos a procesar nuestro duelo, porque en la vida diaria estamos tan llenos de obligaciones y responsabilidades que elaborarlo puede llegar a ser lo último que tenga prioridad. A veces tenemos un calendario tan ocupado que no dejamos ni un huequito para nuestro duelo. Es más, las amistades y los familiares, con la mejor de las intenciones pueden decirte: «Lo mejor que puedes hacer es mantenerte ocupado», y podrías llegar a hacer lo posible por no darte tiempo ni siquiera para pensar.

Sin embargo, te recuerdo lo esencial que es visitar tu duelo y darte un espacio, porque lo que deseamos es conectar con él de una forma que te ayude a hacerlo como un ritual, un ritual que he recomendado a muchos clientes y que yo misma hice con mi madre. Puedes empezarlo designando una gaveta o cajón en el cuarto en donde vayas poniendo objetos que pertenecían a tu ser amado. Eso te ayudará a entrar en ese espacio de duelo y procesar lo que sientes en tu corazón. En vez de ponerlo de lado, se trata de darte un tiempo al día o a la semana para estar íntimamente con tu duelo al ver recuerdos de tu ser amado tales como fotografías que puedas mirar, ropa que puedas oler, cartas o tarjetas que puedas leer, objetos que le pertenecían y que puedas tocar. Todo esto nos conecta de una manera muy especial, pues la idea no es evitar los recuerdos sino que, al elaborar rituales como el del cajón, proceses tu duelo. Incluso, puedes hasta utilizar una alarma para dedicar un tiempo específico para esta actividad.

Crea tu propio ritual

Un ritual puede ser algo que no sea elaborado, pero que tenga gran significado para ti. Por ejemplo, Marisol me decía que tomar café juntos cada mañana leyendo el periódico es algo que extraña de su esposo, pues era un ritual para ellos. Ahora lo que hace es tomar el café en la terraza, desde donde puede mirar las orquídeas que él cultivaba. Es su nuevo ritual.

Ritual del entrenamiento del luto

Cuando llevábamos a cabo el entrenamiento sobre cómo facilitar grupos de apoyo en el luto en las iglesias, Dale y yo terminábamos el taller haciendo un ritual para honrar a nuestros seres queridos. Situábamos una vela blanca muy alta en una mesa sobre un lindo candelabro. A cada participante le dábamos una cinta para que en ella escribiera el nombre de su ser amado fallecido. Nosotros también hacíamos lo mismo. Luego, cada persona pasaba a poner, con un alfiler, la cinta en la vela. Al hacerlo, y si lo deseaban, expresaban en voz alta algo sobre esa persona.

PROCESANDO TU DUELO

¿Alguna vez has creado rituales para tu ser amado?

_____

_____

¿De qué tipo?

_____

_____

¿Qué han significado para ti?

_____

_____

EL FUNERAL COMO RITUAL TERAPÉUTICO

> Los funerales son formas en las que una comunidad dice: «La vida de tu ser querido contó. No te vas a quedar solo para superar esto. Y, lo más importante, ¡tu ser amado será recordado!».
>
> HAROLD IVAN SMITH

Al perder a un ser querido, una de las primeras cosas que tenemos que hacer es planear el funeral, puesto que es una forma de compartir con otros el fin de una vida especial para nosotros y darle el último adiós. Este ritual tiene en sí un gran valor terapéutico que nos brinda múltiples beneficios, tal como señala Rando (1984) en el libro de Doka (2002, p. 136). Algunos de dichos beneficios son:

- Confirmar la realidad de la muerte. Esto nos ayuda a dar

por sentado lo que ha sucedido.

- Ayudar en la expresión del duelo y, al mismo tiempo, ofrecer una estructura que contiene el duelo.

- Estimular los recuerdos de los difuntos, tanto individual como colectivamente.

- Permitir que los afligidos «hagan algo», ofreciendo actividades estructuradoras en un momento de otra manera desorganizado.

- Proporcionar apoyo social a los deudos, reafirmando su nueva identidad y reincorporándolos a la comunidad en general.

- Ofrecer posibles significados para la pérdida, permitiendo a los dolientes comprender la muerte en el contexto de sus creencias.

- Reafirmar el orden social, recordando a las personas tanto la realidad de la muerte como la continuidad de la comunidad.

La relación no termina, se transforma. Lazos continuos

La muerte termina una vida, no una relación.

MORRIE SCHWARTZ

Los lazos continuos reconocen
que el dolor es duradero.

ELEANOR HALEY

Hablamos mucho de los lazos de continuidad que existen cuando hemos perdido a nuestro ser querido. Como dolientes necesitamos esa validación, porque nuestro ser amado simplemente no desapareció de nuestra vida, y como dolientes decidimos reconstruir esa relación. Dicha relación puede estar basada en el amor, en brindarte paz, en sentirte conectado con él y en permitir que sea una luz en tu camino, una inspiración. A mí me gusta decir «transformar esa relación», puesto que es sentir la esencia de esa persona a nuestro lado, su presencia, ya sea a través de rituales, escribiéndole una carta o redactando en nuestro diario.

Algo que también nos ayuda es mantener el legado a través de su historia. Contar la historia de su vida, ya sea entre familiares o amigos, no solo en las redes sociales. Si prestamos atención nos damos cuenta de que la gente lo está haciendo, pues es probable que se hayan dado cuenta del valor terapéutico que esto tiene para ellos. Para mí ha sido un eslabón importante en mi proceso de duelo y de conexión eterna.

Es más, lo he hecho con mi padre y ahora lo estoy haciendo con mi madre.

Como doliente, es reconfortante cuando sentimos una fuerte conexión con nuestro ser amado después de haber fallecido. Es más, Bonanno comenta que muchas veces el doliente se comporta como si estuvieran «comunicándose desde una realidad alternativa» (Bonanno, 2019, p. 11). Sin embargo, nos hace notar a la vez que para que estos lazos de continuidad sean sanos, hay que ver si las experiencias de conexión con esa persona son excesivas o se dan muy a menudo.

Al perder a un ser querido, pareciera ser que, en nuestro proceso de duelo, este se convirtiera en nuestra compañía constante. Esto te lo digo basada en mi experiencia y en la de tantos clientes que, durante años, han compartido conmigo que sienten ese acompañamiento permanente. Adicionalmente, John Bowlby (1982), en su libro *Pérdida: tristeza y depresión*[1], habla del constante apego de viudos y viudas con sus esposos que han fallecido y cómo los sienten como compañía, algo que no considera inusual o de poca ayuda, sino al contrario, pues menciona un estudio llevado a cabo por Gilk *et al* (1974) en el cual se presenta un caso de una viuda que mantenía conversaciones internas con su esposo fallecido y cómo esto la ayudó a actuar de manera independiente (p. 98). He observado el valor terapéutico que estos intercambios tienen con mi cliente María de los Ángeles, quien ha establecido una serie de conversaciones con su esposo fallecido. Eso la ha ayudado a ir entrando en un espacio de sanación.

---

1 *Loss: Sadness and Depression.*

A nuestros seres amados los llevamos en la mente y en el corazón; están ahí, les hablamos y los sentimos como una compañía constante. En la sección donde hablo sobre la historia de amor, menciono a Viktor Frankl y como él mantenía conversaciones con su esposa, quien fue la fuente de su amor.

De ti depende si esa compañía es una fuente de amor, es una fuente de sonrisa, es una fuente de paz: si has logrado transformar tu sufrimiento en algo elevado que te da sentido, o si, por el contrario, la relación constante que tienes con tu ser amado es de sufrimiento, es de reclamo, es de preguntas sin respuestas, pues nadie las tiene y no las vas a encontrar por el hecho de formularlas. Si te encuentras en ese espacio, eso va a impedirte que salgas del valle del dolor. Si deseas cambiar este tipo de comunicación, toma papel y lápiz y hazte las siguientes preguntas:

PROCESANDO TU DUELO

¿Qué tipo de comunicación tengo con mi ser querido de manera regular?

_____

_____

¿Qué tipo de conexión me gustaría tener?

_____

_____

¿Qué historia de mi ser amado puedo convertir en legado?

_____

_____

OBJETOS DE VÍNCULO

El término «objetos vinculares» fue introducido en 1972 por el psiquiatra Vamik D. Volkan (1972) y el propósito de estos es conectarnos con nuestro ser querido. Esos objetos son, por lo general, cosas que le pertenecieron. Puede ser una foto, una nota o algo que usaron. Por otro lado, también pueden crearse para sentir la conexión con ellos. Hemos notado un cambio en lo que se considera saludable en el duelo en relación con los lazos continuos con esta persona. Antes se esperaba que estos no continuaran; ahora, por el contrario, hasta se considera que es potencialmente saludable (Doka y Davidson, 2014, p. 226). Así pues, se ha comprobado que mantener estos objetos de vínculo ayuda en el proceso de duelo por el gran significado que revisten.

Creo mucho en estos objetos y han sido parte de mi conexión con mis padres. Lo que me une con mi papá es un llavero que lleva su lema: «El éxito es trabajo duro disfrazado de buena suerte». El objeto vincular que me une con mi mamá es el corazón de imán que te mencioné al contarte mi historia, que es el que uso en mi ropa. Antes lo usaba cuando viajaba y, al ella usarlo también, representaba el hecho de que, a pesar de la distancia, estábamos unidas «de corazón a corazón». Ahora, al usarlo, mantengo ese vínculo eterno, pues simboliza la conexión con mi mamá que será para siempre.

CREANDO OBJETOS DE VÍNCULO

Puedes hacer varias cosas para sentir cerca a tu ser amado al crear objetos de vínculo. Por ejemplo, existen unas frazadas en las cuales puedes poner una foto o hacer un *collage* con varias de sus fotos; hacer montajes en fotografías, como Luz María, quien hizo unos lindos montajes de fotos de su hijo en el cielo, rodeado de nubes. Esto es algo muy espiritual, que le llena el alma. También puedes llevar cenizas en tu cadenita, si tu ser amado fue cremado, para tenerlo siempre cerca de tu corazón.

Algo que es muy lindo, y que una querida cliente hizo, fue hacer un jardín de mariposas. Marlem perdió a su hija y, en su honor, hizo un jardín de mariposas en su casa. Esto también lo menciono en el libro de *Transforma tu pérdida*, pues es algo muy hermoso. Las mariposas son símbolos de nuestro ser amado. Recuerdo cómo María Gough, al contarnos la historia de su hijo, nos dijo que al salir del cementerio una mariposa se le había posado en el hombro y se había ido con ella en el carro. Al hablar de los objetos vinculares, hemos visto que pueden ser cosas desde que simbolicen a nuestro ser amado, hasta objetos que nosotros podemos crear. No obstante, el mayor vínculo que podemos tener es el gran amor que nos une a esa persona, puesto que el amor es eterno.

PROCESANDO TU DUELO

¿Qué tipo de objetos de vínculo posees que te hacen sentir conectado con tu ser amado?

_____

_____

¿Qué tipo de objetos de vínculo puedes crear para sentir la conexión?

_____

_____

CONEXIÓN ETERNA. LA VIDA DESPUÉS DE LA MUERTE
LAZOS INVISIBLES DESPUÉS DE ESTA DIMENSIÓN

Cuando nuestro ser amado muere, nos hacemos infinidad de preguntas. Muchas veces queremos comprender qué fue lo que sucedió, por qué tuvo que fallecer en ese momento o qué pudimos haber hecho. Otro tipo de interrogantes que también nos podemos hacer es lo que sucede después de que ellos mueren. Ambos tipos de cuestionamientos los he escuchado de muchos clientes, y yo misma me he hecho algunos de ellos. La siguiente serie de preguntas la tomé de un libro escrito por Tom Zuba, quien perdió a su esposa y a dos de sus hijos. Una historia que nos toca el alma y a la vez nos inspira, pues se ha dedicado, a través de sus libros y charlas, a ayudar al doliente en su propio duelo:

¿Y seguimos existiendo después de morir? ¿De una forma u otra? ¿Y hay un cielo? Si lo hay, ¿qué es y dónde está? ¿Y todos van allí o solo algunas personas? ¿Y todavía son conscientes de nosotros aquí en la tierra? Y si lo son, ¿pueden comunicarse con nosotros? (2015, p. 8).

Como ves, son muchas las preguntas que nos podemos hacer y, por lo general, tienen que ver con nuestras creencias. Puede que, en tu caso, el creer que te unirás a tu ser amado te llene el alma de paz y esperanza, o que el recibir señales te ayude a mantener un lazo con ellos y eso mismo te dé significado. A continuación, te contaré una experiencia que viví a la semana de haber fallecido mi mamá.

La pava real con tres pavos reales bebés

A la semana de fallecida mi mamá, iba camino a misa. Iba absorta en mi dolor cuando de pronto, enfrente de mi carro, se me cruzó una pava real con tres pavitos reales. Las lágrimas corrían por mis mejillas de la gran emoción que me embargaba, pues esa visión para mí representaba a mi mamá con nosotras, sus tres bebés. Reduje la velocidad del auto al mínimo y me la quedé viendo. Para mí, eso fue una señal, lo que llamamos, en mi campo de tanatología, «comunicación después de la muerte». Cualquiera podría también decir que fue un «pensamiento mágico», a los cuales nos referimos anteriormente. Sin embargo, no lo sentí así. Cuando estas experiencias les suceden a mis clientes y ellos me preguntan si pienso que son señales, les respondo que lo que más importa es el significado que ellos les den.

El ver pavos reales es una experiencia bastante frecuente, debido a que abundan en el barrio donde vivo. Sin embargo, una ocasión en la cual sentí, en el fondo de mi corazón, que se trataba de una señal fue un año y tres meses después de haber fallecido mi mamá. Me encontraba conversando por teléfono con mi amiga Lucrecia y le comentaba la falta que me había hecho mi madre la noche anterior, que había tenido un inesperado episodio de «punzada de duelo» y que este había sido muy fuerte. En eso, me di la vuelta para ver hacia la ventana de la sala que da a la calle y vi un pavo real parado justo en el jardín del frente de mi casa. Lo vi con asombro primeramente y luego con una gran emoción, pues sentí que era una manifestación de mi mamá.

Para estas señales no existen el tiempo ni el espacio. Debemos recordar siempre que lo que les da valor a estas experiencias es el simbolismo, el significado que les damos. Bueno, en realidad no era de extrañarse, pues ese día había asistido a una misa de funeral de un familiar muy cercano y la experiencia en la iglesia y la música me habían llenado de recuerdos el alma. Son los detonadores a los que me he referido con anterioridad, que nos pueden llevar a un espacio de duelo recurrente. De nosotros depende si nos quedamos ahí o nos enfocamos en el amor eterno y sentimos a nuestro ser amado vivo en nuestro corazón.

PROCESANDO TU DUELO

¿Cómo te han ayudado tus creencias para conllevar tu pérdida?

_____

_____

¿Cuál es tu creencia?

_____

¿Qué crees que sucede después de que uno muere?

_____

_____

¿Cuál es tu concepto del más allá?

_____

_____

¿Sientes que tu ser amado te acompaña
o está en otra dimensión?

_____

_____

¿Piensas que verás de nuevo a tu ser querido?

_____

_____

¿Qué te brinda consuelo?

_____

_____

¿Para ti existen las señales?

_____

_____

¿Has sentido alguna señal de tu ser amado?
Si es así, descríbela y, sobre todo, reflexiona
acerca de lo que ha significado para ti.

_____

_____

_____

_____

Sanando, honrando y transformando

> Probablemente no elijas sufrir, pero
> puedes elegir la opción de transformar
> tu sufrimiento en una vida significativa.
>
> *Diferencia entre el duelo y el sufrimiento*
>
> SAMET M. KUMAR

Existe una frase muy conocida: «El dolor es inevitable, el sufrimiento es una escogencia» y nos podemos preguntar: ¿hay una diferencia? ¿Cuándo es dolor y cuándo es sufrimiento? Esto tiene sentido si tomamos en cuenta que hay diferentes razones y causas para el dolor.

Si puedes encontrar formas de aliviar tu duelo y mostrar tu fortaleza espiritual, puedes llegar a encontrar un significado. Existen diferentes maneras de hacerlo; todo depende de nosotros, de lo que queramos escoger.

Deseo con toda mi alma que te inspires, a ver qué puedes hacer con tu vida para honrar a tu ser amado. Hazte las siguientes preguntas: «¿Qué significado puedo encontrar en mi vida?». «¿Qué puedo hacer?».

Puedes tomar la decisión de quedarte en ese duelo, que sí, tienes derecho a sentir, pues perdiste a alguien muy importante para ti. Con todo mi cariño te recuerdo que tienes la capacidad de escoger quedarte ahí durante el resto de tu vida o abrir tu corazón y tu mente a algo grande que sea inspirado precisamente por ese recuerdo, por ese amor, por esa vida que vive en ti y que siempre vivirá. De ti depende si permites que la llama del amor eterno de tu ser querido continúe viviendo en tu corazón. En vez de ser una causa de sufrimiento, que sea una causa de inspiración. Que sea una luz que vaya iluminando tu camino; que en los momentos más oscuros esa luz brille aún más y te ayude a vivir la vida llevando a tu ser amado como estandarte.

¿EXPERIMENTAS DOLOR O SUFRIMIENTO?

> El dolor es inevitable.
> El sufrimiento es opcional.
>
> BUDA

Al perder a un ser muy cercano a nosotros experimentamos dolor, pues la ausencia es palpable. Nos duele no tenerlo a nuestro lado. El dolor que sentimos en nuestra alma puede ser muy intenso y nos hace conscientes de nuestras limitaciones y de nuestra vulnerabilidad como personas. A veces, a través del dolor es como nos damos cuenta de cuánto necesitamos conectar con otros. El dolor también nos da la oportunidad de estar presentes tanto en nuestras necesidades como en nuestra vida. Ahora, si además de sentir ese dolor nos cuesta aceptar lo que ha sucedido y nos resistimos, podemos convertirlo en sufrimiento. De lo que no nos damos cuenta es de que, mientras más resistimos el dolor, más presente se hace y más se acentúa. Es cuando se convierte en sufrimiento y, en vez de estar en el presente, vivimos en el pasado o nos preocupamos por el futuro. El sufrimiento nos puede aislar y dejarnos atrapados en un lugar muy oscuro, del cual quisiéramos salir, pero a veces no sabemos de qué manera.

A continuación, te doy varias sugerencias que pueden ayudarte a salir del sufrimiento:

Presta atención a las situaciones, personas o comentarios que pueden hacerte sufrir y, lo que esté bajo tu control, evítalo. Me refiero a personas que, en vez de mantener el espacio para poder compartir cómo te sientes, tratan de sacarte del dolor y te dan ideas y sugerencias. Eso puede brindarte sufrimiento, pues hace que no te sientas validado.

Ayúdate a ti mismo. Observa qué es lo que te hace sentir mejor, ya sea sentirte en paz o animado, y esmérate en llevarlo a cabo cuando la posibilidad de entrar en el sufrimiento se acreciente. Te sugiero que hagas lo que yo hice con mi duelo: observarlo casi como si estuviera en un laboratorio y reconocer inmediatamente cuáles podían ser mis fuentes de sufrimiento. Quiero recordarte siempre que eres capaz de manejar esa situación y moverte del sufrimiento a la paz o a la tranquilidad.

El sufrimiento también se suscita cuando nos quedamos pensando en la forma como cambió nuestra vida, en cómo cambiamos nosotros, y esto también tiene que ver con la aceptación, pues no es solo el no poder aceptar que nuestro ser amado haya fallecido, es que a veces también nos resistimos a los cambios que esa ausencia ha traído consigo. De nuevo, es importante que reconozcas en qué medida esta resistencia aumenta tu dolor, pues puedes pensar que todo perdió sentido para ti.

Atravesar el desierto del dolor no tiene por qué implicar atravesar el desierto del sufrimiento permanente. Es ahí donde es necesario comprender que, cuando conectemos con nuestro yo interior, cuando comprendamos que, a pesar de que nuestro ser amado no está en este plano, continúa dentro de nosotros en forma de esa luz inmortal que se une a nuestra luz interna, solo entonces podremos atravesar el desierto para llegar a un oasis permanente.

Si esta situación te está haciendo sufrir, mira los recursos con los que cuentas y pregúntate si pueden convertirse en inspiración para ser mejor persona, para cumplir metas en tu vida que a lo mejor nunca pensaste que podrías lograr. Es importante que veamos todas las posibilidades que se nos despliegan en cuanto a nuestro crecimiento, tanto personal, como espiritual. Estamos constantemente evolucionando y las cosas pasan. Lo dijo Buda: «La vida es sufrimiento» y, si vemos la vida de Jesús en su calidad de ser humano, veremos cómo también pasó por el sufrimiento.

Cabe preguntarnos: ¿qué implica esto? ¿Qué es esto de encontrar significado? Podemos encontrar significado en el sufrimiento que estamos experimentando. Si eres capaz de detener el sufrimiento, hazlo, confía en tu capacidad. Si te es imposible por alguna razón o situación, mira cómo encontrar sentido en ello convirtiéndote en una mejor persona y viéndote en un futuro de diferente manera. Si perdiste a un ser querido, puedes encontrar significado al pensar en los momentos de amor que compartiste y en saber que te duele tanto por el gran amor que le tuviste, le tienes y le seguirás teniendo. Si entras en ese espacio, lograrás encontrar sentido, fuerza. Date el espacio, date la oportunidad. La vida es algo preciado. Ver el resultado, el sentido de ciertas situaciones que nos acontecen depende de cómo nos manejemos respecto a ellas.

Comprendiendo la importancia de vivir el duelo, puedes preguntarte: ¿cuál es la diferencia entre vivirlo y sufrir por mi pérdida? Vivirlo es sentirlo y procesarlo, es estar consciente de cómo lo estás expresando. Sufrirlo es quedarte en el espacio del dolor, aumentado por el tipo de pensamientos que permites que se apoderen de ti. A pesar de parecer imposible, si lo deseamos, podemos escoger no caer en el sufrimiento, como nos comenta Oralí Flores, quien perdió a su amada hija Albalicia, de veintidós años, en un accidente automovilístico. Ella es cofundadora del grupo de apoyo PUDE[1] en mi patria, Nicaragua, y es certificada en mi entrenamiento sobre los 11 Principios de Transformación®. Ella comparte con nosotros cómo abrió su corazón a la experiencia del duelo:

Vivir el duelo, no sufrirlo

En este camino del duelo, con el grupo de mamás encontramos otro ángel en nuestras vidas, nuestra buena amiga Ligia Houben, psicóloga, tanatóloga, asesora en duelo y creadora de los «11 Principios para Transformar tu Pérdida». Con Ligia entendí y viví el duelo, los rituales del duelo, las etapas, y el proceso del duelo guiado por los once principios, todo a mi ritmo. Cada quien tiene su relojito de arena y su tiempo. Es un momento de abrirse a las emociones y abrazarlas. Era el momento de vivir mi duelo, de reconocer e identificar los recursos que estaban en mí para vivir un día a la vez, caer y saber que puedes volverte a levantar. Desde mi fe, sé que las promesas del Señor son fieles y que caminamos de Su

---

1 Personas Unidad en el Dolor y la Esperanza.

mano en los momentos más oscuros de nuestras vidas y, bajo esa promesa, saber que Él es la Luz, la Verdad y la Vida; es un bastión que permite aligerar el dolor a las personas creyentes.

¿En qué consiste el sufrimiento y cómo podemos evitar que sea permanente?

El sufrimiento ocurre cuando tocamos fondo en el proceso de duelo, cuando entramos en niveles más profundos y nos quedamos estancados ahí. Ocurre que muchas veces escogemos el sufrimiento en vez de simplemente experimentar el dolor. Mientras más piensas en tu pérdida, más te duele. ¿Cómo se puede convertir eso en sufrimiento? Cuando tus pensamientos te siguen llevando a entrar a niveles más profundos de dolor. Una de las preguntas que nos pueden hacer experimentar sufrimiento es: «¿Por qué?». Mientras más se piensa en eso, más hondo duele.

Cuando nos preguntamos: «¿Por qué te fuiste?», «¿por qué sucedió esto», «¿por qué no estás conmigo?», cuando estamos en ese lugar profundo, podemos correr el riesgo de quedarnos en ese espacio. Eso es sufrimiento. Como podemos notar, hay una diferencia importante entre vivir el duelo y el sufrimiento.

Al perder a nuestro ser amado, el duelo está ahí, y si uno no lo ve de frente, no puede procesarlo. Sin embargo, una cosa es vivirlo y otra cosa es entrar en el sufrimiento y quedarnos en él. Es natural entrar en ese espacio; sin embargo, es tu escogencia si te quedas ahí. Te pregunto, ¿sientes que te va a ayudar en la trayectoria de tu duelo? A veces la gente puede decir que sí.

Lo anterior me recuerda algo que me contó una cliente cuando fue al cementerio. Vio a un padre que estaba visitando a su hijito. Y él pensaba que la única forma de estar unido a su hijo era a través del sufrimiento. Muchos de los dolientes sienten que la única manera de sentirse cerca de su ser amado es a través del sufrimiento, que es lo que le dijo Rodríguez a su psiquiatra en referencia a su hijo: «A veces siento que el dolor es lo único que me queda de él, quizás por eso no quiero dejar de sentirlo».

A pesar de que el sufrimiento puede ser nuestro compañero, no siempre sucede así. Hablando con Marta, luego de haber perdido a su pareja, explorábamos la diferencia entre recordar con amor o sufrimiento, a lo cual me respondió: «Solo lo recuerdo con amor, no con sufrimiento». Existen muchos casos en los cuales, como dolientes, recordamos de esta manera; sin embargo, en otras ocasiones el sufrimiento parece estar a la vuelta de la esquina.

¿Te ha sucedido? Es aquí donde deseamos reflexionar y ver formas de transformar nuestro sufrimiento en honra. ¿Cómo podemos hacerlo?

Del sufrimiento a la honra

> Podemos elegir sufrir o
> podemos elegir la esperanza.
> Alex, padre en duelo

¿Deseas salir de ese lugar de sufrimiento y honrar a tu ser amado? Depende mucho de nosotros si nos quedamos rumiando, reviviendo una y otra vez los momentos dolorosos, si nos quedamos en las preguntas eternas sin respuestas. Todo eso contribuye al sufrimiento. El sentirnos solos y no comprendidos también lo aumenta; sin embargo, pienso que lo que más nos puede ayudar es abrir el corazón a nuestro propio duelo y navegarlo con la intención de llegar a la otra orilla. Cada acción positiva que emprendamos para movernos del sufrimiento a la honra marcará la diferencia.

Puede que te preguntes: ¿cómo puedo honrar a mi ser querido? En la próxima sección analizaremos esa posibilidad al hablar sobre el significado. Ahora puedes enfocarte en algo tan sencillo como cuidar de tu persona, el sexto principio, que cubrimos en capítulos anteriores. Si lo deseas, revísalo de nuevo para ver qué acciones puedes emprender para cuidar de ti mismo. Salir del sufrimiento también incluye perdonarte y dejar ir la culpa y las recriminaciones. Si aún no has hecho el trabajo del perdón a plena conciencia, revisa la sección que dedico a ese tema para repasar las diferentes sugerencias.

EXPRESIONES QUE NOS LLEVAN AL SUFRIMIENTO

A continuación, comparto contigo una serie de frases o expresiones que validan nuestros sentimientos. Sin embargo, evitemos que se hagan permanentes, pues hacen que nuestro dolor se sienta con mayor intensidad y se convierta en sufrimiento. Estas frases nos salen del alma y las decimos con angustia, con dolor y a veces hasta con desesperación. Yo he dicho todas estas frases...

- *¿Cómo puedo seguir funcionando?*
- *¡Otro día más sin ti!*
- *¿Cómo puedo vivir sin ti?*
- *¡Qué difícil es vivir sin ti!*

- *¡Qué difícil es saber que no te voy a ver más!*
- *¡Necesito tanto de tu abrazo!*

Tal vez has dicho las siguientes:
- *No puedo aceptar que te fuiste.*
- *No puedo aceptar que nunca más volveré a verte.*
- *¿Por qué me pasó esto a mí?*

Estas son expresiones que decimos cuando un gran dolor nos embarga y que nos lo hacen más intenso. No las ignoremos. Al decirlas, valorémoslas y procesemos lo que estamos sintiendo. Por su parte, algo que nos ayuda a sentirnos mejor es dar gracias por haber tenido a esa persona en nuestra vida, agradecer por nuestra capacidad de amar, ya que si nos hace tanta falta y sentimos tanto dolor es precisamente por nuestras posibilidades de sentir tanto amor. El duelo y el amor son equivalentes.

Da gracias por algún recuerdo bello que tengas. Si necesitas estar en ese momento doloroso, vívelo, no lo reprimas; sin embargo, ahí es donde tienes la capacidad de decidir si escoges que el duelo intenso sea algo eterno o que el amor eterno sea la respuesta. La gran devoción por tu ser amado puede ser tu inspiración.

A lo largo de estos meses, en muchas ocasiones me pregunté: «¿Cómo es posible?». «¿Cómo puedo funcionar a pesar de este gran dolor?». ¿Y cuál fue la respuesta que me di siempre?: «Porque quiero funcionar. Porque decidí hacerlo». Al igual que esa charla que imparto en talleres, titulada «Decide ser feliz», de la misma manera decidí funcionar y acoger el gozo en mi corazón.

Porque no hay duda de que sentimos ese gran dolor; sin embargo, dentro de nosotros existe la opción de ser felices de nuevo. Existe la posibilidad de funcionar en nuestra vida. De seguir viviendo con significado. Depende de nosotros si lo decidimos. Una vez que elegimos eso, es el comienzo de nuestra transformación, es el comienzo de nuestra sanación. Algo que te ayudará en tu proceso es estar pendiente de tus pensamientos, pues ellos son los responsables de cómo te sientes.

Deseo compartir contigo lo que me sucedió durante uno de esos domingos en los cuales iba a misa a Epiphany, la iglesia donde acostumbraba a ir con mi mamá. Me senté en una silla que habían colocado de manera lateral, pues, estando aún en tiempos de covid-19, el cuidado con el distanciamiento físico todavía estaba presente.

Desde la silla en donde estaba sentada, lograba ver a la perfección, en ángulo, la primera banca, aquella en la cual me había sentado domingo tras domingo con mi mamá. Fue algo como surreal, pues hasta pude imaginarla en su silla de ruedas al lado de la banca. Mi mente se fue al siguiente pensamiento: «¡Qué falta me haces, mamá!». Lo pensé con tanto énfasis en el pesar que de inmediato sentí mi pecho oprimido por el dolor. Validé ese dolor, pues era real, y luego de forma inmediata cambié ese pensamiento al siguiente: «¡Qué lindos momentos viví con mi mamá en esta iglesia!» e inmediatamente una sensación de gozo me embargó. Al cambiar el tipo de pensamiento, inmediatamente cambié la emoción. Ambos demostraban amor hacia mi mamá. El primero era apesadumbrado; el segundo estaba lleno de agradecimiento por los momentos vividos con ella. A esto es a lo que me refiero cuando te digo que podemos evitar el sufrimiento y movernos hacia la honra, hacia el amor eterno.

En el cuestionario que mis clientes llenan el primer día que llegan a verme, existe una lista de razones por las cuales requieren mi ayuda. Una de ellas dice: «Deseo ser feliz». Cuando el cliente escoge esta posibilidad entre otras —incluso cuando llegan por haber perdido a un ser querido—, les digo que ya tienen el 50 % del camino andado. Recuerda que todo ello depende mucho de nosotros y de nuestra disposición.

Sanando
de adentro hacia afuera

A veces se necesita un esfuerzo concertado
para cambiar tu mente y permitirte sanar.

CAROLINE MYSS

Después de perder a nuestro ser querido, la sanación vendrá a nuestro ritmo, pues no existe un tiempo determinado. Lo que sí va a influir grandemente en nuestra sanación es el deseo que tengas de alcanzarla; solo necesitas decidirlo. Ten en cuenta para esto que la relación con tu ser amado será una luz que siempre vivirá en ti.

El mantener la esperanza en nuestro proceso de sanación es lo que nos ayuda a ver hacia el futuro, inspirados por el amor en vez de por el sufrimiento.

DIFERENCIA ENTRE CURAR Y SANAR

Escuchamos mucho el adagio: «El tiempo todo lo cura». Cuando estamos enfermos, tomamos una medicina para que nos *cure* o emprendemos diferentes acciones que ayudan a erradicar la enfermedad. Con el tema del duelo, considero que realizamos acciones que nos *sanan* el alma.

El tiempo tiene efecto ambivalente. A veces el tiempo «no lo cura todo». Al contrario: reafirma que la ausencia no es temporal sino definitiva y desnuda la pérdida y su falta de asimilación.

Sanar vs. quedarte estancado

Recuerda: siempre es una escogencia lo que haces al respecto. O escoges quedarte en un estado de culpa, recriminándote, diciéndote a ti mismo todo lo que no hiciste o dijiste, estancado en ese espacio, o escoges recordar las cosas lindas que llegaste a hacer o decir, así como los momentos de felicidad. Eso le va a cambiar la perspectiva a la forma como vives tu duelo. La primera te puede dejar estancado, la segunda te va a ayudar en el proceso de sanación.

¿El tiempo nos sana?

> El tiempo es ciertamente un factor importante cuando se trata de la sanación. Aunque puede eliminar parte del dolor, la tristeza u otras emociones negativas asociadas con una experiencia, el tiempo por sí solo no es un sanador.
>
> Morgan Mandriota

«He escuchado que según va pasando el tiempo, los meses, los años, me voy a sentir mejor. Pero a mí no me ha pasado eso; al contrario, ahora me hace más falta. ¿Pasa algo conmigo?». Esta es una pregunta que me han hecho algunos de mis clientes. Cuando pasan los meses, la gente te dice: «Conforme pase el tiempo te vas a sentir mejor» y sí, el tiempo por un lado puede aminorar el dolor; sin embargo, esto es ambivalente pues, por otro lado, reafirma la permanencia de la ausencia. Es necesario estar consciente de que, con el tiempo, también la ausencia se hace más presente, debido a que nos damos cuenta de que es para siempre. Me decía una cliente: «Es que durante los primeros meses me parecía que él estaba de viaje, y ahora es la realidad. Ya no está».

Al principio, cuando sufrimos la pérdida de un ser amado, el dolor es muy fuerte y nos damos cuenta de que estamos a veces como en *shock* o adormecidos; es como que no hemos asimilado la pérdida, como que no hemos digerido lo que pasó. Lo que sucede es que, como nos dice Christine A. Adams, nosotros no sanamos las pérdidas solo con el pasar del tiempo; depende mucho de lo que hagamos con ese tiempo. Ella nos recuerda que:

> No es útil huir de nosotros mismos con la esperanza de que, cuando dejemos de hacerlo, los sentimientos relacionados con el dolor desaparecerán. No puedes permanecer pasivo y esperar que las cosas mejoren automáticamente (2003, p. 142).

¿QUÉ NOS PUEDE EVITAR SANAR?

- *Quedarnos en la negación.*
- *Recurrir al alcohol o a las drogas para lidiar con el duelo.*
- *Instalarnos en la culpa.*
- *Ser incapaces de perdonar.*
- *Rumiar sobre lo que sucedió.*
- *Pensar que el tiempo lo sana todo (sin emprender acciones al respecto).*

¿QUÉ PASA SI TE ESTÁ COSTANDO SANAR TU ALMA?

Nancy Stout nota que hay situaciones en las cuales la persona se encuentra atrapada en un espacio, pues la sanación interna no ha sucedido como lo esperaba y siente que no puede salir de ese hueco profundo de dolor. ¿Te sientes identificado con esa situación?

Ella nos invita a seguir los siguientes pasos[1]:

- *Confrontar nuestros miedos y ver cuáles son los obstáculos que nos evitan sanar.*
- *Ajustar nuestras expectativas y notar nuestra actitud.*
- *Dejar ir la rabia y acoger la aceptación.*
- *Sanar espiritualmente.*
- *Ser paciente.*

Elaboraremos cada uno de ellos integrándolos en nuestra narrativa de sanación y significado.

¿QUÉ PUEDE AYUDARTE PARA SANAR TU DUELO?

En medio del dolor, es importante encontrar tareas o asuntos que te puedan ayudar a sentir mejor. Recuerda que deseas cuidar de ti mismo y hacer cosas que incluso te den confort.

Puedes realizar actividades agradables, tales como: darte un masaje, ir al cine o comer tu comida favorita. Date permiso. Recuerdo a John, quien compartió conmigo que, al saber que su familiar había fallecido, se sintió tan golpeado que se quedó todo el día en la casa viendo series en Netflix durante horas interminables, comiendo helado para sentir confort. Estas son formas de consentirnos a nosotros mismos cuando tenemos mucho dolor.

Decir afirmaciones tales como:
- *Hoy decido estar en paz.*
- *Hoy dejo ir la culpa y la rabia.*

---

1 Adaptación del folleto *Cuando la sanación no está sucediendo*, de CareNotes.

- *Hoy transformo mi dolor en honra.*
- *Puedo controlar mis pensamientos.*
- *Deseo ser feliz de nuevo.*

Quisiera compartir contigo una bella afirmación de Louise L. Hay (1991).

Dila con la mano en tu corazón, y sintiendo cada palabra:

- *Te amo y te dejo libre. Tú estás libre y yo estoy libre.*

PROCESANDO TU DUELO

¿Qué has hecho en momentos en los que sientes mucho dolor?

_____

_____

¿Te has permitido sentirlo?

_____

¿Has hecho algo que te brinde confort y te haga sentir mejor?

_____

_____

¿Cuál ha sido el mayor reto para sanar tu alma?

_____

_____

**¿Cómo puedes transformar tu sufrimiento
en honra hacia tu ser querido?**

_____

_____

> El significado de mi vida es ayudar a otros
> a encontrar significado en las suyas.
>
> Viktor Frankl

Cuando leí esa frase mi corazón saltó, pues me identifiqué por completo. Mi propósito al escribir este libro, aparte de brindarte la oportunidad de validar y procesar tu duelo, ha sido ayudarte a encontrar significado en tu pérdida. Esta ha sido una forma de encontrarle sentido a la muerte de mi amada madre. Deseo inspirarte a que tú también lo encuentres, pues si abres tu alma a esa posibilidad, la puedes hacer realidad. Siempre he sentido fascinación por la palabra «significado»; probablemente debido a eso llamé a mi compañía My Meaningful Life, LLC[2], puesto que considero que cada vida lo tiene y es lo que deseo que cada persona sienta. Es más, mi eslogan original, y que tenía impreso en mi primera tarjeta de presentación, era: «Encontrando sentido en las transiciones de la vida». Esta ha sido mi filosofía ante esos golpes de la existencia.

Una manera de encontrar significado es creando un legado. Esto lo puedes lograr de diferentes maneras, ya sea inspirado por la pérdida de tu ser amado, o haciendo que su vida sea una inspiración para otros y se convierta en su legado. Esto lo encuentro muy bello ya que, de esta manera, ellos se hacen inmortales.

---

2 Mi vida significativa, LLC.

> El duelo es el acto de afirmar o reconstruir un mundo personal de significado que ha sido desafiado por la pérdida… Requiere que reconstruyamos un mundo que de nuevo «tenga sentido»… que restaure una apariencia de significación, dirección e interpretación a una vida que se transforma para siempre.
>
> Robert Neimeyer

> El significado viene a través de encontrar una manera de mantener tu amor por la persona después de su muerte mientras avanzas con tu vida.
>
> David Kessler

Puede que al leer esa frase sobre encontrar significado pienses que es más fácil decirlo que hacerlo. Comparto contigo que Kessler perdió a su hijo menor, David, trágicamente, y fue después de haber experimentado esa gran pérdida cuando escribió el libro sobre encontrar significado. Estas son sus palabras, las de un padre en duelo: «Al explorar la búsqueda de significado en la devastación de la pérdida, he descubierto que el significado es posible y necesario» (2019, p. 10).

El reconocido psicólogo Robert A. Neimeyer, PhD (2007) nos habla de la importancia de reconstruir el sentido de nuestro mundo personal al haber sido este cuestionado por la pérdida experimentada. Él se ha especializado en investigar de manera exhaustiva el lugar que tiene la reconstrucción del significado en el proceso de duelo.

Ahora puede ser que, al no tener a tu ser querido a tu lado, sientas que la vida no tiene sentido. Te preguntarás: «¿Qué puedo hacer ahora?». Sin embargo, te pregunto: ¿cuál es la alternativa? ¿Vivir sumido en el dolor y la desesperanza y dejar que la vida te pase de lado? No te voy a decir, como probablemente te digan muchas personas, que a tu ser amado no le gustaría verte así. En vez de eso, quiero preguntarte si estás honrando su memoria al sentirte de ese modo. ¿De qué forma su amor, que es un regalo, puede inspirarte para darle sentido a tu existencia? Es natural que, al perder a nuestro ser querido, sobre todo si era el centro de nuestra vida, podamos sentir que la nuestra perdió sentido, pues el vacío es inmenso. Sin embargo, podemos llenar ese vacío de una forma que nos eleve.

Entonces, te puedes preguntar, ¿cómo encontrar significado en la pérdida de un ser amado? Esto puede ser un reto para ti, pues puede que pienses que es tanto como encontrar sentido en la muerte. Hablamos de significado desde otro punto de vista: el de sentir que nuestro sufrimiento puede impulsarnos a seguir hacia adelante con mayor propósito; el de que esta pérdida puede ayudarte a vivir con un mayor sentido. No se trata tampoco de afirmar que necesitamos enfrentar una pérdida para ser mejores, sino que podemos escoger ser mejores debido a la pérdida. En esto radica el encontrar ese significado al cual se refería el psiquiatra Viktor Frankl, autor del libro *El hombre en busca de sentido* (1984). Frankl fue prisionero en los campos de concentración nazis. Debido a que notó la diferencia entre prisioneros que aguantaban las atrocidades y sobrevivían, frente a otros que perecían, realizó un estudio basado en la observación del comportamiento y el sentir de dichos prisioneros. La conclusión a la que llegó fue que, para lograr seguir viviendo, uno debe encontrar sentido en lo que ha sucedido. Esta fue la base para desarrollar la terapia del significado, conocida como «logoterapia». Muchas veces es nuestro sufrimiento, como lo decía Frankl, lo que nos inspira a encontrar ese significado. Aún más, Frankl comparte en su libro cuál fue su mayor descubrimiento en medio de tanto dolor.

Definición del amor, de Viktor E. Frankl

En medio de aquel horror que sirve de marco a su libro, Frankl se da cuenta de que el amor es lo que prevalece y nos motiva frente al sufrimiento y la ausencia:

> Por primera vez en mi vida vi la verdad tal como es cantada por tantos poetas, proclamada como la sabiduría final por tantos pensadores. La verdad es que el amor es la meta última y más alta a la que el hombre puede aspirar. Entonces comprendí el significado del mayor secreto que la poesía humana y el pensamiento y la creación humana tienen que impartir: La salvación del hombre se da a través del amor y la vida. Entendí cómo un hombre al que no le queda nada en este mundo todavía puede conocer la dicha, ya sea solo por un breve momento, en la contemplación de su amada (1984, p. 57).

Adicionalmente, su deseo de conexión con su fuente de amor, su esposa, es tan poderoso, que describe cómo imaginaba conversaciones con ella para resistir el sufrimiento:

> Reanudé la conversación con mi ser querido: le hice preguntas y ella respondió; por su lado ella me preguntó, y yo

respondí… Mi mente todavía se aferraba a la imagen de mi esposa. Un pensamiento cruzó por mi mente: ni siquiera sabía si todavía estaba viva. Solo sabía una cosa que ya he aprendido bien: el amor va mucho más allá de la persona física del amado. Encuentra su significado más profundo en su ser espiritual, su ser interior. Si está o no realmente presente, si todavía está vivo o no, deja de ser de alguna manera importante. No sabía si mi esposa estaba viva… No había necesidad de que yo lo supiera; nada podía tocar la fuerza de mi amor (p. 58).

Elaborando tu historia de amor

Espero con el alma que este libro te haya servido como una guía para ir procesando tu propio dolor y desarrollando la habilidad de empoderamiento y crecimiento interno. Mi intención ha sido compartir lo más posible cuál ha sido mi experiencia para que, de esa manera, te sientas acompañado en la tuya. Debido a que nos hemos enfocado en la pérdida de un ser querido, quise incluir el ejemplo de Frankl con la historia de amor de su esposa.

Cada uno de nosotros tiene una historia de amor con ese ser que ya no nos acompaña. Yo tuve la mía con mi madre. ¿Cuál es la tuya? ¿Cómo encontrarás significado en esa historia tan única y especial?

PROCESANDO TU DUELO

En este espacio escribe tu historia de amor.

_____

_____

¿Cómo has encontrado significado en ese amor?

_____

_____

¿Cómo defines ese vínculo?

_____

_____

¿Cómo lo concibes?

_____

_____

¿En dónde lo ves presente?

_____

_____

¿Cómo es la fuerza de tu sentimiento?

_____

_____

¿De qué forma vive el amor de tu ser querido en ti?

_____

_____

Cuando permitimos que el amor impere en nuestros corazones y sea la luz que ilumine nuestro sendero, nos damos cuenta de nuestra capacidad, pues —a pesar del gran sufrimiento que podemos sentir— realizamos pequeñas acciones que nos ayudan a atravesar esa profundidad e incluso a honrar a nuestros seres amados. Esto es algo que he recomendado durante años a mis clientes: que al perder a su ser querido hagan algo para honrarlos, para entonces encontrar significado.

Maggie, habiendo perdido a su hija, quien sufría de la enfermedad de Lyme, al ayudar a otros con esa enfermedad, honra la memoria de su hija.

Acabo de convertirme en embajadora de la Alianza Global de Lyme. En 2022, comenzaré a promoverlos yendo a diferentes escuelas e informando a las enfermeras escolares sobre el impacto perjudicial que una picadura de garrapata puede tener en la vida de un niño si no se trata de inmediato.

Algunos han escrito libros. Maggie está también planeando escribir uno con los escritos de su hija: «He comenzado a revisar y escanear sus escritos. Espero poder hacer lo que ella hubiera hecho, publicar su libro».

Otros escriben poesías, hacen *collages* de fotos, crean páginas de Facebook, han continuado sus estudios, hasta han creado organizaciones para honrar a sus seres amados.

Un ejemplo de esto es PUDE[3], el grupo de apoyo en el luto en mi patria, Nicaragua, que te comenté anteriormente. Otro ejemplo de un grupo de apoyo como forma de honrar la memoria de su hijo es el que creó María Gough en su iglesia. Existen muchas maneras de hacerlo, lo importante es que lo sientas en el alma, pues solo tú conoces tu historia. En nosotros reside la posibilidad de transformar el sufrimiento en honra. Toma el recuerdo de tu ser amado como una inspiración y piensa en algo que puedas hacer en su memoria. Busca un nuevo ¿para qué?, pues el significado se puede encontrar de diferentes maneras, incluso adoptando algo de su personalidad que lo hacía especial

---

3 Personas Unidas en el Dolor y la Esperanza.

y querido por los demás. Carolina, quien perdió a su esposo, recuerda lo dadivoso que era, cómo le encantaba ayudar. Inspirada por ese recuerdo, se asegura de seguir siendo una fuente de apoyo en su familia, de la misma forma como él lo era.

En esta sección, deseo compartir contigo el significado que han encontrado diferentes dolientes al experimentar la pérdida de su ser amado.

El significado que he encontrado en mi pérdida ha sido darme cuenta de que la vida es preciada y debes esforzarte en vivirla al máximo cada día.

ALFREDO, hijo en duelo

El significado que he encontrado en mi pérdida ha sido darme cuenta de que el amor, la bondad y la comprensión deben manifestarse a diario, porque nunca se sabe cuándo de repente no podrás hacerlo cuando más lo desees.

ARMANDO, hijo en duelo

Después de procesar mi duelo, encontré sentido a mi vida y resolví honrar la memoria de mi hija ayudando a otros en el suyo a través de la organización PUDE (Personas Unidas en el Dolor y la Esperanza), de la cual soy miembro fundador, un proyecto de amor en memoria de nuestros hijos.

ORALÍ, madre en duelo

El significado que encontré en la pérdida de mis hijos es que cada día es un regalo y el mañana no está garantizado.

Vive y ama cada día como si fuera el último. Nunca te vayas a la cama teniendo diferencias con los demás. Caminamos mucho más ligeros cuando no sobrecargamos nuestro espíritu con la falta de armonía de este mundo. No te apegues demasiado a las cosas materiales. Son temporales y fugaces. Aprecia los valores espirituales en las personas más que el discurso elocuente. Dios escudriña el corazón. Debemos ver más allá de la vanidad y mirar dentro del alma para ver la creación de Dios.

ALEX, padre en duelo

El significado que he encontrado en mi duelo es el aprendizaje de que nosotros los seres humanos debemos vivir en el eterno aquí y ahora.

ESTHER, esposa en duelo

Nunca podré encontrar significado a la muerte de mi padre, pero sí a la forma en que he respondido a su muerte y cómo me ha cambiado. Tengo un aprecio diferente por la vida porque sé lo efímera que es realmente. Estoy tratando de centrarme más en los momentos vividos con mis seres queridos y en vivir un día a la vez.

MÍO, hija en duelo

El único significado que he encontrado es que la vida se va en un instante y que no tengo miedo al tránsito hacia la muerte, pues espero encontrarme con mis seres amados.

JWM, madre en duelo

Lo que más me ha ayudado ha sido trabajar con otras personas que han pasado por lo mismo, ya que he encontrado sentido a mi vida, lo cual agradezco a Dios infinitamente. Sentir su empatía y llegar a su corazón con mi testimonio es una experiencia muy sanadora y gratificante.

También he encontrado significado a la pérdida de mi hijo al permitirme desarrollar su legado de vida mediante un proyecto de amor y servicio a los demás, promoviendo e implementando los Grupos de Ayuda Mutua en mi país, Nicaragua, para así brindar acompañamiento a otros que han sufrido una pérdida como la mía.

MAYRA ELENA, madre en duelo

El significado que he encontrado ha sido aceptar que Dios tiene otros hermosos caminos para mí, los cuales transitaré sola, con fe en que viviré otras bellas experiencias.

ZULEIKA, esposa en duelo

El encontrar significado podemos verlo también como una puerta que somos capaces de abrir y que nos puede llevar a otro nivel de conciencia, a otro nivel de espiritualidad, a otro nivel de elevación humana. Es precisamente esto lo que nos puede ayudar a encontrar el sentido y, una vez que logramos hacerlo, eso propicia nuestro crecimiento personal y espiritual.

Ahora entramos en la última parte, en la cual analizamos en qué consiste este crecimiento y si estás dispuesto a abrir esa puerta, que puede traer consigo algo maravilloso, algo inesperado, algo que nunca ni siquiera imaginaste que podrías acoger y que puede ayudarte, desde tu dolor, a encontrar y vivir esa luz, a hallar sentido y a crecer a todo nivel.

Décimo principio: Reconstruye tu mundo

Cuando impartía los seminarios para profesionales de salud mental con el PESI —como te comenté al principio—, al entrar al décimo principio, que es: *Reconstruye tu mundo,* elaborábamos muchísimo sobre el tema de encontrar significado y era como ir construyendo ese nuevo mundo, después de la pérdida, bloque por bloque. Cuando hago los talleres sobre los 11 Principios de Transformación®, la actividad del décimo principio es precisamente construir algo con unos bloques de Lego. Hay muchas formas de encontrar significado después de la muerte de nuestro ser amado, y entre ellas está encontrar un propósito. En el cuaderno de trabajo que escribí, basado en el seminario ofrecido para PESI[4], menciono la siguiente lista, que considero puede serte útil para encontrar ideas acerca de cómo puedes encontrar ese propósito que estará tan cerca de tu corazón:

1. Buscando la trascendencia.
2. Dejando un legado: ¿cómo quieres ser recordado?
3. Acogiendo más amor en tu vida: dando más amor y abriendo tu corazón para recibir más amor de los demás.
4. Contribuyendo con el mundo.
5. Practicando la compasión: con los demás y contigo mismo.
6. Siendo un agente de servicio.

Al hablar de servicio, nos referimos a cómo podemos estar presentes para otros en momentos de necesidad.

Esto ha sido una fuente de significado para Beatriz, quien nos dice:

---

4 2016, p. 221.

El significado que he encontrado en mi pérdida es en estos momentos ayudar a personas que recién pierden a alguien.

Mayra Elena ha encontrado propósito en ayudar a otros:

He encontrado un propósito al trabajar de manera organizada en una institución que brinda acompañamiento en el duelo a otras personas que han sufrido una pérdida significativa en sus vidas.

Mío, de igual manera, ha encontrado propósito en ayudar a los demás:

Soy muy compasiva al ayudar a otros que están viviendo alguna pérdida. He encontrado un propósito al trabajar con pacientes y familias al final de la vida y guiarlos a través del proceso.

Para Chip, la palabra «servicio» es parte de su esencia:

Te diré algo acerca de mí. Lo que más me ha ayudado a salir de mí mismo y de mi propio dolor ha sido el servicio. La capacidad de ayudar a los demás, de trabajar con otros me ha llevado a niveles de felicidad que nunca pensé que serían posibles después de la muerte de mi hija... Tengo la necesidad y quiero ayudar a los demás tan a menudo como pueda, la palabra «servicio» de nuevo. Esto me saca de mí mismo y me ayuda a darme cuenta de que hay muchas personas que necesitan ayuda.

¿De qué otra forma piensas que puedes encontrar este significado?

Existen diferentes maneras conforme a las cuales podemos encontrarlo. Deseo compartir contigo estas cuatro fuentes que me parecieron muy especiales y que se les dan a conocer a pacientes con cáncer en el programa Individual Meaning-Centered Psychotherapy for Patients with Advanced Cancer[5] (2014), con el propósito de ayudarlos a encontrar significado al final de su vida. Al analizar cada fuente de posible significado, sentí que podíamos aplicarlo también al hecho de perder a un ser amado.

1. **Fuentes históricas de significado:** esto se refiere a nuestra historia de vida, y a encontrar significado en el legado que podamos dejar. En el caso de nuestro ser querido, también podemos encontrar significado enfocándonos en el que ellos dejaron. Como te lo comenté al principio de este libro, fue lo que yo hice al escribir la biografía de mi mamá. Ahora, con mucha emoción, comparto contigo de qué otra manera mantendré su legado. Siendo mi madre una persona muy positiva y alegre, su frase favorita era: «¡Arriba corazones!». La decía cuando había algún dolor o reto, para dar ánimo y elevar el espíritu. Con el deseo de que su mensaje sea inmortal, haré unas camisetas con su máxima como marca registrada. ¡Deseo que su mensaje pueda ayudar a otros a levantarles el ánimo!

---

5 Psicoterapia individual centrada en el significado para pacientes con cáncer avanzado.

2. **Fuentes actitudinales de significado:** te podrás preguntar qué significa esto, y tiene que ver básicamente con cuál es nuestra actitud ante cualquier reto que podamos encontrar en una transición de vida, como por ejemplo al perder a nuestro ser querido. Es con nuestra actitud como podemos encontrar significado al transformar el duelo en una oportunidad de ser mejores personas, de crecer a nivel personal.

3. **Fuentes creativas de significado:** Encontrar significado en estas fuentes tiene que ver con trabajar en una causa, llevar a cabo actividades artísticas o en el propio trabajo. Consiste en estar involucrado con la vida.

4. **Fuentes experienciales de significado:** Esta última fuente tiene que ver con las relaciones, con la conexión con nosotros mismos y con otros. Podemos lograrla a través del arte, en la naturaleza y al experimentar el mundo a cabalidad. A esto le agrego la posibilidad de encontrar significado a través del amor, que considero que es la emoción más poderosa; el amor por nosotros mismos y por los demás[6].

En la conferencia de la ADEC que se llevó a cabo en la ciudad de Indianápolis, tuve la oportunidad de escuchar una presentación de gran valor, desarrollada por los conocidos psicólogos Richard G. Tedeschi y Lawrence G. Calhoun, los creadores de la noción del CPT[7], algo que exploraremos más adelante.

---

6 Braitbart y Poppito, 2014.
7 Crecimiento postraumático.

A esta presentación la llamaron «Bendiciones extrañas», que son las que se pueden suscitar después de un trauma o evento muy doloroso, como la pérdida de un ser amado. Prestémosles atención a estas bendiciones extrañas y podremos darnos cuenta de que lograremos encontrar significado si permitimos que alguna de ellas se haga realidad en nuestras vidas:

1. Cambios en uno mismo, como vivir una vida más significativa.
2. Cambios en las relaciones, perdonar a alguien y dejar ir el resentimiento.
3. Cambios en la filosofía de vida, para apreciar cada momento y pensar que la vida es un regalo.

¿CUÁN RESILIENTES SOMOS ANTE LA PÉRDIDA DE UN SER AMADO?

> La resiliencia es el proceso de adaptación bien ante la adversidad, el trauma, la tragedia, las amenazas o las fuentes significativas de estrés...
> La resiliencia no es un rasgo que las personas tengan o no tengan. Implica comportamientos, pensamientos y acciones que se pueden aprender y desarrollar en cualquier persona.
>
> MÍA ROLDÁN

De acuerdo con el psicólogo e investigador George A. Bonanno, la mayoría de nosotros somos resilientes al perder a un ser querido. Él ha hecho estudios extensivos y ha descubierto que básicamente, al perder a un ser amado, experimentamos tres trayectorias. Una es de duelo crónico y se caracteriza por que el duelo se siente de forma constante y puede durar años. La otra trayectoria es la de recuperación, en la cual se sufre después de la pérdida, pero poco a poco la persona se recupera y continúa con su vida. La última, y la que según Bonanno es la más común, es la trayectoria de la resiliencia en la que, a pesar de experimentar un duelo profundo, somos capaces de continuar con nuestra vida después de acomodar la pérdida. Aun así, Bonanno tiene cuidado al aclarar que la resiliencia no implica que la pérdida se resuelva o que se cierre el capítulo. Señala que, aun siendo resilientes, sentimos tristeza; sin embargo, esto no evita que podamos acoger la vida de nuevo y amar a las personas que aún tenemos presentes y con nosotros en este plano (p. 10).

Desarrollando resiliencia

Somos seres humanos con una increíble capacidad de resistencia. Tengamos presente que el resultado de nuestras vidas dependerá de nuestra actitud, de nuestro deseo de acoger la vida, y de darnos la oportunidad de continuar creciendo y aprendiendo. Por eso, en vez de enfocar tu energía en tener todas las respuestas —algo que es imposible—, invierte tiempo en desarrollar la resiliencia, algo que, de acuerdo con Mía Roldán, se puede aprender a través del tipo de pensamientos que tenemos y las acciones que realizamos. Elena es un buen ejemplo de cómo se puede aplicar una estrategia para sentirse mejor. Me contó que en esos momentos en los que desea llorar, ella no reprime el llanto, está presente en su duelo; sin embargo, no se queda en ese espacio durante largo tiempo. Luego piensa en algo que la ayude a sentirse mejor, incluso en algo por agradecer. Esto nos enseña que, a pesar de no tener control sobre lo que nos sucedió, sí podemos controlar la forma de manejar lo que nos sucedió. Eso es lo que llamaríamos «resiliencia».

Como puedes ver, el tema de los pensamientos es clave en nuestro proceso de duelo y crecimiento. Esto es algo que, una vez que lo aprendemos, podremos desarrollarlo y marcará una gran diferencia en cómo vivimos nuestra vida después de enfrentar una pérdida.

Tú puedes acoger la esperanza y encontrar tu norte

Después de los primeros meses recién empezado el duelo, nos convertimos en sobrevivientes. Entonces, como sobrevivientes, tenemos una opción. Podemos tomar la decisión de simplemente pasar por la vida día a día o podemos aprender a renovar nuestro compromiso con la vida.

Christine A. Adams

Cuando ya no somos capaces de cambiar una situación, tenemos el desafío de cambiarnos a nosotros mismos.

Viktor Frankl

Haz una pausa en tu camino y mira hacia atrás; mira el sendero que has recorrido en tu duelo. ¿En dónde te encuentras? ¿Creías que te encontrarías en este espacio? ¿Qué puedes llevar a cabo hoy que hace seis meses se te hacía imposible? ¿Has pensado qué puede inspirarte para convertirlo en tu propósito? ¿Cuál será tu norte? ¿En qué forma deseas cambiar para mejor?

El sendero del duelo nos lleva muchas veces a establecer una profunda conexión interna y a veces hasta a desligarnos de nuestro entorno, sobre todo si lo encontramos superficial. A pesar de ser necesarios esos tiempos de soledad, es también preciso tener en cuenta que podemos abrir nuestro corazón a la paz interna, al cultivo de nuestra resiliencia, de nuestro desarrollo personal, de nuestro crecimiento interior. Es en estos momentos de soledad cuando tomamos la decisión de quedarnos sumidos en el dolor o de procesarlo y levantar nuestra mirada hacia la luz que penetra por la ventana, a la esperanza.

CRECIMIENTO POSTRAUMÁTICO[8]

> El crecimiento postraumático es el cambio positivo que el individuo experimenta como resultado de la lucha con un acontecimiento traumático.
>
> RICHARD G. TEDESCHI
> Y LAWRENCE G. CALHOUN

Mucho escuchamos sobre personas que se enfrentan a un trauma y a pesar de todas las adversidades llegan a ser inspiración para otros. A veces es a través de una pérdida muy dolorosa como llegan a convertirse en mejores personas. Es algo que nos sorprende muchas veces y, debido a esto, deseo compartir contigo la teoría que te mencioné con antelación, la del Crecimiento Postraumático, desarrollada por Tedeschi y Calhoun —de los cuales te hablé anteriormente— y que nos demuestra cuán capaces podemos ser al enfrentar un trauma o una gran pérdida. En realidad, los autores especifican que la posibilidad de que algo grande resulte después de un enorme sufrimiento no es un concepto nuevo. Lo que ellos han hecho al introducir y hacer amplia investigación sobre este concepto ha sido darnos las pautas de los resultados positivos en nuestra vida debidos a este crecimiento.

---

8 Post Traumatic Growth (PTG por sus siglas en inglés).

Cuando preguntaba —en los seminarios del PESI basados en los 11 Principios de Transformación®— qué significaba PTG, puesto que es un elemento fundamental en mi sistema, la mayoría de los profesionales de salud mental pensaban en PTSD[9]. Esto se debía a su formación, pues es a lo que hemos estado acostumbrados: a enfocarnos en lo que hay de problemático. Sin embargo, la noción de crecimiento postraumático le da un giro y se enfoca más bien en nuestra capacidad de crecimiento a pesar de haber experimentado un gran trauma. Con esto no queremos decir que el crecimiento se da solamente al sufrir un trauma o que necesitamos sufrirlo para elevar nuestra humanidad. Lo que sucede es que la persona puede desarrollarse en diferentes aspectos de su vida. Para saber si la persona ha experimentado este crecimiento, los mencionados psicólogos desarrollaron un inventario para poder evaluar las respuestas que daban en las siguientes áreas y se espera que respondan de manera positiva en cada una de ellas[10].

Este instrumento consiste en 21 preguntas, las cuales incluyen temas tales como la forma en la que nos relacionamos con otros, si apreciamos la vida, si encontramos nuevas posibilidades, si poseemos fortaleza personal o si ha habido cambios en la dimensión espiritual[11].

Algo digno de mencionar es que esta teoría no niega que se pueda experimentar angustia cuando uno atraviesa situaciones difíciles, tales como la pérdida de un ser querido. Sin embargo, de lo que hay evidencia es de que *mucha*

---

9 Trastorno de estrés postraumático en inglés. Dejo ambas denominaciones en el idioma original para que puedas apreciar la similitud de las siglas.
10 Collier, 2016.
11 Tedeschi y Calhoun, 1996.

gente posee esta única capacidad de crecer y aprender de la adversidad extrema[12]. Quise compartir esta teoría contigo y te invito a que reflexiones y te preguntes si perteneces a este tipo de personas. A lo mejor no habías caído en cuenta de ello hasta leer estas líneas. Nos puede dar esperanza el reconocer que muchas personas pueden crecer en el duelo, ya que podemos tomarlo como inspiración.

Tu propio crecimiento

> Hay cosas más grandes reservadas para ti en esta vida, muchas cosas que lograr y muchas vidas que tocar. Esfuérzate por ver tu situación como una oportunidad para tu propio crecimiento personal. Al crecer a partir de nuestras pérdidas, esencialmente mantenemos vivos los legados de nuestro ser querido a través de la acción positiva que elegimos en nuestra vida diaria.
>
> Mitch Carmody

> Cada gran pérdida exige que «elijamos la vida» de nuevo.
>
> Naomi Remen

El resultado más deseable de un proceso de duelo sano sería conseguir sacar algún provecho de la pérdida, como lo plantean Gil-Juliá, Bellver y Ballester: «Es una experiencia inevitable que conlleva sufrimiento, pero también puede ser una oportunidad de crecimiento» (2008, p. 103).

De nosotros dependerá si queremos elegir seguir viviendo con significado, crecer en el proceso y llegar a ser aún mejores

---

12 Tedeschi *et al*, 2018, p. VII.

versiones de nosotros mismos. Podemos tomar nuestra experiencia de duelo como una oportunidad para renovarnos como personas. Podemos crear algo de nuestra vida que no hubiera sucedido si no hubiéramos experimentado esta pérdida. Yo me especialicé en el duelo debido a la muerte de mi padre; si él no hubiera fallecido, es probable que hubiera estudiado Administración de Empresas. Ahora estoy escribiendo este libro debido al fallecimiento de mi madre; mis dos grandes pérdidas. No tengo padres y técnicamente soy una huérfana. Sin embargo, no lo considero así, puesto que mis padres viven en mi corazón. Sus consejos, sus ejemplos y sobre todo su amor viven dentro de mí y me inspiran a seguir ayudando a otros en tiempos de duelo. Si te digo que es fácil estaría diciéndote algo que no es verdad y a mí me gusta ser auténtica. Conlleva esfuerzo y, sobre todo, deseo de lograrlo. Nosotros decidimos si queremos quedarnos allí, viviendo un duelo intenso y quedándonos paralizados, o si queremos transformar el sufrimiento en honra e inspiración. Solo nosotros podemos tomar esa decisión.

Al hablar de crecimiento me refiero a cambios en tu vida que te fortalezcan, que te ayuden a mejorar como persona. Tal vez ahora te encuentres siendo más compasivo con los demás o aprecies más a personas y cosas que antes dabas por sentadas. A lo mejor has descubierto facetas tuyas que ni siquiera estabas consciente de que existían. Recuerdo que, cuando mi papá murió y mi mamá tuvo que hacerse cargo del negocio de automóviles, ella misma se sorprendió del cambio que se suscitó en ella. En medio del dolor, creció personalmente y se dio la oportunidad de convertirse en empresaria. Estoy segura de que ese ejemplo de cómo podemos transformar nuestra pérdida tuvo una gran influencia en mí. Recuerda que los niños siempre están observando, por lo que es necesario prestar atención al mensaje que les estamos dando a nuestros hijos sobre cómo manejar el duelo y los infortunios. Ten presente que, al afrontar una pérdida, llegado el momento puedes escoger la manera en la que deseas crecer como resultado de tu experiencia. Decide cómo puedes ser una mejor persona hoy como resultado de tu tiempo en el valle. Podemos utilizar las herramientas internas que poseemos para lidiar con las emociones y tomar una decisión consciente sobre cómo queremos seguir viviendo.

Lo que sucede es que cuando la gente —con buena intención— nos dice que podemos crecer, no nos gusta, lo rechazamos. Es algo que tiene que salir de nosotros. Cuántas veces me he encontrado diciendo: «Gracias, mamá» ante cosas tan simples como esmerarme en poner mi casa bien arreglada, pues a ella le encantaba decorar y hacerse cargo de que todo luciera bien. Es debido a ella que sigo creciendo en ese y otros aspectos. Parecieran pequeños detalles; sin embargo, van marcando una diferencia. Lo lindo es sentir en nuestra alma que cada cambio positivo que se va presentando ha sido inspirado por tu ser querido. Sepamos que dentro de nosotros existe la posibilidad de lograrlo. Te dejo con estos mensajes de inspiración:

Cuando experimentamos el duelo podemos ver algo negativo de dos maneras. Puedes enfocarte en lo obviamente negativo: la pérdida, la soledad y el dolor, o te puedes enfocar en la suerte que tuviste por la oportunidad de compartir el tiempo que hayas tenido, la gratitud de esa oportunidad y los recuerdos maravillosos. Es el mismo acontecimiento con dos formas de verlo. Si te enfocas en lo negativo, te estás rindiendo y hasta deshonrando a la persona que perdiste. Si te enfocas en la gratitud, honras a todos y eso te empodera a aprender y continuar viviendo.

ALFREDO, hijo en duelo

Lo que les sugiero a las personas que han perdido a un ser amado es que se amen y se tengan paciencia, consideración, compasión; que se perdonen por todo, que perdonen a todos por todo, que no se exijan demasiado, que vivan cada segundo a la vez, que respiren, que recuerden las cosas hermosas, las sonrisas, el amor... eso nunca dejará de existir.

MARÍA, madre en duelo

PROCESANDO TU DUELO

¿Qué nuevas fortalezas has desarrollado después de tu pérdida?

_____

_____

¿De qué manera sientes que has crecido?

_____

_____

¿Cómo avanzarás en tu vida honrando a tu ser amado?

_____

_____

Nota: Hazte estas preguntas introspectivamente
¿He cambiado mis prioridades?
¿Cuáles son los valores por los cuales vivo ahora debido a esta pérdida?
¿Soy capaz de aceptar lo que me es imposible cambiar? ¿Qué efecto tiene eso en mi vida?

El poder de la alquimia en nuestro duelo

> Aplastamos carbones con las manos desnudas
> y a veces conseguimos que parezcan diamantes.
>
> Rosa Montero

Te preguntarás qué relación guarda la alquimia con el duelo ya que, por lo general, pensamos en ella en relación con la transformación de metales en oro. Sin embargo, el poder alquímico emocional está dentro de todos nosotros y lo podemos aplicar al transformar nuestro duelo en crecimiento personal.

¿Conoces el libro *El alquimista. Una fábula para seguir tus sueños*, de Pablo Coelho? Existe un pasaje que siempre me impactó y lo compartía al final del seminario sobre la transformación del duelo para los profesionales de salud mental. Es una pregunta que le hace un muchacho al anciano:

—¿Cuál es la mayor mentira del mundo? —preguntó, sorprendido, el muchacho.

—Es esta: en un momento determinado de nuestra existencia, perdemos el control de nuestra vida, y ella pasa a ser gobernada por el destino. Esta es la mayor mentira del mundo.

> La pérdida es una parte inevitable del ser
> humano. Y nuestra elección es permanecer en
> el dolor y la amargura o aprender a usar esta
> experiencia para crecer en una vida más rica
> y satisfactoria.
>
> JOHN E. WELSHONS

Al perder a un ser querido, podemos tomar la decisión de expandir otra dimensión de nuestra vida y llenar ese vacío de una forma diferente, porque el vacío de la presencia física existe; sin embargo, depende de nosotros lo que vayamos a hacer con el vacío; si vamos a verlo como una puerta que podemos abrir y que nos puede llevar a otro nivel —lo podemos llamar de conciencia, de espiritualidad, de elevación humana— y ahí es donde precisamente encontraremos nuestro crecimiento personal.

Se desarrolla este tipo de crecimiento al abrir esa puerta, que puede traer consigo algo maravilloso, algo inesperado, algo que nunca imaginaste siquiera que podrías acoger y que puede ayudarte desde tu dolor a encontrar y vivir esa luz; puede ayudarte a encontrar ese significado y a crecer como ser humano.

Si lo escoges, puedes sanar tu corazón y crecer como persona a través de tu pérdida y salir del espacio en el que te sientes descorazonado hacia uno en el que te sientas esperanzado.

Historias del alma

E l tipo de pérdida que estoy experimentando es la de mi esposo. Mi duelo lo he expresado llorando en los momentos muy dolorosos; otros días lo expreso a través del ejercicio. El mayor desafío que he encontrado con mi duelo ha sido poder concentrarme, llevar las cosas de la casa, más todo lo de mis hijas, y el no poder físicamente ver a mi esposo. El expresar mi dolor me ayuda, a la vez que compartir en grupos de duelo. Algunos familiares y amigos me han comprendido. Otros simplemente no comprenden el dolor que uno atraviesa. Lo que más me ha faltado en mi proceso ha sido información sobre lo que podía estar sintiendo como mujer joven y viuda; tuve que buscar mucho sobre este tema. Tal vez me ha faltado encontrar grupos solo de mujeres jóvenes en esta situación. Lo que más me ha ayudado es la oración y estar en mi dolor. El aspecto más difícil de mi duelo es la ausencia física de mi marido. A una persona en duelo le sugiero que lo viva como pueda y que nada está bien o mal. Que busque ayuda para poder sentir empatía. El significado que he encontrado en mi pérdida es en estos momentos ayudar a personas que recién pierden a alguien.

Beatriz Briceños, esposa en duelo

Estoy experimentando la pérdida de mi esposo, quien falleció el 16 de julio del año 2016. Sufrió un ataque cardíaco, se restableció y, al tercer día, falleció de manera súbita por ruptura del corazón. Mi duelo lo he expresado con bastante dolor y tristeza y el mayor desafío ha sido: aceptar que mi esposo nunca más estará físicamente en nuestra familia. Al compartir mi duelo con las demás personas, he recibido amor y apoyo casi siempre. No siempre me he sentido comprendida. En el tipo de sociedad de consumo en el que vivimos, no es aceptado el duelo. No es aceptado que nos ausentemos de nuestro estilo de vida temporalmente. Esta situación es injusta para una persona que está pasando por un gran dolor que representa la pérdida de seres queridos o situaciones emocionales y psicológicas que se pueden presentar en el transcurso de nuestras vidas.Somos seres auténticos, únicos y genuinos, y necesitamos atravesar la noche oscura de nuestra propia alma para más tarde, ya transformados, regresar a una nueva vida, con sentimientos nuevos, a partir de una experiencia única en su género, para poder seguir el camino de nuestra propia existencia. Lo que más me ha faltado ha sido mi carencia de realidad sobre el proceso de la propia muerte, y lo que más me ha ayudado ha sido la responsabilidad de ser madre y la necesidad que sienten mis hijos de mi apoyo. El aspecto más difícil de mi duelo ha sido: la soledad que siento al no poder compartir, ni mis hijos ni yo, nuestras vidas con mi esposo. A alguien que está de duelo le sugeriría que buscara la ayuda de una persona licenciada en el duelo y, además, que no le ponga tiempo a su proceso. El significado que he encontrado en mi duelo ha sido el aprendizaje de que nosotros los seres humanos debemos vivir en un eterno aquí y ahora y debemos realizar lo que nos corresponde en el ahora.

ESTHER P., esposa en duelo

Siento que haber perdido a mi madre no es la causa de mi dolor. Tenía noventa y cinco años y, debido a una caída, requirió un procedimiento quirúrgico muy intenso. Después de la cirugía, necesitó atención médica durante los siguientes ocho meses hasta su muerte. En su último mes, todavía estaba alerta y orientada, pero se estaba deprimiendo mucho debido al hecho de verse a sí misma indefensa y sentirse una carga para mí, su único hijo.

Dado que la muerte es una parte natural de la vida para todos nosotros, lógicamente, dada su desafortunada condición, siento que ella está en un lugar mejor en el cielo y, si no existe tal cosa, entonces ahora está libre de su sufrimiento.

En mi caso, como mi madre rara vez pedía nada, he debido estar más vigilante y brindarle las necesidades, la asistencia y la compañía que ahora me doy cuenta de que necesitaba, ya que vivió sola hasta una edad tardía.

Mi dolor no se basa en su muerte, sino en no haber hecho lo suficiente por ella o en haber tomado las decisiones equivocadas durante sus últimos días. En ese momento creía que iba a mejorar como solía hacerlo en otras situaciones médicas.

No estoy consciente de que expreso mi dolor, excepto cuando se me viene a la mente mientras estoy con otros y las lágrimas acuden a mis ojos. Paso por períodos en los que me cuesta dormir pensando en lo que pude y debí haber hecho diferente. Lloro en soledad.

El mayor desafío en mi duelo ha sido aceptar que no hay manera de que pueda corregir lo que hice mal o dejé de hacer. Me duele no poder expresar mi amor ni mi afecto, o no poder hacerle saber a ella cuánto valoro todo el sacrificio que pasó en su vida para ayudar a su familia. Me duele, además, no tener la oportunidad de ser amable, gentil ni de pedirle perdón por las malas acciones.

Los amigos empatizan conmigo y tratan de hacerme sentir mejor recordándome cómo la visitaba con frecuencia, todo lo que la ayudaba y cuántas veces me decía que era un excelente hijo. Mi hija me dice que hice mucho por ella, mucho más de lo que necesitaba. Mi cónyuge está de acuerdo conmigo en que debí haber sido mejor y más amable y generoso con ella. He sido comprendido en mi duelo.

Ir a su tumba cuando me siento muy triste y hablarle en voz alta como si me estuviera escuchando a veces me alivia, a veces no tanto.

Lo más difícil de mi duelo ha sido darme cuenta de que ahora es demasiado tarde para hacer todo cuanto ella merecía y que debí haber hecho por ella.

A una persona que está de duelo le diría que se diera cuenta de que, en general, todos tendemos a pensar que hemos podido haberlo hecho mejor. Aunque secretamente todavía pienso para mí mismo que, en mi caso, debí haber sido un mejor hijo.

El significado que he encontrado en mi pérdida ha sido darme cuenta de que el amor, la bondad y la comprensión deben brindarse a diario, porque nunca se sabe cuándo de repente no podremos hacerlo cuando más lo deseemos.

ARMANDO V., hijo en duelo

He experimentado muchas pérdidas en mi vida. Mi padre a los trece años comenzó una cadena de eventos que condujeron a años de adicción activa. En 1999 mi madre falleció y seis meses después mi hermano mayor también lo hizo. A pesar de sentir un duelo muy difícil con estas pérdidas, nada podía prepararme para la trágica pérdida de mi hijo, Andrew, en 2009, y su hermano mayor, Alex, en 2015. La oscura desesperación que siguió a la muerte de mi hijo de quince años, Andrew, me llevó a meses de depresión que combatí haciendo ejercicio, compartiendo mis sentimientos a menudo con amigos cercanos y grupos de apoyo, derramando muchas lágrimas con frecuencia y escribiendo un diario todos los días.

El mayor desafío ha sido mantenerme alerta con mi rutina de recuperación. Ser disciplinado y hacer todo lo posible para lograrlo vale la pena cuando los momentos más oscuros están sobre nosotros. El largo período que toma el proceso de duelo puede ser desalentador y sentirse interminable. En esas horas más oscuras, me ayudó caer de rodillas y permitir que esos sentimientos fluyeran naturalmente a través de mí. Sentía que me aliviaba y, en los momentos tranquilos que seguían a esas lágrimas tan dolorosas, la paz que me sobrecogía me vencía: era nada menos que la gracia incesante de Dios. En esos momentos de paz era como si pudiera sentir la presencia de mi hijo más cerca que nunca.

El compartir mi dolor con los demás puede ser incómodo, porque la mayoría de las personas no saben cómo actuar o qué decir y otros prefieren simplemente tener una conversación superficial sobre nada en absoluto. El tema del duelo es difícil para la mayoría y aquellos que se sienten incómodos con el tema tienden a alejarse de mí, mientras que hay otros que están verdaderamente interesados en lo que tengo que decir y quieren conectarse conmigo a nivel espiritual. Son fuertes desde el punto de vista emocional y espiritualmente lo suficientemente ilustrados como para saber que el tema del duelo no se trata de la muerte, sino de encontrar la esperanza que existe más allá de la carne. Una esperanza tan profunda que casi puedes tocarla una vez que eres capaz de ver más allá de la tumba. Hebreos (11: 1) dice: «Ahora bien, la fe es la sustancia de las cosas que se esperan, la evidencia de las cosas que no se ven».

La gracia más allá del duelo consiste en ver por primera vez aquello que pensábamos que era invisible. Verdades más allá de este mundo que se nos revelan cuando nuestro sufrimiento es profundo y nuestras lágrimas son sinceras. La gracia de Dios se libera y tenemos el privilegio de ver cosas que no están destinadas a este mundo. Dios llora con nosotros porque es un Dios compasivo, pero nuestro sufrimiento nos da la oportunidad de establecer una relación profunda y única con Él. Tus momentos más oscuros pueden convertirse en los momentos de luz más profundos que jamás experimentarás. En nuestro quebranto, Él consigue volver a unirnos en formas que cambian la vida.

El duelo es un sentimiento que debemos sentir para saber cuánto amamos a los que perdimos, pero no es una cruz que debamos soportar como un costo del amor. Más bien, es una naturaleza divina que nos llena de paz después de que las lágrimas se han derramado y el espíritu de aquellos a los que hemos perdido se acerca a nosotros.

En lo que respecta a los demás, me he sentido comprendido en mi dolor. Rara vez me he sentido rechazado o juzgado. Lo que más extraño es la conexión que tuve con cada momento en los primeros días de la muerte de mi hijo. Mi conexión con Dios fue extraordinaria. Nunca he vuelto a sentir Su presencia como me sentí en el primer año después de la muerte de Andrew y los meses que siguieron a la muerte de Alex. Siento que lo que sin duda más me ha ayudado ha sido mi relación con Dios. Él afirmó y reconfirmó su amor por mí más que en cualquier otro momento de mi vida después de la muerte de mis dos hijos.

El aspecto más duro de mi duelo fue cuando vi la muerte de mi hijo a través de ojos humanos sin esperanza. En esos tiempos, solo podía ver la tumba. No veía nada más allá. Pero, en los momentos siguientes, pude escuchar a mi Dios decirme una y otra vez: «¿Por qué buscas a los vivos entre los muertos?». Fue entonces cuando mi espíritu se afianzó y esa paz que sobrepasa todo entendimiento me recordó la esperanza que está por venir y el don que espera a los que creen.

Me preguntaron tanto cómo me sentía después de la muerte de mi hijo que se convirtió en una molestia para mí, pero sabía que la gente solo preguntaba por preocupación. Fue entonces cuando se me ocurrió una respuesta que tenía todo el sentido del mundo. Cuando la gente me preguntaba cómo estaba, decía: «Estoy teniendo días buenos y malos momentos». Me di cuenta de que decir que estoy teniendo días buenos y días malos sería injusto para conmigo mismo, porque todos los días traen algo bueno. Entonces, decir: «Estoy teniendo días buenos y malos momentos» saca a la luz la verdad de todos mis días.

Si estás de duelo, no niegues tus sentimientos. Llora tantas veces como quieras. Mantente cerca de las personas que te aman y te permitirán expresarte tanto como necesites. Sabe que Dios está ahí para ti, ahora más que nunca. Sabe que Él no solo está allí, sino que te carga a través de los momentos más difíciles. Escribe cada día en tu diario. Estos tiempos difíciles traerán una conexión con tus sentimientos como nunca antes habías tenido. La pluma es un instrumento sanador. Sembrará en tu corazón si te tomas el tiempo y lo haces a diario. Escribirás de maneras que nunca pensaste que podrías escribir. Tu espíritu se expresará de formas que nunca podrías entender.

El significado que encontré en la pérdida de mis hijos es que cada día es un regalo y el mañana no está garantizado. Vive y ama cada día como si fuera el último. Nunca te vayas a la cama teniendo diferencias con los demás. Caminamos mucho más ligeros cuando no sobrecargamos nuestro espíritu con la falta de armonía de este mundo. No te apegues demasiado a las cosas materiales. Son temporales y fugaces. Aprecia los valores espirituales en las personas más que el discurso elocuente. Dios escudriña el corazón. Debemos ir más allá de la vanidad y mirar dentro del alma para ver la creación de Dios.

¿Qué significado encontré en la muerte de mis hijos? ¿Qué se supone que debo obtener al perder a las mismas personas que moriríamos por proteger, las mismas personas que conforman tu vida? Cuando sucede lo impensable, ¿qué queda por hacer? Podemos arrastrarnos en una bola de depresión, resentimiento, ira y despreciar todo en la vida o podemos elegir, y nuestra elección es hacer, mirar más allá del cuerpo y ver un mundo donde no hay más dolor, más lágrimas ni más sufrimiento. Podemos elegir creer más allá de lo que nuestra mente está destinada a creer y vivir una vida elevada en la expectativa de una vida por venir que no tendrá fin. Podemos elegir sufrir o podemos elegir la esperanza. Elegir es nuestra elección.

ALEX FUNDORA, padre en duelo

Mi historia comprende dos muertes; la primera fue la de mi esposo, el 15 de junio de 2019. La segunda fue la de mi madre, el 14 de diciembre de 2019.

He expresado mi duelo en su mayoría por medio del llanto, en especial en el caso de mi esposo. También preparé un santuario para él, en nuestra alcoba, sobre mi mesa de noche. Este consiste en una foto suya que mide ocho pulgadas de ancho por diez de alto, una pequeña vela Yahrzeit —en honor a la herencia judía de mi esposo—, la estatuilla de un ángel a la derecha de la vela y un vaso de agua a la izquierda de la foto. He incluido esto porque había leído en internet que el agua es conducto de la energía espiritual. En el santuario también incluí una copia de una biblia judía mesiánica.

Otra forma de expresar mi dolor por la muerte de mi esposo ha sido el usar solo ropa negra durante un año entero.

En lo que a mi madre se refiere, siento culpabilidad debido al hecho de que he llorado más por mi esposo que por ella. Eso es porque me he sentido más allegada a él. La verdad es que él era el centro de mi mundo. Además, mi madre y yo a veces habíamos tenido una relación difícil. Sin embargo, también empecé a vestirme de negro en honor a ella.

Además de todo esto, he estado leyendo libros sobre el duelo, las experiencias cercanas a la muerte, el más allá, y la mediumnidad. He consultado a varios médiums, y también he intentado comunicarme con Daniel por mi cuenta.

El mayor reto en lo que se refiere al duelo es mi relación con Dios. Inmediatamente después de que falleciera mi esposo, me sentí muy enojada con Él. Mi fe se convirtió en una lucha. Continuamente le preguntaba por qué, si en verdad era un Dios amoroso, no había sanado a Daniel, a pesar de todas las oraciones. Acto seguido, le pedía a Dios que me ayudara a pasar por este HORRIBLE dolor. En la actualidad, creo que quisiera sentirme más unida a Él, aunque ahora me siento desencantada. También me siento traicionada por Él.

Es interesante que, cada vez que he declarado que odio a Dios, ha sido el Dios del Antiguo Testamento, Jehová, el que tenía en mente. Simplemente, ni siquiera podría pensar en odiar a Jesús.

Al compartir mi dolor con los demás, he pasado por experiencias contradictorias.

Durante mi primera sesión con mi asesora para el duelo, Ligia Houben, fue difícil para mí compartir con ella lo que estaba sintiendo sin estallar en llanto. Ella se mostró muy compasiva, empática y comprensiva. Aun cuando le conté cómo me sentía con respecto a Dios, nunca me juzgó, a pesar de sus firmes convicciones religiosas. Además, me explicó su propia ira hacia Dios cuando le contaron, a la temprana edad de doce años, que su padre había fallecido de forma repentina. Yo he estado recibiendo terapia con Ligia durante más de un año ya, y ella me ha ayudado MUCHÍSIMO. También me está ayudando a crecer como persona.

Cuando comencé a participar en un grupo de apoyo para el duelo basado en principios cristianos, Susana, la bondadosa y amorosa líder del grupo, también me ayudó. Una de las primeras cosas que mencioné fue que ODIABA a Dios. Pero Susana sonrió y contestó que ella me comprendía totalmente. Agregó que a ella le había tomado CINCO años superar su propia ira, a pesar de ser ya una cristiana dedicada por esa época. Eso me brindó mucho consuelo. Ella nunca me ha juzgado tampoco, y hasta me ha animado a participar en el programa del grupo de apoyo cuantas veces lo desee.

Al compartir lo que estaba sintiendo con Pedro, uno de los parientes de mi esposo, comentó que la única conclusión lógica a la cual yo podía llegar era que, o no existe ningún Dios o no podemos saber nada acerca de Él. Sin embargo, y a la vez, me animó a que siguiera asistiendo al grupo de apoyo. Le gustaba el hecho de que el programa también incluyera principios psicológicos.

Pasé por una experiencia TERRIBLE con una amiga, pues trató de convencerme para que yo donara toda la ropa de Daniel, pese a que le dije, entre sollozos, que simplemente no podía hacer eso. También le conté que estaba muy enojada con

Dios. ¡Me contestó que no debía sentirme así! ¡Agregó que yo tenía que darle las gracias a Dios por la muerte de Daniel! Me quedé tan conmocionada que comencé a encolerizarme. Le dije que no podía hacer semejante cosa. Lo increíble fue que me respondió que, ya que yo no lo podía hacer, ¡ELLA lo haría por mí! Me quedé sin palabras; sencillamente colgué el auricular. Para mí, ese fue el fin de nuestra amistad. Creo que me costará perdonarla.

En la actualidad, puedo ver las cosas con más objetividad. También puedo ver que yo no estaba en absoluto preparada para la reacción de algunas personas a la muerte de mi esposo y mi duelo, el cual siguió después.

Otra «amiga», Teresa, desapareció. Supongo que vio que las cosas iban de mal en peor y, por lo tanto, decidió que simplemente no iba a manejar la situación, así que esa «amistad» también llegó a su fin.

En lo que a Pedro se refiere, he pasado por unas experiencias contradictorias. Es cierto que me ha brindado mucho apoyo emocional. También me ha ayudado MUCHÍSIMO con asuntos prácticos que yo no podía manejar por esa época. Sin embargo, en ciertas ocasiones nos hemos encontrado enfrascados en discusiones bien fuertes, así que le puse varios límites a los cuales no ha hecho ningún caso. Por lo tanto, también le he dado fin a esta relación.

He echado de menos a Daniel con tanta desesperación… Dios me ha quitado la otra mitad de mi alma y no lo he perdonado del todo por eso.

Creo que todo aquello en lo que he decidido involucrarme me ha ayudado: la terapia, el grupo de apoyo, las medicinas y, por supuesto, los libros que he leído por mi cuenta, como también las actividades relacionadas con el más allá en las que he participado.

Aunque sea una paradoja, rezar el rosario también me ha ayudado. Cada vez que lo he rezado, he sentido una paz profunda.

El aspecto más duro de mi duelo ha sido el extrañar a Daniel. En los primeros días, me parecía como si él hubiera salido a hacer alguna diligencia, y que pronto regresaría. En cuanto a mi mamá, a veces me vienen imágenes de ella, recostada dentro del ataúd. Otras veces, la veo tal como lucía de recién casada.

Lo que yo le sugeriría a alguien que esté pasando por un duelo es que maneje su dolor en las maneras que le sean más cómodas y más llenas de significado. Todo el mundo es diferente, así que cada quien expresa su dolor de distinta manera.

Yo jamás intentaría imponerle a nadie que esté de luto las cosas que me han ayudado a mí durante mi propio proceso de duelo. Tampoco intentaría imponer mis propias creencias religiosas —o la falta de ellas— a otra persona que estuviera de luto.

El consejo más importante que yo ofrecería es que no existen líneas de tiempo en lo que al duelo se refiere. Lo que las personas más necesitan es atravesar el proceso a su propio paso, a su propia manera, como también necesitan el ser apoyadas y comprendidas.

María de los Ángeles B., esposa en duelo

Mi mayor pérdida ha sido el suicidio de mi único hijo, de veintidós años, en 2016.

A lo largo de estos casi seis años, he expresado mi duelo de múltiples formas: he llorado, he gritado, he reído, me he aislado, me he expresado de la forma en que mi ser ha necesitado y en el camino he aprendido a no juzgarme por ello; he aprendido que ninguna forma de expresión es «buena o mala», simplemente es la necesaria en ese momento y a todas hay que darles cabida, hay que darles su espacio; claro está, sin agredir a otros. Ha sido una montaña rusa de emociones, pero hay algo que no puedo negar: mi ser-alma-espíritu-corazón ha crecido.

Son muchos los desafíos que he enfrentado y sigo enfrentando luego del suicidio de mi hijo. El mayor de todos ha sido el sentir que de múltiples formas aboné el terreno para que mi amado hijo tomara esa decisión; que no estuve suficiente tiempo con él, que no le dediqué lo suficiente, que no lo entendí lo suficiente, que no lo apoyé lo suficiente, que debí haber previsto que se iba a suicidar, que lo estaba pasando mal... que debí saberlo... aunque no viviésemos en el mismo país... y una larga lista de «que no...», «si hubiera...» y «debí...».

Se supone que los padres deben cuidar de sus hijos para que nada malo les pase, para que no sufran y una larga lista de preceptos que son imposibles de lograr sencillamente porque son seres independientes de nosotros, que traen una misión propia y que, al igual que nosotros, tienen libre albedrío. También se supone que los padres mueren antes que sus hijos, pero entendí que este supuesto también es incorrecto: morimos cuando nos toca, cuando nuestra alma decide que así es, y el suicidio no es una excepción.

Otro gran desafío ha sido mi propio sentido de abandono, de estar «huérfana de hijo», de sentir que estoy sola en el mundo, no importa cuánto amor tenga a mi alrededor. Cada vez que me pasa algo que me duele, me hiere o me baja el estado de ánimo, aunque no tenga que ver con mi hijo, me siento sola y abandonada y el sentimiento es muy fuerte, me siento perdida... vacía... Reconozco que, con el tiempo, este sentimiento ha ido disminuyendo y se ha ido transformando en aceptación, comprensión y amor hacia mí misma.

Al principio compartía mi duelo abiertamente, sentía que hacerlo era parte de mi proceso. Pero luego de dos comentarios muy desagradables, fuera de lugar y no solicitados, decidí ser más reservada al respecto y ahora, cuando me preguntan si tengo hijos, digo que sí —porque en realidad sí tengo un hijo... que vive con Dios, en mi corazón— y solo con algunas personas y en algunas situaciones hablo abiertamente de su muerte. Entendí que no hablarlo abiertamente no es esconderlo o negarlo, es solo compartirlo con quienes lo merecen.

Yo diría que el primer año y medio fue el más difícil: entender, aceptar, perdonar a otros, perdonarme a mí misma, levantarme de la cama, hacer actividades cotidianas, seguir trabajando, seguir siendo esposa, hija, hermana, amiga... seguir respirando, comiendo... Pero desde el primer momento entendí que solo tenía dos opciones: deprimirme y echarme en la cama a morirme en vida —y hacerle la vida miserable a los que me aman— o seguir viviendo, perdonando, aprendiendo y creciendo como ser humano. Permanentemente sentía un dolor en el pecho que no me dejaba respirar, sentía un vacío como si me hubiesen arrancado el corazón. Pero entendí que no hay nadie fuera de mí que pueda sanarme el dolor. Solo yo misma, de la mano de Dios, puedo sanar mis heridas y mi dolor y transformarlo todo en amor, en luz, en comprensión, en gratitud, en perdón. También entendí muy dentro de mi corazón que perdonar es tan solo un acto consciente que nos libera a todos, y que tan solo con la firme intención de perdonar —aun sin sentirlo en nuestro corazón—, poco a poco esa intención se convierte en una hermosa verdad que nos llena de amor y de luz.

A finales del primer año, probé ir a un grupo de apoyo para personas que tenían a un familiar o amigo que había cometido suicidio. Fue un *shock* para mí darme cuenta de que personas que ya llevaban más de cuatro años de su pérdida seguían estando en el mismo lugar que al inicio. En definitiva, yo no quería estar allí, sentía que me hacían sentir peor, que me hundían en su propio dolor y no me dejaban avanzar en mi proceso. Luego de cuatro sesiones decidí dejar el grupo. Sin embargo, en la última sesión en la que participé, se me quedó grabado el testimonio de un padre que se sentía mal porque ya no lloraba a su hijo —que había muerto hacía ya cinco años— y tenía miedo de estar olvidándolo… a lo que la facilitadora le dijo que eso era normal, que no se preocupara, que eso era parte de un proceso sano. Ese testimonio quedó grabado en mi corazón y me ha ayudado mucho, en especial durante los últimos dos años.

En este momento, definitivamente no estoy igual que al principio, pero extraño a mi hijo. A veces me siento triste, con una tristeza que sé que está ahí, que nunca me ha dejado, que es subliminal, que ahora forma parte de mi ser... y que antes no tenía.

Ha sido mucho el trabajo interior que he tenido que hacer y que sigo haciendo. Sé que la ausencia de mi hijo es algo que forma parte de mi vida, que nunca va a cambiar por mucho que llore o me sienta mal. Es algo con lo que he aprendido a vivir.

¿Que si me he sentido comprendida? Sí y no —no, sobre todo al principio—. La mayor parte del tiempo me he sentido muy comprendida y apoyada, en especial por mi familia y amigos. Antes, cuando me sentía mal, esperaba que ellos lo intuyeran sin que yo dijera nada, pero obviamente eso no sucedía, así que luego de un tiempo entendí y ahora, cuando me siento mal, les digo que estoy en uno de esos «momentos difíciles» en los que ni yo me soporto, para que por favor me tengan paciencia, lo cual me ha ayudado a tenerme paciencia a mí misma también. Gracias a Dios, esos momentos se han ido distanciando en el tiempo y ahora solo me pasa en algunas épocas puntuales: su cumpleaños, el Día de la Madre, la Navidad y otros momentos esporádicos.

En otras ocasiones, me siento mal porque las personas se sienten mal al no poder ni saber cómo me siento ni sentir igual que yo, porque no saben cómo tratarme —eso pasaba mucho al principio—, pero poco a poco todos hemos ido aprendiendo a no sentirnos mal y a decir y preguntar desde el amor.

Aunque parezca paradójico, lo que más me ha faltado en mi proceso es mi hijo... abrazarlo, verlo a los ojos, hablar con él, decirle cómo me siento, escuchar lo que opina... Sin embargo, desde el principio él ha sido parte muy importante en mi proceso y me ha ayudado mucho a entender y a sanar su pérdida. También me ha ayudado mucho el amor de los míos y la aceptación del amor de Dios. Leer, escribir, meditar, orar, darme mi tiempo y mi espacio. Saber que tengo libertad para expresarme, para sentirme triste, para sentirme alegre, para sentir lo que mi corazón desee sentir.

El aspecto más difícil de mi duelo ha sido aceptar que mi hijo ya no está físicamente, entender que es normal que me sienta sola en el mundo —aunque esté rodeada de personas que me aman—. Ha sido difícil entender y aceptar que no es pasajero, que nunca va a pasar, que al igual que mi hijo vive en mí, también vive en mí la soledad como madre, la imposibilidad de darle y recibir un abrazo, un beso, ver sus ojos y su hermosa sonrisa, escuchar sus cuentos y sus ideas locas. También entendí que lloraba por mí, por mi nueva situación, por ese sentimiento de orfandad que mencionaba antes.

Lo que les sugiero a las personas que han perdido a un ser querido es que se amen y se tengan paciencia, consideración, compasión; que se perdonen por todo, que perdonen a todos por todo, que no se exijan demasiado, que vivan cada segundo a la vez, que respiren, que recuerden las cosas hermosas, las sonrisas, el amor... eso nunca dejará de existir. Que cada muerte es única, cada motivo es único, cada persona es única, cada día de duelo es diferente. Que su historia se escribe momento a momento. Que el duelo está lleno de ciclos que difieren en duración e intensidad. Que está bien reír y llorar, bailar y ser feliz, derrumbarse y levantarse. Que el concepto de felicidad cambia, que puede ser una felicidad melancólica. Que todo lo que sentimos es adecuado, incluso gritar, ponernos bravos, reír y disfrutar de la vida. Que somos libres de sentir lo que sentimos cuando lo sentimos. Que no hay lineamientos, reglas, cosas buenas o malas, adecuadas o inadecuadas, oportunas o inoportunas. Y lo más importante es no tomarse el suicidio de un ser amado como algo personal... Aunque sea difícil de entender, el suicidio no tiene que ver con nadie más que con la persona que lo cometió; no es responsabilidad de nadie, no es culpa de nadie, no se relaciona con acciones de otros; se trata de una decisión personal de quien lo comete, es parte del camino que debe transitar... Sí, lo sé, no es fácil de entender o aceptar, pero es la pura verdad.

El significado que hallé en mi pérdida es que encontré a Dios, lo encontré sinceramente. Y eso me entristece a veces muchísimo, porque es otro «si hubiera» que agrego a mi larga lista: «Si en realidad hubiera tenido a Dios conmigo, dentro de mí y se lo hubiese enseñado a mi hijo... quizá nada de esto habría pasado...».

Yo diría que la ACEPTACIÓN es la clave de un duelo sano: aceptación de lo que pasó y aceptación de lo que se siente. Aceptar y perdonar... sobre todo perdonar, especialmente a uno mismo. Saber que SOY AMOR, SOY LUZ, SOY PERDÓN, SOY GRATITUD, SOY COMPASIÓN, SOY COMPRENSIÓN.

Desde lo más profundo de mi corazón, deseo que alguna de estas palabras encienda una luz en el alma de quien las lea y lo ayude a sanar en su propio proceso o lo ayude a entender a aquellos que lo están viviendo.

MARÍA, madre en duelo

LA EXPERIENCIA DE MI DUELO

A lo largo de mi vida han sido muchas las pérdidas de seres queridos que he experimentado, pero hay una en particular que me llevó a adentrarme en el proceso del duelo y a poder comprender para mí misma, y luego compartir con los demás, cómo vivir y transformar una pérdida.

Hoy el mundo, y particularmente Nicaragua, se encuentra sumido en profundo sufrimiento por la pandemia y es desgarrador el dolor que embarga a tantos corazones que día a día pierden no un ser querido, sino varios miembros de su familia, de sus amigos. Ello me lleva a compartir con ustedes, lectores, mi experiencia y los pasos que seguí con el duelo de mi hija Albalicia Duarte Flores, cuyo fallecimiento tuvo lugar hace doce años y once meses, un 21 de junio de 2007 en un accidente de tránsito súbito, sin despedida.

Con suma reverencia y empatía, consciente de que el duelo es único y de que, por tanto, cada quien lo puede procesar de manera diferente, comparto con ustedes los pasos que seguí en aquel momento de profunda angustia y dolor.

La fe como apoyo frente al dolor: Reconocí que la vivencia del momento era mucho para mí y que sola no saldría de esa situación tan trágica que vivimos mi esposo, mi hija, mi familia y yo. Tomé conciencia de que necesitaba de alguien para entender lo que pasaba y poder vivirlo. A partir de la fe que abrazo desde mi infancia, cultivada en el seno familiar, decidí buscar apoyo en un guía espiritual, particularmente un sacerdote, que me guio durante un año en el camino para sanar mi herida.

Compartir: El saber que no estaba sola en esos momentos, y que hay muchas personas que vivían también mi realidad, me hizo buscar a otras madres que, como yo, hubieran perdido seres queridos y justamente, por medio de ángeles, Nuestro Señor hizo que nos juntáramos cuatro mamás dispuestas a abrir nuestros corazones, a dar voz a nuestro dolor, pero sobre todo a abrirnos a la esperanza para encontrar un propósito que les diera sentido a nuestras vidas.

Apoyo psicológico: También busqué ayuda psicológica y, como me tocaba seguir con mis responsabilidades de trabajo, encontré una buena y fiel amiga y además compañera de trabajo que estaba presta a escucharme en ese momento. Yo tan solo necesitaba eso, alguien que me escuchara sin juzgar, sin dar recetas, solo escuchar. En ese momento era lo que más necesitaba y en eso se convirtió ella, en un cirineo para mi cruz, que pesaba en demasía.

Vivir el duelo, no sufrirlo: En este camino del duelo, con el grupo de mamás encontramos otro ángel en nuestras vidas, nuestra buena amiga Ligia Houben, psicóloga, tanatóloga, asesora en materia de duelo y creadora de los 11 Principios para Transformar tu Pérdida. Con Ligia entendí y viví el duelo y sus rituales, las etapas y el proceso del duelo, todo esto guiado por los once principios y a mi ritmo, pues cada quien tiene su relojito de arena y su tiempo. Es un momento de abrirse a las emociones y abrazarlas. Era el período de vivir mi duelo, de reconocer e identificar los recursos que estaban en mí para vivir un día a la vez, caer y saber que podía volverme a levantar. Desde mi fe, sé que las promesas del Señor son fieles y que caminamos de su mano en los momentos más oscuros de nuestras vidas y, bajo esa promesa, sé que Él es la Luz, la Verdad y la Vida; es un bastión que permite aligerar el dolor a las personas creyentes.

Sin despedidas: Cuando no hay despedida, como me sucedió a mí por lo trágico del accidente y su muerte casi instantánea, tuve que recurrir al consejo de los expertos y, con la ayuda espiritual de mi guía, acepté y aprendí a decirle adiós a Albalicia a través de diversas formas. Una de ellas fue una carta llena de amor, de perdón y de todo lo que pude haberle dicho en vida; una carta solo para mí, que me permitiera expresar todo lo que quería mi corazón adolorido. Eso me ayudó muchísimo. También aprendí a encontrarla en la naturaleza, en la playa, en una linda puesta de sol, o bien en el verdor de la montaña; allí descargué muchas veces mis emociones y me imaginé platicando con ella. Ahora, desde el fondo de mi corazón, sé que las palabras del sacerdote tenían sentido: la tumba de Albalicia siempre estuvo vacía, porque Albalicia había vivido la pascua de la Resurrección, y de nuevo las promesas del Señor, de morar en la vida eterna en la Jerusalén Celestial validan nuestra fe y la esperanza de los cristianos.

Seguir viviendo: Después de procesar mi duelo, encontré sentido a mi vida y resolví honrar la memoria de mi hija ayudando a otros en su proceso a través de la organización PUDE (Personas Unidas en el Dolor y la Esperanza), de la cual soy miembro fundador, un proyecto de amor en memoria de nuestros hijos.

El proceso es largo, y hay que tener paciencia con uno mismo y con los que están a nuestro alrededor. Ellos la tienen que tener también con nosotros, y debemos comprender cuando se afecta la familia. Cada quien lo procesa de forma diferente, por lo tanto, EL RESPETO Y LA COMPRENSIÓN son fundamentales durante el proceso.

Ha pasado mucho tiempo; sin embargo, el tiempo es relativo. Por mi parte, me he dado cuenta de que mi hija vive a través del amor, que es eterno.

ORALÍ FLORES ALTAMIRANO, madre en
duelo, miembro fundador de PUDE

Perdí a mi padre, de 79 años. No he hecho mucho con respecto a mi dolor. Es un proceso interno. Les he mencionado a pocas personas cercanas que me hace falta mi padre. En su mayor parte, a la gente no le importa tu duelo, así que es algo que tienes que superar solo. La enfermedad de mi padre duró siete años y los últimos dos fueron bastante intensos, con tratamientos, operaciones, recuperaciones, terapias, etc. Estuve enfocado en proveerle comodidad y soluciones, a la vez que en entender que el final era inevitable y cercano. Puede ser que, debido a la duración de la enfermedad, me diera chance de procesar lo inevitable con tiempo. Finalmente llegó el momento en el que lo que quería era que mi padre ya dejara de sufrir. Aunque hubiese deseado que tuviera una vida más larga y saludable, siento que hice todo lo que pude sin sentir remordimiento. Tal vez eso me ha ayudado a no necesitar expresar mi dolor.

Mi reto más grande ha sido tratar de entender por qué murió y la forma en la que lo hizo. Como tiendo a ser pragmático, me cuesta expresar un sentimiento en particular cuando comparto mi duelo. Sin embargo, sí me he sentido comprendido. Lo que más me ha ayudado ha sido saber, creer que fui un buen hijo y que hice todo lo que pude para ayudar. También me ayuda saber que fui una fuente de tranquilidad para él.

Lo más difícil de mi dolor ha sido tratar de entender el porqué. Mi padre era una persona especial. Era uno de los seres humanos más puros que he conocido. Fue un doctor intelectual, profesional, intuitivo y humano, casi venerado por sus pacientes. Era un creyente y estudioso seguidor de su fe cristiana. Fue un esposo y padre excepcional. Era un hombre completo, cuyo trabajo de vida fue ayudar a otros. Por qué murió y por qué tuvo que sufrir es algo que me cuesta entender.

Cuando experimentamos el duelo, podemos ver lo que nos ocurre de dos maneras. Puedes enfocarte en lo obviamente negativo, la pérdida, la soledad y el dolor, o te puedes enfocar en la suerte que tuviste por la oportunidad de compartir el tiempo que hayas tenido, la gratitud de esa oportunidad y los recuerdos maravillosos. Es el mismo acontecimiento visto desde dos perspectivas. Si te enfocas en lo negativo, te estás rindiendo y hasta deshonrando a la persona que perdiste. Si te enfocas en la gratitud, honras a todos y eso te empodera a aprender y continuar viviendo.

El significado que he encontrado en mi pérdida ha sido darme cuenta de que la vida es preciada y de que debes esforzarte en vivirla al máximo cada día. Nunca sabes cuándo tendrás un diagnóstico, un accidente o simplemente cuál será tu último día.

ALFREDO D., hijo en duelo

Experimenté la muerte de mi esposo. De la forma como he expresado mi duelo ha sido escribiendo, llorando y hasta culpándolo a él. No por su partida, por haberme dejado sola.

El mayor desafío que he encontrado con mi duelo ha sido aprender a hacer las cosas que él hacía; también ha sido aprender a lidiar con el silencio y la soledad. Lo que más te ayuda en el duelo es compartir con los demás, hablar, llorar, hablar y seguir llorando. Solo que te escuchen, aunque el relato sea repetitivo.

Me he sentido comprendida y a la vez no. Por la familia inmediata no me sentí comprendida y sí por quien jamás habría pensado, pues resultó estar 100 % para mí.

Lo que más me ha faltado en mi proceso ha sido compañía y un abrazo. Al despedir el 2021 estuve sola y fue algo triste, pero sin lágrimas; solo me dije: «Felicidades, Zuleika».

Lo que más me ha ayudado ha sido escribir; escribir y la compañía, durante estos siete meses, de Jesús, María y José.

El aspecto más difícil de mi duelo ha sido salir sola y aceptar que a mi marido le llegó su hora; que, a pesar de su ausencia, no me abandonó y estuvo fielmente conmigo durante treinta y cuatro años. Que me amó y no me dejó por otra mujer. Ahora lo acepto, antes lo culpaba por su partida. Lo que le diría a alguien que está de duelo sería que el tiempo cumple su promesa y cura todas las heridas.

El significado que he encontrado ha sido aceptar que Dios tiene otros hermosos caminos para mí, los cuales transitaré sola, con la fe en que viviré otras bellas experiencias. Tengo la satisfacción de haber cumplido con él al 100 % con un cuidado excelente; fue una triste travesía, pero ya no sabía qué más hacer por su bienestar de salud y su confort. Le complací todos sus antojos, hasta logré que aceptara a Dios como su salvador. Durante su último soplo de vida sostuve su mano e incluso me atreví a decirle, casi como quien da una orden, que se fuera en paz, que yo estaría conforme con su partida. Como sabrán, ha sido lo más difícil que he dicho en mi vida. Por eso digo con lágrimas y profundo dolor: Zuleika, misión cumplida.

ZULEIKA M., esposa en duelo

Experimenté la pérdida de mi hijo Yasser Hernán en un accidente de tránsito en un triste noviembre del año 2006. Tenía veintitrés años y un futuro prometedor.

Y quiero compartir con otros que, a partir de esa fecha, he expresado y vivido mi duelo dentro de la fe como primer recurso espiritual. Luego, a partir del año 2008, junto con otras madres en duelos similares, he encontrado un propósito de vida al trabajar de manera organizada en una institución que brinda acompañamiento en el duelo a otras personas que han sufrido una pérdida significativa en sus vidas.

Personalmente, el aspecto más difícil de mi duelo ha sido aprender a vivir sin mi hijo y luchar con esta terrible realidad que me ha tocado vivir. El mayor desafío que he enfrentado ha sido el poder encontrar la forma de sentirlo cerca, a pesar de que ya no estará nunca más en nuestras vidas y se le extraña con mucho dolor; vivir la aplastante realidad, que no es para nada lo que deseamos, y tratar de encontrarle sentido a la vida sin él.

Un segundo recurso emocional para procesar el duelo ha sido promover, de manera organizada, la práctica de la Ayuda

Mutua para contribuir con nuestra experiencia en el camino de ayudar a otros a transformar su duelo en esperanza, y aprender nosotros en ese mismo esfuerzo al promover la confianza personal y tomar conciencia de nuestras emociones y necesidades, así como la capacidad de ser resilientes como mecanismo para sanar nuestras heridas y tomar el control de nuestras vidas. En este caminar no he estado sola; por el contrario, he encontrado a muchísimas personas y especialistas en el tema que me han brindado herramientas que me permitieron salir a la luz con mis propios recursos. Destaco de manera especial, por su valiosa guía, a la excepcional Ligia M. Houben y sus 11 Principios para Transformar tu Pérdida, ese maravilloso sistema de fortaleza y esperanza que cambió el rumbo de mi duelo y de mi vida.

He tenido la oportunidad de descubrir que una de las formas, porque no hay una manera perfecta de procesar el duelo, es compartir con otros lo que estamos sintiendo y pensando, mientras caminamos a ciegas tratando de encontrar luz en el pozo oscuro que es el dolor. También, estar conscientes de que no estamos solos en ese caminar es un aliciente esperanzador; ser capaces de romper el silencio y erradicar la soledad de nuestras vidas; buscar y encontrar luz para salir del abismo de sombras al que estamos sometidos por elección propia.

Al procesar mi duelo, me he sentido aliviada y comprendida al intercambiar experiencias con otros que están pasando por lo mismo, y es que sucede que podemos comprender perfectamente a esa persona, que igual que nosotros está pasando por el dolor de perder a un ser tan querido. Entendemos que no somos los únicos, y eso da una maravillosa sensación de esperanza de que las cosas pueden ser diferentes para nosotros y nuestras familias.

En este proceso de sanar utilizando el recurso de la ayuda mutua, he sido capaz de identificar que los demás, a pesar de su pena, mostraban su compasión y solidaridad conmigo, que sentíamos mutuamente el dolor en un vínculo muy fuerte. Ese aprendizaje y las experiencias compartidas permitieron a nuestro grupo desarrollar herramientas de autoayuda que pudieron replicarse con otros grupos para dar acompañamiento en su proceso de duelo a cada vez más personas que sufren la pérdida de sus seres queridos. Siento que pertenezco a un grupo muy selecto de seres humanos que han sobrevivido a la pérdida de un ser querido por esa comprensión y empatía que nos caracteriza en la nueva realidad que nos ha tocado vivir.

Lo que me ha faltado en mi duelo ha sido saber más acerca de por qué la familia y las demás personas no logran comprender la necesidad y la importancia de procesar su duelo, por qué no logran involucrarse en actividades que son tan transformadoras y sanadoras para el dolor que sufren. Sigo en esa búsqueda hasta poder encontrar algunas características que me permitan identificar por qué se da este tipo de comportamiento.

Por otro lado, lo que más me ha ayudado ha sido trabajar con otros que han pasado por lo mismo, ya que he encontrado sentido a mi vida, lo cual agradezco mucho a Dios. Sentir su empatía y llegar a su corazón con mi testimonio es una experiencia muy sanadora y gratificante.

También he encontrado significado a la pérdida de mi hijo al permitirme desarrollar su legado de vida mediante un proyecto de amor y servicio a los demás, promoviendo e implementando los Grupos de Ayuda Mutua en mi país, Nicaragua, para así brindar acompañamiento a otros que han sufrido una pérdida como la mía. Lo más importante para mí fue descubrir que lo que necesitaba aprender para hacerlo ya lo tenía entre mis cualidades. Dios nuestro Señor me lo develó milagrosamente. Me mostró que ese talento que yo no sabía que tenía estaba oculto en mí desde mi nacimiento y que yo solo tenía que pulirlo cumpliendo su voluntad y con su misericordia, llenándome día a día y paso a paso para lograrlo.

Igualmente, vale la pena decir que la pérdida de mi hijo amado me ha dado una gran lección, porque me ha enseñado mucho acerca de la vida y la muerte. Es lo menos que uno espera después de tanto sufrimiento, aprender algo, pero así fue. Aprender a aceptar que lo que le pasa a una persona cuando pierde a un ser tan amado como un hijo es una parte de la vida que no a todos les toca vivir. Saber y aceptar que nuestros abuelos, padres, hermanos, amigos, incluso nosotros partiremos en un determinado momento es a lo que nos hemos acostumbrado; se dice incluso que es algo natural. Pero aceptar que un hijo que uno espera que lleve nuestros restos a nuestra última morada no va a hacer eso, sino que es todo lo contrario, que somos nosotros quienes llevamos sus jóvenes restos y tenemos que decirles adiós antes de tiempo no es algo racional que podamos aceptar. Mucho menos entender que sea natural, y no puede ser aceptado con la naturalidad que puede esperarse; no cabe en nuestra cultura ni en nuestras tradiciones. Pero, sin embargo, la lección aprendida es que sí lo hicimos, sí tuvimos que aprender cómo afrontar ese reto de transformar la pérdida en algo valioso para los demás. Podemos sentir que hemos contribuido con nuestra experiencia de dolor a aminorar el dolor de otro... y habrá valido la pena. Es algo terrible vivirlo activamente como un lento proceso; es una experiencia indescriptible que se convierte en un legado de amor que nos dejan nuestros seres queridos que han partido, porque es su forma de decirnos que siguen con nosotros en nuestros corazones con un amor más fuerte que nunca, tan fuerte que nos da el poder de derramarlo a manos llenas a muchos más que puedan necesitarlo.

En este momento, me gustaría decirle a alguien que esté pasando por un duelo, que una vez que pueda ser consciente del fallecimiento de su ser querido, emprenda el camino de procesar su duelo y transformar esa dura realidad, que ha cambiado debido a la pérdida que ha sufrido.

Mayra Elena Vivas, madre en duelo

Experimenté la pérdida de mi hijo de cuarenta y un años por una sobredosis de drogas. La forma en que he expresado mi dolor ha sido hablando de ello con personas que han pasado por una pérdida similar y con un terapeuta. También leyendo, escribiendo y con mucho llanto. El mayor desafío es que encuentro que la mayoría de las personas no asocian una muerte por sobredosis a una muerte por enfermedad. Hay tanto estigma social sobre la persona que era... «Después de todo, era un drogadicto». Los «amigos» e incluso la «familia» cercana no llaman, no envían mensajes de texto ni escriben, solo me preguntan: «¿Cómo estás?». Me resulta difícil hablar con la mayoría de la gente porque encuentro que perder un hijo te deja sin palabras. La mayoría de las personas lo compararán con la muerte de los padres o amigos, con una situación de la vida como el divorcio o con la pérdida de un cónyuge. Afortunadamente, en mi círculo nadie ha perdido a un hijo. ¡¡Gracias a Dios!! Creo que la gente, en su mayor parte, tiene buenas intenciones... Es una situación en la que la mayoría se queda sin palabras. Al compartir mi dolor con los demás me siento casi culpable... No quiero hacer que nadie sienta dolor por el duelo que siento, en especial mis hijas y las personas que lo amaron. Me he sentido comprendida por quienes han pasado por la misma situación, sí. Por otros, tal vez.

En mi proceso he echado de menos hablar más en persona con aquellos que pueden relacionarse. Lo que más me ha ayudado ha sido estar ocupada, estar activa —aunque ha sido difícil—, mis hijas, mis amigas, mi fe, ver y dar gracias por habernos dejado a Jackie, su hija. Que ella no lo tenga me entristece mucho, pues fue un padre maravilloso y amoroso. El aspecto más difícil de mi duelo ha sido tratar de vivir. Sugiero a alguien que está de duelo que busque ayuda. Realmente no he encontrado significado en mi pérdida. Espero hacerlo algún día, pero todavía no ha ocurrido. Creo que en mi caso es demasiado reciente.

LULY FONNEGRA, madre en duelo

Perdí a mi hija Katie a la temprana edad de treinta y un años por una sobredosis de drogas. Ingresó al hospital el 13 de septiembre de 2015 y permaneció allí hasta que exhaló su último aliento en mis brazos. Sentí que la vida se salía de su cuerpo y nunca olvidaré ese sentimiento. Cada año, por esta época, revivo cada día que pasé a su lado con amigos, seres queridos, médicos, enfermeras y familiares. Katie era vibrante y llena de vida. Acababa de graduarse en la Facultad de Derecho y se estaba preparando para presentar las pruebas que le permitirían ejercer. Hacía CrossFit a diario en su gimnasio y tenía toneladas de amigos amorosos. Katie estaba en recuperación y parecía hallarse en el camino correcto. Ella comenzó con su comportamiento usual, pero en poco tiempo me di cuenta de que estaba de nuevo en el mal camino. Le ofrecí tratamiento, pero ella se negó y en ese momento le dije que tenía que irse de la casa. Esa fue la última vez que la vi. Ella se había drogado la noche anterior y estaba enojada conmigo. Se fue y esa noche sufrió una sobredosis.

Las preguntas que me hago una y otra vez en mi cabeza son: «¿Por qué no te aferraste a ella?», por qué esto y por qué aquello. Cien cosas pasan por mi mente y NO hay respuestas para ninguna de ellas. Hoy hace cinco años del momento en el que los médicos me dijeron que Katie no volvería y, si lo hacía, nunca sería la misma. La mayor porción de la parte superior de su cerebro estaba muerta. Tuve que tomar la decisión de quitarle el soporte vital y dejarla ir. Ese proceso tomó otros ocho días y ella murió en mis brazos el 2 de octubre alrededor de las diez de la mañana. Estábamos solos ella y yo.

Este es un momento difícil para mí, ya que revivo todos los días que estuvo en el hospital. Las caras de sus amigos llorando y aferrándose a ella. Los que se ríen contando historias de Katie. Las enfermeras que fueron tan abrumadoramente amables y solidarias... ¡Lo veo todo!

La forma en que he expresado mi dolor ha sido sintiendo rabia, depresión, lágrimas y aislamiento, autoculpa, todo pasó a través de mí durante mucho tiempo en un momento dado como una montaña rusa llamada MIEDO. Me molestaba con quien tratara de consolarme diciendo: «Dios debe haber necesitado un ángel», «Yo perdí a mi abuela hace poco» o «¿Cómo te sientes? ¿Algo mejor?». La depresión y las lágrimas llegaban tarde en la noche, cuando mi mente estaba despierta y acelerada: «Si tan solo hubiera hecho esto o aquello, ella estaría aquí». El aislamiento hizo su aparición y lo sentía como algo muy poco natural, ya que soy una persona a la quse le gusta mucho estar con los demás. No me expresaba con mis seres queridos en absoluto.

He podido ayudarme a seguir adelante y aprendí a poner un pie delante del otro al comenzar la terapia de duelo con Ligia. Ella me dio algunas herramientas para usar y, al utilizar su programa, he podido hacer que este dolor cuente para ayudar a los demás. Así que para mí la oración y el servicio son enormes con el objetivo de mantenerme enfocado y reducir los sentimientos negativos. Tengo dos pasiones que no dejaría pasar por este momento difícil: la pesca y la música. Sé que tengo que poner un pie delante del otro y hacer que mi vida cuente. Este es un proceso lento y lleva tiempo.

El mayor desafío es la lucha diaria por seguir mirando hacia la vida y su propósito. También lo es el no aislarme con mis seres queridos y amigos cercanos. Necesito compartir lo que está pasando conmigo, pero tiendo a guardarlo por dentro, ya que creo que la gente no quiere escuchar ninguna noticia triste. Lisa, mi novia desde hace quince años, ha visto esto principalmente tanto como mi hijo. Tengo que trabajar duro para comunicarme desde el nivel más simple hasta el más profundo. Me han pedido muchas veces que escriba un diario, pero me resisto a hacerlo. Quiero evitar «mirar» mis sentimientos a cualquier costo. Trato de no mostrar ninguna tristeza con mi hijo, aunque él se da cuenta. Necesito que no se detenga en esta tragedia, pero en realidad soy impotente sobre él y sus sentimientos.

Todo este tipo de «desafío» se reduce a encontrar la capacidad de comenzar a transformar mi tristeza en una conciencia de la preciosidad de la vida y lo que ofrece. Poco a poco estoy aprendiendo a aceptar lo bueno y lo malo y a usarlos a ambos. Quiero decir que, después de todo, NADA podría ser tan doloroso, así que mientras trabajo a través de esta elección de vivir, uso el dolor para ayudar a otros en cualquier área de la vida.

Cuando comparto con otros sobre mi duelo es extraño y te diré por qué. Cada vez que le contaba a alguien sobre la sobredosis de Katie, en especial a aquellos que no la conocían, TENÍA que aclarar el hecho de que ella fue a una escuela privada, fue a la Facultad de Derecho de la Universidad de Miami y enseñó CrossFit. No podía dejarlo en que ella sufrió una sobredosis sin señalar las cosas buenas. Ella era un enigma.

Al principio no podía compartir mi dolor con nadie sin derramar abundantes lágrimas. Me atragantaba con tan solo mencionarla. Hoy, cinco años después del día 2 de octubre, puedo hablar de ella un poco sin llorar tanto.

Honestamente, he juzgado el duelo de los demás y no me gustó este aspecto de mí. Otra persona podría decir: «Bueno, acabo de perder a mi abuelo, así que sé cómo te sientes», o «No tengo hijos, pero tengo perros y son como mis hijos». Una y otra vez escuchaba comparaciones que me enfurecían por dentro y quería alejarme. Me tomó mucho tiempo desarrollar algo de compasión y entender que el duelo es el duelo. ¿Quién soy yo para emitir un juicio?

Muchas veces no compartía mi dolor, ya que siento que la gente no quiere escucharlo de nuevo, una y otra vez. Esperan que sigas adelante. Esto es algo en relación con lo cual nunca «seguiré adelante», pero creceré y trataré de compartir de una manera positiva y útil con los demás.

En definitiva, me he sentido comprendido porque siento que cualquier persona con corazón en el pecho puede entender lo que implica perder un hijo.

En mi proceso, lo que más he echado de menos es todo lo que tiene que ver con ella, especialmente su risa. Su risa podía iluminar una noche oscura. Echo de menos sus abrazos. Extraño su capacidad de discutir hasta que levantaba las manos en la derrota. Echo de menos su energía sin parar y su lenguaje inapropiado. Quiero decir, ¿cómo te acostumbras de un día para otro al hecho repentino de que se te han llevado a tu vivaz hija de treinta y un años? Extraño las vacaciones con Katie, cocinar y hornear, extraño a todos sus amigos que venían y me hacían sentir más joven de lo que soy. Sobre todo, extraño a nuestra familia, que se encuentra desgarrada y dañada por esta tristeza, tratando, como individuos, de sobrellevar la pérdida de la mejor manera posible.

Lo que más me ayudó al principio fue ir a la terapia de duelo con Ligia; fue fundamental en el proceso de aprender a poner un pie delante del otro. Un buen terapeuta puede hacer que hables, escribas y resuelvas problemas con el tiempo para comenzar a transitar hacia un nuevo comienzo.

La oración fue otro gran elemento, básico, hacia la estabilidad y la esperanza. Al principio estaba muy enojado, porque oraba para que Dios ayudara a Katie con su adicción, nunca pensando que se la llevaría. Me he dado cuenta de que Dios no hizo esto; de hecho, fue Katie quien tomó esas decisiones que la condujeron a la muerte. La oración era y es esencial para vivir una vida saludable y productiva. Necesito a Dios en mi vida todos los días, para poder soportar mi dolor, para que pueda darme un propósito, pero sobre todo para que pueda ayudarme a ser útil. No tengo ninguna de las respuestas.

Creo que el aspecto más difícil de mi duelo ha sido ver lo que el fallecimiento de Katie ha hecho en la vida de su hermano, de su madre, de sus amigos y de sus seres queridos. Ver a las familias crecer y avanzar sin Katie en sus vidas es muy difícil. La rutina diaria de extrañarla… Quiero decir que estoy llegando a los cinco años de su fallecimiento y no pasa un día que no piense en ella. Esto no es algo de lo que aprendas a desprenderte. Esto no es algo que pasará, ya que su muerte es un hecho real. Lo que puede cambiar es mi manera de elaborar su pérdida para mantener el propósito en mi vida…

El duelo lleva mucho tiempo y no hay fecha para ponerle fin. Date tiempo para procesar. El duelo es como una montaña rusa, ya que se eleva a un nivel insoportable un día, solo para disminuir un poco al siguiente. Encuentra un terapeuta de duelo con el que puedas hablar. Da pequeños pasos hacia la apertura. Aférrate a tus seres queridos. Apóyate en ellos, ya que quieren ayudarte. Escribe un diario sobre la evolución de tus sentimientos a lo largo del tiempo. Encuentra un poder superior al cual encomendarte. Hazlo. Trata, poco a poco, de comenzar algo positivo, como la meditación, el ejercicio, lo que puedas para evitar permanecer anclado en la tristeza. Ella siempre estará ahí, no se irá. No te culpes ni te juzgues por querer hacer algo placentero. No te digas a ti mismo: «¿Cómo puedo hacer esto cuando mi ser querido se ha ido?». Con el tiempo, sal de tu aislamiento y encuentra personas de ideas afines con las que puedas abrirte.

Te diré algo sobre mí. Lo que más me ha ayudado a salir de mí mismo y de mi propio dolor ha sido el servicio. La capacidad de ayudar a los demás, de trabajar con otros me ha llevado a niveles de felicidad que nunca pensé que fuera posible experimentar después de la muerte de mi hija. No renuncies a tus pasiones. Con el tiempo úsalas. Si no tienes ninguna, entonces encuentra algunas. Mis pasiones son pescar, tocar música y cantar. Esto era casi imposible de hacer al principio, pero con el tiempo ha sido una fuente gigante de bienestar.

Entonces, ¿cuál es el significado de una pérdida? ¿Cómo puedo encontrar a mi hija de nuevo? Renunciaría a todo en un instante para tenerla de vuelta en mi vida, pero eso no va a suceder. Ella se ha ido y yo me he quedado aquí para ordenar y recoger los pedazos. ¿Qué he aprendido? ¿Qué tipo de significado puedo atribuir a su muerte?

¡¡Que la vida es corta!! La vida pasa volando y la muerte de Katie me lo ha demostrado. Ella no está aquí, pero los bebés de sus amigos, sí. Me encanta estar cerca de los niños.

Me dan amor incondicional y esperanza. He encontrado mucho significado en los jóvenes y he sido bendecido por su amor.

Tengo y quiero ayudar a los demás tan a menudo como pueda —la palabra «servicio» de nuevo—. Eso me saca de mí mismo y me permite darme cuenta de que hay muchísimas personas que necesitan ayuda.

Quiero ser honesto y vivir mi mejor vida, lo que sea que eso implique por el resto de mis días. Un pie delante del otro, dando gracias a Dios por el mundo, rodeado de familiares y seres queridos. Sí, he encontrado significado en su pérdida, y estoy agradecido por el tiempo que tuvimos y el tiempo que quedó.

CHIP CORLETT, padre en duelo

Perdí a mi única hija el 27 de agosto de 2019. Tenía treinta y tres años. Durante los primeros tres meses, estuve abrumada por el dolor y no podía funcionar. La más simple de las tareas se me hacía imposible de lograr.

Lloraba día y noche. Con el paso del tiempo, y con la ayuda de profesionales, pude empezar a funcionar de nuevo. Encontré refugio con mi hijo y su familia. Mi mamá todavía estaba viva y no estaba muy bien. Nunca le dije que su nieta había fallecido. Ella sabía y podía sentir mi soledad. Falleció siete meses después de mi hija.

Me di cuenta de que es extremadamente difícil para otros entender tu dolor a menos que hayan experimentado la pérdida de su propio hijo. Mantuve mi dolor aislado de ellos. No hay palabras que otros puedan decir que ayude con tu pérdida. No me comprendieron. Todavía me siento aislada con mi duelo. Incluso mi propio esposo no entiende cómo me siento. No quiero decir que no sienta el dolor de haber perdido a su hija; sin embargo, no lo muestra ni me consuela cuando me encuentra llorando.

Mi vida nunca será ni se sentirá igual. A pesar de que han pasado más de dos años, hay momentos en los que estoy con amigos o familiares y dejo de interactuar con ellos.

La parte más difícil de mi pérdida es saber que nunca podré abrazar o besar a mi hija de nuevo. Nunca volveré a hablar con ella ni la sentiré cerca de mí. Nunca podré tener nietos de ella. Nunca más la escucharé llamándome «Mombi». Ella también fue incomprendida.

Pasó años lidiando con su propio dolor. Sufría, a nivel crónico, de la enfermedad de Lyme, así como otros trastornos inmunológicos. Traté de ayudarla, pero no tener un diagnóstico preciso hizo que fuera más difícil entender su dolor. Este es mi mayor arrepentimiento. Me pregunto a mí misma: «¿Hice lo suficiente?». La palabra SUFICIENTE me persigue todos los días. Sus amigos y otros miembros de la familia se reían y le decían que estaba actuando como una anciana. La etiquetaron de hipocondríaca. Siempre estuve de su lado. Era una joven increíblemente sencilla, con un mínimo interés por las cosas materiales.

La única forma en que puedo seguir avanzando es con un propósito. Me uní a un equipo de bienes raíces activo con Compass de manera continua. He comenzado a ayudar a algunos clientes y eso me mantiene fuera de la casa. También comencé clases privadas de pilates dos veces por semana.

Acabo de convertirme en embajadora de la Alianza Global de Lyme. En 2022, comenzaré a promoverla yendo a diferentes escuelas e informando a las enfermeras escolares sobre el impacto perjudicial que una picadura de garrapata puede tener en la vida de un niño si no se trata de inmediato. Mi hija fue una escritora prolífica. He comenzado a revisar y escanear sus escritos. Espero poder hacer lo que ella habría hecho: publicar su libro. Revisando sus cajas descubrí que nunca descartó nada de lo que recibió de mí. En cuanto a encontrar sentido a mi vida, será extremadamente difícil. A medida que pasen los años, entenderé mejor su pérdida. Por ahora nada ha cambiado y su ausencia sigue siendo algo demasiado duro de soportar.

Aconsejaría a alguien que acaba de perder a un hijo que encuentre un propósito para que pueda seguir adelante, pues ¡nunca lo superas!

MAGGIE SALAZAR, madre en duelo

Estoy experimentando la dolorosa pérdida de mi alma gemela: mi padre. Mi padre falleció de forma repentina de un ataque al corazón. Al inicio busqué ayuda profesional, ya que me hallaba en una angustia emocional severa. Todavía tengo dificultades para expresar mis emociones a los demás, debido a que es muy doloroso hablar de ello. En días señalados, busco el apoyo de mi familia y amigos.

Hablo con mi papá a diario como si todavía estuviera aquí. Siento que, debido a mi ajetreado estilo de vida, no he tenido la oportunidad de seguir buscando ayuda para seguir expresando mis emociones. El mayor desafío con mi duelo ha sido aceptar la muerte de mi padre y que mi vida nunca será la misma. Es muy difícil para mí aceptar que la vida tiene que continuar sin que él esté con nosotros. Cada vez que hay una ocasión especial o un hito en mi vida, en la de mis hijas o en las de un miembro de mi familia, me trae mucha tristeza que él no esté aquí para esas ocasiones. Veo todo en mi vida como antes de la muerte de mi padre y después de la muerte de mi padre.

Ha sido muy difícil compartir mi duelo con los demás. Trato de no expresar demasiado mis emociones cerca de mi familia, ya que temo que eso les traiga tristeza y dolor emocional. Hay algunos amigos en particular con los que puedo compartir algunos de mis sentimientos en esos días que son muy difíciles para mí. Considero que hay muchas personas que no entienden mi aflicción, ya que no han tenido una pérdida similar ni han pasado por el proceso del duelo. Creo que es difícil para las personas que no han experimentado una pérdida tan grande brindarme palabras o realizar acciones que puedan traerme verdadero consuelo.

En definitiva, me he sentido incomprendida. Cada uno experimenta el duelo a su modo y de forma diferente a los demás. Algunas personas creen que la jornada de duelo es la misma para todos. Otras me dicen que el dolor mejorará con el tiempo y que necesito ser más fuerte. El sufrimiento ante la pérdida no mejora con el tiempo. Se convierte en parte de ti y tienes que vivir con él a diario, pero no disminuye. Creo que en realidad nunca termina.

Extraño mucho a mi padre. Pienso en él de manera constante durante todo el día. Es mi primer pensamiento cuando me despierto todos los días. Teníamos una relación extremadamente estrecha y yo dependía mucho de él. Estaba involucrado en todo en mi vida, y solía pasar tiempo a diario junto a él. Extraño mi vida normal con mi papá, nuestras rutinas, nuestro tiempo juntos, nuestras conversaciones, todo su apoyo. Era mi mejor amigo, mi confidente. Tuve una gran relación con mi padre y me siento muy bendecida de que fuera tan increíble, tan especial y la roca para nuestra familia. Saber que tuve la mejor relación con él mientras estaba vivo me proporciona fuerza y consuelo en mi proceso de duelo.

Siento su amor y su guía en mi corazón y lo siento todavía muy vivo dentro de mí. Hablo con él diariamente como si aún estuviera vivo y lo incluyo en todos mis pensamientos y oraciones. Me siento bendecida por tener un sistema de apoyo muy fuerte que incluye a mi linda madre, mis hermanos, mi esposo, mis hijas, mi familia, mis amigos y mi perro.

En mi carrera como enfermera practicante de cuidados paliativos, ayudo a los pacientes y sus familias a lidiar con enfermedades terminales, en el manejo de síntomas, en la pérdida y en el final de la vida. Los apoyo en su proceso de duelo. Creo que el proceso que estoy viviendo con la muerte de mi padre me ha proporcionado una mejor comprensión del suyo y me permite ser más compasiva en mi papel. Además, he aprendido que no tenemos control sobre la vida y la muerte, y eso me ha permitido aceptar más el proceso del final de la vida. A pesar de que el fallecimiento de mi padre fue muy duro porque fue muy repentino e inesperado, me consuela saber que no implicó dolor ni sufrimientos crónicos. El aspecto más difícil ha sido aceptar la forma en que su vida terminó, de manera tan repentina y traumática. Mi padre se veía bien y estaba sonriendo y riendo justo antes de lo que ocurrió. Estaba con él cuando se desplomó y tomó su último aliento y esa es una imagen dolorosa con la que tengo que vivir a diario. A pesar de que rara vez pensé en la posibilidad de que mi padre muriera, parte de mí imaginó que su final de vida sería diferente. Imaginé una escena distinta, en la que habría tenido la oportunidad de conversar largamente con él hacia el final de su vida, tomarlo de la mano y despedirme.

Me ha costado mucho ver fotos o videos de mi padre. Espero algún día poder ver imágenes suyas o escuchar su voz en videos, pero en el momento presente es un proceso demasiado doloroso para mí.

A alguien que haya sufrido una pérdida le sugeriría que la reconociera y se permitiera pasar por el duelo. No se puede detener ni evitar el proceso; hay que vivirlo, hay que sentir las emociones y el dolor que conlleva. Le sugeriría expresar su dolor y encontrar apoyo en familiares y amigos.

Que tuviera en cuenta que cada persona es diferente y trata la pérdida de manera distinta. La vida es hermosa pero también muy dolorosa. Todos experimentaremos diferentes pérdidas a lo largo de nuestras vidas. La mayoría de nosotros experimentaremos la muerte de seres queridos y tendremos que aprender nuevas habilidades para desarrollar resiliencia. Siempre me digo a mí misma que mi padre habría querido que siguiera «viviendo» la vida, que disfrutara de los momentos que se me dan a diario porque la existencia, igual que los momentos, es algo temporal.

Nunca podré encontrar sentido a la muerte de mi padre, pero hay significado en la forma en que he respondido a su muerte y en cómo me ha cambiado. No puedo cambiar la muerte de mi padre ni cómo sucedió, pero puedo cambiar la forma en que continúo viviendo después de su muerte. Tengo un aprecio mayor por la vida, porque sé lo temporal que es en realidad. Estoy tratando de centrarme más en los momentos vividos con mis seres queridos y en vivir un día a la vez. El amor y la guía que mi padre siempre me dio me han proporcionado las habilidades necesarias para hacer lo mismo por mis hijas. Me estoy rodeando del amor y el apoyo de los demás. Soy muy compasiva al ayudar a otros que están viviendo alguna pérdida. He encontrado un propósito en trabajar con pacientes y familias al final de la vida y guiarlos a través de su proceso. Sé que mi padre estaría muy orgulloso de cómo he encontrado algún significado en este doloroso proceso de estar separados.

Mío C., hija en duelo

He experimentado diferentes pérdidas. La primera fue la separación de mis padres cuando contaba con seis años de edad. Pienso que ya está superada, aunque si hoy escribo de ella es porque siento el dolor que me produjo esa separación. Mi padre tiene veinte años de haber fallecido. El dolor por su partida fue inmenso, pues fue un padre presente, amoroso, dedicado a sus hijos. Mi madre, con quien crecí hasta que contraje matrimonio, estuvo siempre a mi lado y su alegría, que es contagiosa, me ha permitido superar ese dolor.

Otra pérdida, la más dolorosa, fue la de mi primogénita cuando tenía casi treinta y ocho años, dejando un nieto adorable de cinco. Perdimos a nuestra hija de repente. Nos separamos geográficamente de nuestro nieto. Ha sido un duelo complejo, pues implicó dos pérdidas al mismo tiempo, con algunas condiciones desfavorables en la relación entre ambas familias.

Vivir sin mi hija durante los últimos cuatro años ha sido un desafío. Ella llenaba mi vida y mis espacios. Era muy parecida a mí. Lograr tener una existencia dentro de la normalidad y tratar de seguir haciendo la vida que hacía ha sido difícil, pero he luchado por mi matrimonio, mis tres hijos y mis nueve nietos. Confieso que la lucha ha sido por ellos más que por mí. ¡Me dirán que es un error, pero es mi realidad! En estos momentos vivo un duelo inesperado, que es la pérdida de bienes materiales, lo que conlleva perder la paz.

Luego de haber alcanzado un medio de vida muy holgado, con privilegios más que merecidos regalados por nuestro Señor, hemos recibido un duro golpe a raíz del covid-19, algo muy triste y confuso, pues a la edad de sesenta y cinco años implica prácticamente volver a empezar.

El mayor desafío que he tenido en mis duelos como adulta —fallecimiento de mi padre y mi hija— ha sido retomar mi vida normal, luchar para continuar con las estructuras y costumbres de una familia. Por ejemplo, ahora que pasamos Navidad, recuerdo lo difícil que fue decorar mi casa habiendo perdido a mi hija solo dos meses antes. Sonreír dentro de lo posible en una celebración navideña. Siempre la mencioné en cada bendición de la mesa, aunque las palabras apenas podían salir de mis labios.

Los retos han sido muchos: retomar mi vida social con responsabilidades en instituciones benéficas, retomar el deseo de sentirme pareja, pues por momentos consideraba que no podía disfrutar si estaba en dolor profundo. Los desafíos han sido muchos…

Compartir mi duelo con los demás ha sido positivo. No he querido que sientan lástima, solo he querido expresar mis sentimientos con las personas que sé que son mi apoyo y me conocen desde hace años —mis amigas de la infancia—. Con mi madre y mi hermana mayor, siento que les entrego mi alma y me comprenden. Debo decir que mis hijos y mi esposo son fuerzas que me ayudan a seguir adelante. Comprenden mis tristezas, la ausencia de mi hija y tratan de llenar un poquito el vacío que ella me dejó. No es vanidad, siento que al partir mi hija mi mundo dejó de ser lo que era. Hoy miro hacia atrás y tenía una vida llena de actividades, alegrías, gozo y ya no lo siento igual. Mis hijos y sobre todo mis nietos son los que me hacen reír y disfrutar.

Lo que más me ayudó en un momento dado fue la presencia de mi familia, la oración, la naturaleza, las personas que viven en mi alma y los recuerdos gratos junto a mi hija. Hablo más de su partida, pues ha sido lo más difícil que he pasado. Estoy consciente de que está en mucha paz y eso me ayuda.

El aspecto más difícil es la ausencia. Con mi padre fue un extraño sentimiento, pues no superó una cirugía de corazón y no estábamos preparados. Fue todo muy rápido. Con mi hija también fue igual, se durmió y no despertó. Qué difícil, no tuve tiempo de prepararme para interiorizar que amas tanto y de repente no los puedes ver ni tocar.

Sugiero que se permita llorar, pensar, recordar y que nadie quiera dirigir el duelo. Cuando digo «dirigir el duelo», me refiero a personas que no tienen la preparación para ayudar. Las terapias de duelo con profesionales son de gran ayuda. Saben cómo dirigirnos, sobre todo cuando son personas tocadas por la espiritualidad. El duelo es único en cada persona y cada cual lo vive a su modo. Conozco una madre que perdió su hijo en un accidente de tránsito y reaccionó muy diferente a mí. No fue que pensara que ella lo manejó mejor que yo, sino que se recuperó mucho más rápido.

Me alegré de saber que el duelo es único y solo lo puede manejar quien lo sufre de la manera que considere mejor.

El único significado que he encontrado es que la vida se va en un instante y que no tengo miedo al tránsito hacia la muerte, pues espero encontrarme con mis seres amados.

No quiero terminar sin mencionar un duelo muy especial, mi tía Mima, quien fue abuela, madre, tía, amiga. Murió casi a los ciento un años. La extraño cada día, pero su partida fue llena de amor y alegría, pues pude sentir cómo un ser tan dulce y especial se despidió cantándole al Señor, pues estaba convencida de que iría a un lugar muy especial.

JWM, madre en duelo

Última reflexión

Mi madre murió hace año y medio exactamente. Hoy es 7 de diciembre de 2021 y estoy llegando al final de este libro. Cuando empecé a escribir sus primeras páginas, mi mamá tenía apenas un mes de haber fallecido. Luego dejé de escribir por espacio de siete meses, pues me dediqué al libro sobre su vida. Al salir publicado, me hice el propósito de revisar todo lo que había escrito al comienzo para este libro, pues estaba redactado en una mezcla de inglés y español. Al leerlo, pude darme cuenta de cómo estaba en mi interior: era como un diario donde volcaba todo mi dolor; ponía todo mi sentir, todo mi pensamiento, sin editar, simplemente volcándolo al papel. Decidir qué incluir en el libro fue un proceso intenso, ya que había demasiados pensamientos escritos en papel y grabados en mi teléfono. El proceso en sí fue, sin embargo, sanador, pues al revivir esos momentos me expuse al dolor y eso, a la vez, me ayudó a continuar elaborándolo.

Escribir este libro ha sido un proceso increíble, inspirado por el gran amor que siento por mi madre, y por el gran deseo de ayudar a todas esas personas que, como tú y yo, están de duelo.

Ha sido una experiencia única, pues he estado en contacto permanente con mi ser interior. Aparte de vivir mi duelo, he logrado observarlo, entenderlo y acogerlo como una parte de mí, pues he aprendido a vivir con la pérdida de mi madre. Desde subir a las colinas y bajar a los valles, ha sido un proceso altamente sanador, pues, aparte de ayudarme en mi duelo, he deseado, a través del desarrollo del mío, acompañarte en el tuyo.

Ha sido un proceso transformador, ya que este libro ha sido una ofrenda de amor. Y el amor es eterno.

Palabras finales

Al llegar al final de este libro, deseo de todo corazón que te hayas sentido acompañado en tu proceso de duelo y abrigo la esperanza de que hayas abierto tu mente y tu corazón para permitir que la luz de tu ser amado te guíe y te inspire a vivir una vida con significado, paz y amor.

También quiero dar las gracias a mi madre pues, con su ejemplo de vida, me enseñó lo que son el amor, la fe, la resiliencia y la alegría de vivir.

Su amor vive en mi corazón y su legado perdura con su frase inmortal: «¡Arriba corazones^{tm}!».

Bibliografía

Amen, D. G. (2021). *Your Brain Is Always Listening: Tame the Hidden Dragons That Control Your Happiness, Habits, and Hang-Ups.* Carol Stream, Il: Tyndale House Publishing.

Ariès, P. (1975). *Western Attitudes toward Death: From the Middle Ages to the Present* (The Johns Hopkins Symposia in Comparative History). Baltimore, MD: Johns Hopkins University Press.

Bowlby, J. (2005). *The Making and Breaking of Affectional Bonds.* Segunda edición. Nueva York, NY: Routledge.

Breitbart, W. S. y Poppito, S. R. (2014). *Individual Meaning-Centered Psychotherapy for Patients with Advanced Cancer. A Treatment Manual.* Nueva York, NY: Oxford University Press.

Brené, B. (2017). *Rising Strong: The Reckoning. The Rumble. The Revolution.* Nueva York, NY: Random House.

Bowlby, J. (1982). *Loss: Sadness and Depression.* Volumen 3 (1982). Nueva York, NY: Basic Books.

Calhoun, L. G. y Tedeschi, R. G. (2014). *Facilitating Posttraumatic Growth: A Clinician's Guide.* Primera edición. Nueva York, NY: Routledge.

Carmody, M. (2011). *Letters to my son. Turning Loss to Legacy.* MN: Beaver's Pond Press.

Casablanca, A. y Casablanca, G. (2020). *The Dying Art of Leadership: How Leaders Can Help Grieving Employees Excel at Work*. Pennsauken Township, NJ: Bookbaby.

Case, S. (2020). *Hardcore Grief Recovery: An Honest Guide to Getting through Grief without the Condolences, Sympathy, and Other BS* (F*ck Death; Healing Mental Health Journal for Adults After the Loss of a Loved One). Naperville, Il: Sourcebooks.

Castelblanco, H. Lopez, B. y Castelblanco, J. (2021). *Las 15 tareas del duelo*. Independently published.

Chaurand, A., Feixas, G. y Neimeyer, R. (2011). "El Inventario de historia de pérdidas (IHP): Presentación y utilidad clínica". *Revista de Psicoterapia*, pp. 95-101.

Coelho, P. (2018). *El alquimista. Una fábula para seguir tus sueños*. Nueva York, NY: HarperCollins.

Collier, L. (2016). *Growth after trauma Why are some people more resilient than others-and can it be taught?* Volumen 47, N. 10. Edición impresa: p. 48.

Corr, C. A., Corr, D. M. y Doka, K. J. (2018). *Death and Dying, Life and Living*. 8th. Edition. Boston, MA: Cengage Learning.

Courtney, C. C. (2012). *Healing Through Illness, Living Through Dying: Guidance and Rituals for Patients, Families, and Friends*. Scottsdale, AZ: Danton Press.

Daneault, S. (2008). *The Wounded Healer: Can this idea be of use to family physicians?* Canadian family physician. Médecin de famille canadien, 54(9), 1218-1225.

Devine, M. (2017). *It's OK That You're Not OK: Meeting Grief and Loss in a Culture That Doesn't Understand*. Boulder, CO: Sounds True.

Didion, J. (2003). *The Year of Magical Thinking*. Nueva York, NY: Vintage International, Vintage Books.

Doka J. K. (2002). *Disenfranchised Grief. New Directions, Challenges, and Strategies for Practice*. Champaign, IL: Research Press.

Doka, K. J. y Davidson, J. D. (2014). *Living with Grief: Who We Are, how We Grieve.* Kenneth J. Nueva York, NY: Routledge.

Enright, R. D. *Forgiveness is a Choice: A Step-by-Step Process for Resolving Anger and Restoring Hope.* Primera edición. Washington, DC: APA LifeTools.

Frankl, V. (1984). *Man's Search for Meaning.* Nueva York, NY: Washington Square Press.

Freud, S. (1989). *La interpretación de los sueños.* Círculo de Lectores.

Gilbert, R. B. (2014). *Encuentra tu camino después de la muerte de uno de tus padres.* Notre Dame, IN: Ave María Press, Inc.

Gil-Juliá, B., Bellver, A. y Ballester, R. "Duelo: Evaluación, diagnóstico y tratamiento". *Psicooncología.* 2008, Volumen 5, pp. 103-116.

Hay, L. L. *El poder está dentro de ti.* (Título original: *The Power is Within You*). Hay House Carlsbad, CA: 1991.

Heath, I. (2007). *Matters of Life and Death.* Primera edición. Nueva York, NY: Routledge.

Houben, L. M. (2007). *Transforma tu pérdida. Una antología de fortaleza y esperanza.* Sevierville, TN: Insight Publishing.

Houben, L. M. (2016). *Transforming Grief & Loss Workbook: Activities, Exercises & Skills to Coach Your Client Through Life Transitions.* Eau Claire, WI: PESI Publishing & Media.

Jeffreys, S. J. (2011). *Helping Grieving People-When tears are not enough: A Handbook for Care Providers.* Nueva York: NY: Routledge.

Kastenbaum, R. J. (2016). *Death, Society and Human Experience.* Undécima edición. Nueva York, NY: Routledge.

Kastenbaum, R. J. (1969). "Death and bereavement in later life". A. H. Kutscher (ed.), *Death and bereavement. Springfield,* IL: Charles C. Thomas.

Kauffmann, J. (2002). *Loss of the Assumptive World: A Theory of Traumatic Loss.* Primera edición. NY: Routledge.

Kessler, David (2019). *Finding Meaning. The Sixth Stage of Grief*. Nueva York, NY: Scribner.

Klass, D. Silverman, P. R. y Nickman, S. (1996). *Continuing Bonds: New Understandings of Grief* (Death Education, Aging and Health Care) Primera edición. Milton Park, Abingdon: Taylor & Francis.

Kumar, S. M. (2005). *Grieving Mindfully*. Oakland, CA: New Harbinger Publications, Inc.

Kushner, H. S. (2004). *When Bad Things Happen to Good People*. Nueva York, NY: Anchor Books.

Lerner, M. D. (2006). *It's OK Not to Be OK… Right Now*. Melville, N.Y.: Mark Lerner Associates, Inc. Publications.

Lewis, C. S. (1961). *A Grief Observed*. Nueva York, NY: Harper San Francisco, HarperCollins.

Miller M. D. (2012). *Complicated grief in late life*. Dialogues Clin Neurosci. Junio; 14(2): 195-202.

Mitsch, R. R. y Brookside, L. (1993). *Grieving the Loss of Someone You Love: Daily Meditations to Help You Through the Grieving Process*. Dublín, República de Irlanda: Brookside Editorial.

Myers, E. (1986). *When Parents Die. A Guide for Adults*. NY: Penguin Books.

Neimeyer, R. (2007). *Aprender de la pérdida. Una guía para afrontar el duelo*. Barcelona: Bolsillo Paidós.

Neimeyer, R., Hogan, N. y Laurie, A. (2009). "The measurement of grief: Psychometric considerations in the assessment of reactions to bereavement". Stroebe, M., Hansson, R., Schut, H., y Stroebe, W. (ed.), *Handbook of Bereavement Research and Practice: Advances in theory and intervention* (pp. 133-161). Washington: American Psychological Association.

Neimeyer, R. A. (2015). *Techniques of Grief Therapy (Series in Death, Dying, and Bereavement)*. Primera edición. Nueva York, NY: Routledge.

Nowen, H. J. M. (1979). *The Wounded Healer: Ministry in Contemporary Society.* Australia: Doubleday Books.

Payàs, A. (2010). *Las tareas del duelo: Psicoterapia del duelo desde un modelo integrativo relacional.* Barcelona: Paidós.

Riso, W. (2020). *Más fuerte que la adversidad.* México: Planeta.

Rodríguez, A. (2015). *Duelo.* Caracas, Venezuela: Oscar Todtmann editores.

Roldan, M. (2021). *Navigating Grief: A Guided Journal: Prompts and Exercises for Reflection and Healing.* Emeryville, CA: Rockridge Press.

Rosenblatt, P. C. (1996). "Grief that does not end". D. Klass, P. R. Silverman y S. L. Nickman (eds.), *Continuing bonds: New understandings of grief* (pp. 45-58). Taylor & Francis.

Singer, M. A. (2007). *The Untethered Soul: The Journey Beyond Yourself.* Primera edición. Oakland, CA: New Harbinger Publications/ Noetic Books.

Smith, C. B. (2018). *Anxiety: The Missing Stage of Grief: A Revolutionary Approach to Understanding and Healing the Impact of Loss.* Nueva York, NY: Da Capo Press.

Smith, H. I. (2004). *Grievers Ask.* Minneapolis, MN: Augsburg, Fortress Publisher.

Stroebe, M. y Schut, H. (2016). "Overload: A Missing Link in the Dual Process Model?". *Omega-Journal of Death and Dying.* Volumen 74(1), 96-109.

Stroebe, M. (2018). "The Poetry of Grief: Beyond Scientific Portrayal". *Omega.* Volumen: 78, 67-96. Primera publicación en línea: 8 de agosto de 2018.

Taylor, R. (1992). *When Life is Changed Forever.* Eugene, OR: Harvest House Publishers.

Tedeschi, R. G. *et al* (2018). *Posttraumatic Growth: Theory, Research, and Applications.* Primera edición. Nueva York, NY: Routledge.

Tedeschi, R. G, Calhoun, L. G. (1996). *The Posttraumatic Growth Inventory: measuring the positive legacy of trauma*. J Trauma Stress. Julio; 9(3), 455-71.

Tedeschi R. G., y Callhoun, L. G. (2007). *PTG: Strange blessings*. ADEC keynote presentation, Indianapolis.

Welshons J. E. (2003). *Awakening from Grief*. Makawao, Maui: Inner Ocean Publishing.

Wolfelt, A. (2016). *Grief One Day at a Time: 365 Meditations to Help You Heal After Loss*. Fort Collins, CO: Companion Press.

Young, D. A. (2021). *Cómo tomar la temperatura espiritual: Descubre las 10 dimensiones de tu espiritualidad: de la angustia a la alegría*. Publicación independiente (10 de noviembre de 2021).

Zuba, T. (2015). *Permission to Mourn: A New Way to Do Grief*. Rockford, IL: Bish Press.

Recursos. Artículos en páginas web

Brenness, B. 24 de diciembre de 2019. The Grief Keeps Coming.

https://medium.com/swlh/the-grief-keeps-coming-3ef76174d62a

Collier, L. Noviembre de 2016, Vol. 47, N. 10, Growth After Trauma.

https://www.apa.org/monitor/2016/11/growth-trauma

Dyregrov, A., Dyregrov, K. y Kristensen, P. 9 de septiembre de 2014. ¿Qué sabemos sobre el duelo y el duelo complicado?

https://psykologisk.no/2014/09/hva-vet-vi-om-sorg-og-komplisert-sorg/

Haley, E. A Grief Concept You Should Care About: Continuing Bonds.

https://whatsyourgrief.com/grief-concept-care-continuing-bonds/

Haley, E. The Utility of Laughter in Times of Grief.

https://whatsyourgrief.com/laughter-in-times-of-grief

Robson, D. 31 de julio de 2020. Los beneficios de la ira: el lado bueno de hacer las cosas con enfado.

https://www.bbc.com/mundo/vert-fut-53548985

Stroebe, M., Chan, C. L. W. y Chow, A. Y. M. (2014). Guilt in Bereavement: A Review and Conceptual Framework, Death Studies, 38:3, 165-171. https://doi.org/10.1080/07481187.2012.738770

https://grief.com/the-five-stages-of-grief/#:~:text=The%20five%20stages%2C%20denial%2C%20anger,some%20linear%20timeline%20in%20grief

Raymond, C. Actualizado el 21 de julio de 2020

https://www.verywellmind.com/decisions-to-delay-if-youre-grieving-4065127

Anxiety and Depression Association of America.

https://adaa.org/understanding-anxiety/facts-statistics

ikDKV Salud. Respuestas sanas al sentimiento de culpa. 28 de abril de 2016.

https://quierocuidarme.dkv.es/ocio-y-bienestar/respuestas-sanas-al-sentimiento-de-culpa

https://www.mayoclinic.org/es-es/healthy-lifestyle/fitness/in-depth/the-real-secret-to-a-healthy-heart/art-20270834

Owchar, N. 15 de noviembre de 2019. Author adds a sixth stage of grief, one he's had to live

https://www.latimes.com/entertainment-arts/books/story/2019-11-15/finding-meaning-david-kessler#:~:text=When%20David%20Kessler%20stood%20before,accidental%20drug%20overdose%20at%2021.

Kristensen, P. Dyregrov, K. y Dyregrov, A. (2021). 16 de marzo de 2022. https://tidsskriftet.no/en/2017/04/klinisk-oversikt/what-distinguishes-prolonged-grief-disorder-depression

CARENOTES

Parrot, L. *Dealing with the Anger that Comes with Grief.*

Stout, N. *When the Healing Isn't Happening.*

VIDEOS

Ward, M. Marguerite Ward Updated, 7 de febrero de 2022.

https://www.businessinsider.com/bereavement-leave-asking-time-off-work-funeral-2020-5

https://www.youtube.com/watch?v=Sl7UwUOlTLQ&t=434s Tony Robbins podcast: Breaking Patterns and Finding Inner Peace.

206 Transformando tu duelo. Conversando con Tito Lagos-Bassett, 14 de marzo de 2021.

https://www.youtube.com/watch?v=UrSDuysI2Ps&t=147s

https://www.youtube.com/watch?v=WcKVt8f6rqo hablando con el padre Alberto

Deepak Chopra on how to cope with loss during the coronavirus pandemic https://youtu.be/LBFufOhggvM

Moloney, P. 22 de enero de 2020. Coping with Grief and Loss with Linking Objects

https://www.youtube.com/watch?v=Nx2VYcbVoNw

Sobre la autora

L igia M. Houben, magíster, *coach* profesional, gerontóloga y tanatóloga certificada, es una educadora de corazón en el área del duelo, las pérdidas y las transiciones de vida. Es la fundadora de My Meaningful Life, LLC, así como de The Center for Transforming Lives, localizado en Miami, Florida. Obtuvo una doble licenciatura en Psicología y Estudios Religiosos en la Universidad de Miami y una maestría en Estudios Religiosos y Gerontología en la Universidad Internacional de la Florida. También obtuvo un diplomado en Pérdida y Sanación en la Universidad de St. Thomas. Es certificada en tanatología, consejería de duelo, hipnosis y *coaching* profesional. Es a la vez miembro asociado de la Academia Americana en Consejería de Duelo. Ha llevado su mensaje desde corporaciones hasta a hospitales por medio de seminarios y talleres. Su seminario «Transformando el duelo y la pérdida. Estrategias para ayudar a tus clientes a través de transiciones transcendentales de vida» ha sido presentado, en idioma inglés, en más de cien ciudades de los Estados Unidos. Dicho seminario está basado en la metodología que Ligia creó: «Los 11 Principios de Transformación®», los cuales incluyen elementos de psicología positiva, programación neurolingüística, conciencia plena y crecimiento postrauma. Este sistema fue introducido en su libro de autoayuda, dedicado a la memoria de su padre: *Transforma tu pérdida. Una antología de fortaleza y esperanza* y se ofrece como programa en línea, así como presencial.

Cree firmemente en que todos tenemos un propósito y una misión en esta vida. Parte de ese propósito ha sido continuar con el legado de sus padres. En el año 2017, publicó la biografía de su padre en el libro *Julio Martínez. El hombre. El padre. El empresario.* En el año 2021, publicó la biografía de su madre en el libro, *¡Arriba Corazones! Celebrando la vida de mi madre centenaria.*

Siente una gran pasión por la vida y sostiene que cada uno de nosotros, por medio de nuestra actitud y creencias, tiene la habilidad de vivir una existencia con propósito y significado, a pesar de cualquier transición o pérdida que nos toque enfrentar. Su especialización en gerontología fue inspirada precisamente por el gran amor que profesó por su madre centenaria, Alicia Gallegos de Martínez, a quien brindó cuidados con gran amor y cariño durante los últimos años de su vida.

Anexo

Sobre tu proceso de duelo.
Cuestionario para elaborar las historias

- ¿Qué tipo de pérdida experimentas o has experimentado?
- ¿Cómo has expresado tu duelo?
- ¿Cuál ha sido el mayor desafío en tu proceso?
- ¿Cómo te has sentido al compartir tu duelo con los demás?
- ¿Te has sentido comprendido?
- ¿Qué es lo que más te ha faltado en tu proceso?
- ¿Qué es lo que más te ha ayudado?
- ¿Cuál ha sido el aspecto más difícil de tu duelo?
- ¿Qué le sugerirías a alguien que está de duelo?
- ¿Has encontrado significado en tu pérdida?

Servicios que ofrece Ligia M. Houben

- La metodología de los 11 Principios de Transformación®:
  Ligia M. Houben ofrece su sistema a través de seminarios
  y talleres que imparte a nivel nacional e internacional. Los
  11 Principios de Transformación® pueden ser aplicados a
  otros tipos de pérdidas, tales como divorcio, pérdida de

salud, trabajo, patria o cualquier otra transición dolorosa. Ligia también ofrece su sistema en modalidad virtual, en programas en línea. Los ofrece a tu propio ritmo y a la vez como *coaching* de grupo. Adicionalmente, ofrece su metodología como un programa para certificar *coaches*, facilitadores de grupo y profesionales de salud mental.

- Consultoría y *coaching* sobre duelo y transformación: Ligia M. Houben ofrece consultorías a organizaciones y empresas sobre cómo manejar y transformar el duelo, a la vez que ofrece *coaching* individual y para grupos.

- Aparte de ofrecer asesoría, *coaching* y seminarios sobre transformación de duelo, Ligia también se enfoca en el tema de crecimiento personal, vivir la vida con propósito y utilizar nuestra mente para ser la persona que deseamos ser.

UN REGALO PARA EL LECTOR

Puedes acceder gratuitamente a tu *Cuaderno de acompañamiento* mediante el enlace que aparece a continuación: *ligiahouben.com/es/cuaderno-duelo*

INFORMACIÓN DE CONTACTO

- The Center for Transforming Lives (305) 666-9942
- Celular (305) 299-5370
- Correo electrónico info@ligiahouben.com
- o visita las páginas:
- www.ligiahouben.com
- https://www.ligiahoubentraining.com/
- https://ligiahouben.com/es/

Otros libros de Ligia M. Houben

Transforma tu pérdida. Una antología de fortaleza y esperanza.

La Virgen María y la mujer nicaragüense: historia y tradición.

Julio Martínez: El hombre. El padre. El empresario (biografía de su padre).

¡Arriba corazones! Celebrando la vida de mi madre centenaria (biografía de su madre).

Libros en inglés

Transform your Loss. Your Guide to Strength and Hope.

Counseling Hispanics through Loss, Grief, and Bereavement.

Transforming Grief and Loss. Workbook.

Déjame vivir mi duelo...
y sanar de adentro hacia afuera
de Ligia M. Houben
se publicó en EUA.
Julio de 2022